만들면서 배우는
플러터
앱 프로그래밍

7가지 모바일 앱 UI 제작 & RiverPod 상태 관리

앤써북
ANSWERBOOK

만들면서 배우는
플러터 앱 프로그래밍
7가지 모바일 앱 UI 제작 & RiverPod 상태 관리

초판 1쇄 발행 | 2023년 12월 25일

지은이 | 최주호, 김근호, 이지원 공저
펴낸이 | 김병성
펴낸곳 | 앤써북

출판사 등록번호 | 제 382-2012-0007 호
주소 | 파주시 탄현면 방촌로 548
전화 | 070-8877-4177
FAX | 031-942-9852
도서문의 | 앤써북 http://answerbook.co.kr
ISBN | 979-11-93059-13-5 13000

- 이 책의 일부 혹은 전체 내용을 무단 복사, 복제, 전재하는 것은 저작권법에 저촉됩니다.
- 본문 중에서 일부 인용한 모든 프로그램은 각 개발사(개발자)와 공급사에 의해 그 권리를 보호합니다.
- 앤써북은 독자 여러분의 의견에 항상 귀기울이고 있습니다.

[안내]
- 이 책의 내용을 기반으로 실습 및 운용 결과에 대해 저자, 소프트웨어 개발자 및 제공자, 앤써북 출판사, 서비스 제공자는 일체의 책임지지 않음을 안내드립니다.
- 이 책에 소개된 회사명, 제품명은 각 회사의 등록 상표 또는 상표이며 본문 중 TM, ©, ® 마크 등을 생략하였습니다.
- 이 책은 소프트웨어, 플랫폼, 서비스 등은 집필 당시 신 버전으로 설명하였습니다. 단, 독자의 학습 시점에 따라 책의 내용과 일부 다를 수 있습니다.

Preface
머리말

퓨시아(수령초) 운영체제에서 퓨시아는 꽃의 이름이며 꽃말은 '따뜻한 마음, 열렬한 마음, 좋아하는 마음'입니다. 그리고 플러터는 그 꽃을 더욱 빛나게 해줄 강력한 UI 프레임워크입니다.

2019년 사물인터넷에 한창 빠져있을 때 Google에서 개발하는 오픈 소스 운영체제 퓨시아(Fuchsia)를 알게 되었는데요. 알게 된 이유는 퓨시아는 터치가 아닌 음성기반 인식이 뛰어난 운영체제이고 이즈음에 음성을 기반으로 사물을 제어하는 기술들이 엄청나게 쏟아져 나오는 시점이었기 때문이었습니다.

구글은 왜 퓨시아를 만들려고 했을까? 퓨시아는 소형 시스템용으로 설계된 경량 OS입니다. 당연히 타켓은 개인용 컴퓨터, 스마트폰, 소형 디바이스들이다. 미래에는 스마트홈이나 사물인터넷 기기들로 인해 소형 디바이스 시장이 더욱 커질 수 있겠지만 현재는 스마트폰 시장이 가장 큽니다. 기존에 안드로이드라는 강력한 운영체제가 있음에도 불구하고 퓨시아를 만든 이유는 무엇일까요?

퓨시아 운영체제에 UI 인터페이스와 애플리케이션은 flutter로 만들 수 있습니다. 그리고 flutter는 자바가 아닌 dart라는 언어로 구동됩니다. 오라클이 자바를 인수함으로써 구글과 라인센스 문제에 빠져있는 상황으로 볼 때 구글에게 flutter는 매우 희망적이고 필요한 존재로 보입니다.

개발자들이 flutter에 매력에 푹 빠지게 된다면, 퓨시아에 익숙해지는 개발자가 더욱 늘어날 것이고, 이는 퓨시아의 시장형성에 큰 도움을 줄 것으로 예상됩니다. 역으로 퓨시아 시장이 커지면 커질수록 푸시아 운영체제에서 바로 구동할 수 있는 flutter의 인기는 더해질 것입니다. 미래를 확신할 수 없지만 iOS, Android, Web, Mac, Windows, Linux, Embeded 시스템의 수많은 소형 디바이스에서 단일 코드로 작동 가능한 flutter를 사용하지 않을 이유가 무엇이 있을까요?

이 책의 컨셉은 그림 그리기입니이다. 가장 많은 시간을 기울인 것은 예제 만들기였습니다. 좋은 예제를 만들어야 좋은 책이 될 수 있을 것 같았습니다. 위젯을 단편적으로 설명하는 것이 아닌 좋은 예제를 만들어가면서 자연스럽게 알려주고 싶었습니다. 독자들이 예쁜 앱을 디자인해보면서 앱에 친숙해질 수 있는 기회가 되었으면 좋겠고 개인적으로는 가장 인기 있는 플러터 책이 되었으면 좋겠습니다.

저자 최주호

Book Source / A reader's inquiry
책 소스/독자 문의

책 소스 / 자료 받기
이 책을 보는 필요한 모든 소스 코드와 업데이트 내용 등 최신 정보는 필자가 운영하는 다음 깃허브 경로에 공개되어 있습니다. 다음 경로로 이동하여 책소스를 다운로드할 수 있습니다.

책 전체 예제 소스 코드
▶ https://github.com/flutter-coder/flutter-book

13장 시작 소스코드
▶ https://github.com/flutter-coder/flutter-book-blog-view

독자 문의
책을 보면서 궁금한 점은 저자가 운영하는 네이버 메타코딩 카페의 "교재 질문과 답변" 게시판에서 문의하고 답변 받을 수 있습니다.

▶ https://cafe.naver.com/metacoding

네이버 메타코딩 카페에 접속한 후 [일반] - [교재 질문과 답변] 게시판을 누른 후 교재 질문하고 답변 받을 수 있습니다.
단, 과도한 질문, 책 실습과 직접 연관되지 않은 질문, 답변이 난해한 질문 등은 답변 받지 못할 수 있고, 저자의 개인 사정으로 인해 답변이 늦거나 답변 받지 못할 수도 있습니다.

Contents
목 차

CHAPTER 01
플러터 이해하기

- 01 _ 1 플러터란? • 15
  - UI란? • 15
  - 프레임워크란? • 15
- 01 _ 2 플러터의 특징 • 16
- 01 _ 3 Dart 언어의 특징 • 16
- 01 _ 4 지금 당장 앱을 만들어야 한다면? • 17
- 01 _ 5 Skia 엔진 • 17
- 01 _ 6 AOT와 JIT 지원 • 19
  - AOT • 19
  - JIT • 19
- 01 _ 7 Swift UI와 Android JetPack Compose • 19
- 01 _ 8 플러터 아키텍처 • 20
- 01 _ 9 플러터 버전별 차이점 • 21

CHAPTER 02
플러터 시작하기

- 02 _ 1 Flutter SDK 설치하기 • 23
  - Flutter SDK 다운로드 • 23
  - Flutter SDK 압축 해제 및 폴더 설정 • 24
  - Flutter 환경변수 설정 • 25
- 02 _ 2 안드로이드 스튜디오 설치하기 • 27
  - 안드로이드 스튜디오 다운로드 • 27
  - 안드로이드 스튜디오 설치하기 • 28
  - Flutter, Dart 플러그인 설치 • 32
  - Flutter 프로젝트 생성하기 • 33
  - Flutter Doctor • 35
  - 버전 확인 해보기 • 39
- 02 _ 3 안드로이드 스튜디오 환경 설정 • 39
  - 자동정렬 설정 • 39
  - 글자 크기 및 폰트 설정 • 40
- 02 _ 4 Flutter 에뮬레이터로 fist_app 프로젝트 실행하기 • 41
- 02 _ 5 Hot Reload 체험해보기 • 44

Contents
목 차

CHAPTER 03

Dart 문법 익히기

03 _ 1 DartPad 사용해보기 • 47
　　DartPad 사이트 접속하기 • 47
　　Flutter로 앱 코딩하기 • 47
　　순수Dart 언어 작성하기 • 48

03 _ 2 Dart 변수 • 49
　　변수 • 49
　　타입 확인 • 49
　　타입 추론 • 49

03 _ 3 연산자 알아보기 • 50
　　산술 연산자 • 50
　　비교 연산자 • 51
　　논리 연산자 • 51

03 _ 4 조건문 • 52
　　if문 • 52
　　삼항 연산자 • 52
　　null 대체 연산자 • 52

03 _ 5 함수 • 53
　　함수 • 53
　　익명함수와 람다식 • 55

03 _ 6 클래스 • 56
　　클래스란? • 56
　　객체(Object)란 • 56
　　객체 지향 프로그래밍 • 57
　　생성자 • 59a
　　선택적 매개변수 • 60
　　cascade 연산자 • 61

03 _ 7 dart null safetye • 62
　　dart Null Safety 뭘까? • 62
　　null check 연산자와 null 병합 연산자 • 62
　　null 억제 연산자 또는 null assert 연산자 • 63
　　late 키워드에 대해 알아 보자 • 64

Contents
목 차

03 _ 8 　상속 • 64
　　　　　다형성 • 64
　　　　　슈퍼(super) 키워드 • 66
　　　　　final 키워드와 이니셜 라이저(:) 키워드 • 66
03 _ 9 　Mixin • 68
03 _ 10 　추상 클래스 • 70
　　　　　추상 클래스란? • 70
03 _ 11 　컬렉션 • 73
　　　　　List • 73
　　　　　Map • 73
　　　　　Set • 74
03 _ 12 　반복문 • 74
　　　　　for문 • 74
　　　　　map 함수 • 74
　　　　　where 연산자 • 75
　　　　　스프레드 연산자 • 76
03 _ 13 　final과 const • 79

CHAPTER 04
스토어 앱 만들기

04 _ 1 　스토어 앱 구조보기 • 81
　　　　　화면 구조보기 • 82
　　　　　MaterialApp vs CupertinoApp • 82
　　　　　Scaffold • 83
　　　　　필요한 위젯 살펴보기 • 84
　　　　　플러터 프로젝트 생성하기 • 85
04 _ 2 　스토어 앱 뼈대 만들기 • 86
04 _ 3 　스토어 앱 만들어보기 • 88
　　　　　기본 코드 작성하기 • 88
　　　　　Column 위젯 • 89
　　　　　Row 위젯 • 90
　　　　　Text 위젯 • 91

Contents
목 차

SafeArea 위젯 • 91
Text 위젯의 Style 속성 • 93
Open Flutter Devtools • 95
Spacer 위젯 • 96
Debug 배너 해제 • 96
Padding 위젯 • 97
Image 위젯 • 98
Expanded 위젯 – Column 방향 • 100
SizedBox 위젯 • 102

CHAPTER 05 레시피 앱 만들기

05 _ 1 레시피 앱 구조보기 • 105
　화면 구조보기 • 105
　필요한 위젯 살펴보기 • 106
　플러터 프로젝트 생성하기 • 106
05 _ 2 레시피 앱 뼈대 구성하기 • 107
05 _ 3 레시피 앱 만들어보기 • 109
　기본 코드 작성하기 • 109
　AppBar 위젯의 action 속성에 Icon 위젯 추가하기 • 112
　RecipeTitle 커스텀 위젯 만들기 • 114
　Theme에 Font 적용하기 • 115
　Container 위젯을 활용한 RecipeMenu 커스텀 위젯 만들기 • 116
　재사용 가능한 레시피 리스트 아이템 만들기 – 클래스생성화활용 • 119
　ListView 위젯을 활용하여 세로 스크롤 달기 • 120
　AspectRatio로 이미지 비율 정하기 • 122
　ClipRRect 위젯으로 이미지 모서리에 곡선 주기 • 123

Contents
목 차

CHAPTER 06 프로필 앱 만들기

06 _ 1 레시피 앱 구조보기 • 125
　화면 구조보기 • 125
　필요한 위젯 살펴보기 • 126
　플러터 프로젝트 생성하기 • 126

06 _ 2 프로필 앱 뼈대 구성하기 • 127
　프로젝트 구조 세팅하기 • 127
　기본 코드 작성하기 • 128

06 _ 3 프로필 앱 위젯 구성하기 • 136
　AppBar 위젯과 Scaffold의 endDrawer 속성 활용하기 • 136
　CircleAvatar 위젯 • 137
　Column 위젯의 CrossAxisAligment 속성 활용하기 • 139
　재사용 가능한 함수 만들기 • 141
　InkWell 위젯을 사용하여 ProfileButtons 클래스 만들기 • 142
　TabBar 위젯과 TabBarView 위젯 사용하기 • 144
　GridView 위젯과 Image.network • 148

CHAPTER 07 로그인 앱 만들기

07 _ 1 로그인 앱 구조 살펴보기 • 151
　화면 구조보기 • 151
　필요한 위젯 살펴보기 • 152
　플러터 프로젝트 생성하기 • 152

07 _ 2 로그인 앱 뼈대 작성하기 • 153
　프로젝트 구조 세팅하기 • 153
　기본 코드 작성하기 – 화면 이동을 위한 Routes • 154

07 _ 3 LoginPage 위젯 구성하기 • 156
　ListView 위젯으로 전체 구성하기 • 156
　SvgPicture 라이브러리로 Logo 위젯 만들기 • 158
　TextFormField 위젯 만들기 • 160
　Form 위젯 만들기 • 162
　Form 위젯에 Theme를 적용한 TextButton 추가하기 • 164
　Navigator 화면 이동하기 • 166
　Form 위젯 유효성(validation) 검사하기 • 167

07 _ 4 HomePage 위젯 구성하기 • 168
　home_page.dart 코드 완성하기 • 168

Contents
목 차

CHAPTER 08 쇼핑카드 앱 만들기

08 _ 1 쇼핑카트 앱 구조보기 • 171
　화면 구조보기 • 171
　필요한 위젯 살펴보기 • 172
　플러터 프로젝트 생성하기 • 172

08 _ 2 플러터 상태 관리 StatefulWidget • 173
　StatefulWidget 이란? • 173
　StatefulWidget과 StatelessWidget의 차이 • 173
　위젯 트리 • 175
　StatefulWidget 빌드 흐름 • 176
　BuildContext 분리하기 • 177

08 _ 3 쇼핑카드 앱 뼈대 작성하기 • 179
　프로젝트 구조 세팅하기 • 179
　기본 코드 작성하기 • 180

08 _ 4 쇼핑카드 앱 만들어보기 • 184
　AppBar 만들기 • 184
　쇼핑카드 헤더 만들기 – setState() 함수 • 185
　쇼핑카드 디테일 만들기 – Stack 위젯과 Positioned 위젯 • 187
　쇼핑카드 디테일 만들기 – CupertinoAlertDialog 위젯 • 192

CHAPTER 09 모두의숙소 웹 만들기

09 _ 1 모두의숙소 웹 구조 살펴보기 • 195
　화면 구조보기 • 196
　플러터 프로젝트 생성하기 • 197

09 _ 2 모두의숙소 웹 뼈대 작성하기 • 197
　프로젝트 구조 세팅하기 • 197
　기본 코드 작성하기 • 199

09 _ 3 모두의숙소 웹 만들어보기 • 210
　헤더에 AppBar 만들기 • 210
　헤더에 Form에 추가할 CommonFormField 만들기 • 211
　헤더에 Form 만들기 • 212
　바디에 Banner 만들기 • 215
　바디Popular에 추가할 HomeBodyPopularItem 만들기 • 217
　바디에 Popular 완성하기 • 221
　MediaQuery를 활용한 HomeHeaderForm 가운데 정렬 • 222
　안드로이드 에뮬레이터로 실행해보기 • 223

Contents
목 차

CHAPTER 10
모두의마켓 앱 만들기

10 _ 1 앱 뼈대 만들기 • 226
　폴더 및 파일 만들기 • 226
　pubspec.yaml 파일 설정하기 • 227
　main_screens.dart 기본 코드 작성 • 228
　앱 테마 설정하기 • 228
　main.dart 파일 완성하기 • 232

10 _ 2 메인화면 만들기 • 233
　MainScreens 위젯 기본 코드 작성하기 • 234
　IndexedStack의 하위 위젯 만들기 • 236
　MainScreens 위젯 완성하기 • 238

10 _ 3 홈 화면 만들기 • 241
　AppBar 만들기 • 243
　화면에 사용할 샘플 데이터 만들기 • 245
　독립된 파일로 위젯 만들기 • 248
　HomeScreen 위젯 완성하기 • 252

10 _ 4 나의 당근 화면 만들기 • 254
　나의 당근 화면 기본 코드 입력하기 • 255
　나의 당근 화면 Header 위젯 만들기 • 256
　모델 클래스 만들기 • 263
　하단 Card 메뉴 위젯 만들기 • 264
　MyCarrotScreen 위젯 완성하기 • 265

10 _ 5 채팅화면 만들기 • 267
　모델 클래스 및 샘플 데이터 만들기 • 268
　재사용 위젯 만들기 • 268
　CarttingScreen 위젯 기본 코드 입력하기 • 271
　ChatContainer 위젯 만들기 • 272
　CarttingsScreen 위젯 완성하기 • 274

10 _ 6 동네생활 화면 만들기 • 275
　모델 클래스 및 샘플 데이터 만들기 • 276
　NeighborhoodLifeScreen 위젯 기본 코드 입력하기 • 279
　LifeHeader 위젯 만들기 • 280
　LifeBody 위젯 만들기 • 282
　NeighborhoodLifeScreen 위젯 완성하기• 290

10 _ 7 내 근처 화면 만들기 • 292
　모델 클래스 및 샘플 데이터 만들기 • 293
　NearMeScreen 위젯 기본 코드 입력하기 • 294

Contents
목 차

TextFilleld 위젯 만들기 · 295
수평 방향으로 스크롤 되는 위젯 만들기 · 297
Wrap 위젯 사용해 보기 · 301
StoreItem 위젯 만들기 · 303
NearMeScreen 위젯 완성하기 · 306

CHAPTER 11
사진 관리 앱 만들기 : 카메라 제어하기

11 _ 1 사진 촬영 저장 어플 만들기 · 309
    플러터에서 카메라를 제어하는 방법 · 309
    새로운 프로젝트 생성하기 · 309
    안드로이드 권한 부여하기 · 310
    minSdkVersion 설정하기 · 311
    필요한 패키지 추가하기 · 312
    어플리케이션 구현하기 · 312
    애플리케이션에서 실행하기 · 314

11 _ 2 사진 촬영 저장 및 불러오기 어플 만들기 · 315
    새로운 프로젝트 생성하기 · 315
    안드로이드 권한 부여하기 · 315
    필요한 패키지 추가하기 · 316
    어플리케이션 구현하기 · 316
    애플리케이션에서 실행하기 · 318

CHAPTER 12
상태 관리 앱 만들기 : RiverPod

12 _ 1 RiverPod 이란? · 321
    StatefulWidget vs RiverPod · 321

12 _ 2 Provider · 322
    프로젝트 실행 화면 · 323
    프로젝트 생성 · 323
    실습 코드 작성 · 323

12 _ 3 StateNotifierProvier · 325
    프로젝트 실행 화면 · 325
    프로젝트 생성 · 326
    실습 코드 작성 · 326

CHAPTER 13
모두의 블로그 앱 만들기 : RiverPod

- 13 _ 1 모두의 블로그 앱 구조 살펴보기 • 329
- 13 _ 2 플러터 프로젝트 생성하기 • 330
- 13 _ 3 서버 실행 및 테스트하기 • 331
  - 서버 실행하기 • 331
  - 서버 통신 테스트하기 • 333
- 13 _ 4 PostMan 설치 및 실행하기 • 334
- 13 _ 5 API 문서 분석하기 • 336
  - 공통코드 • 336
  - 회원가입 • 337
  - 로그인 • 339
  - 게시글 목록보기 • 340
  - 게시글 한건보기 • 344
  - 게시글 쓰기 • 344
  - 게시글 수정하기 • 345
  - 게시글 삭제하기 • 346
  - 자동 로그인을 위한 토큰 검증하기 • 347
- 13 _ 6 서버와 어플리케이션 연동하기 • 348
  - 프로젝트 뼈대 만들기 • 348
  - dio 라이브러리 세팅하기 • 349
  - 모델 만들기 • 350
  - 요청과 응답의 데이터를 위한 DTO 만들기 • 352
  - 데이터 통신을 위한 Repository 만들기 • 354
  - 로그인 구현하기 • 358
  - 회원가입 기능 구현하기 • 363
  - 게시물 목록 불러오기 통신 구현하기 • 365
  - 게시물 상세 불러오기 기능 구현하기 • 371
  - 게시물 작성 기능 구현하기 • 376
  - 게시물 삭제 기능 구현하기 • 378
  - 게시물 수정 기능 구현하기 • 381
- 13 _ 7 정리 • 386

CHAPTER
01

플러터 이해하기

이번 장에서는 플러터에 대한 전반적인 개념을 살펴보겠습니다.

01 _ 1 플러터란?

Flutter는 고성능, 고품질의 iOS, Android 앱과 웹을 단일 코드 베이스로 개발할 수 있는 구글의 모바일 UI 프레임워크입니다. 스크롤 동작, 글씨, 아이콘과 같이 플랫폼 별로 달라지는 부분들을 아울러서 서로 다른 플랫폼에서도 자연스럽게 동작하는 고성능의 앱을 개발할 수 있게 하는 것이 Flutter의 목표입니다.

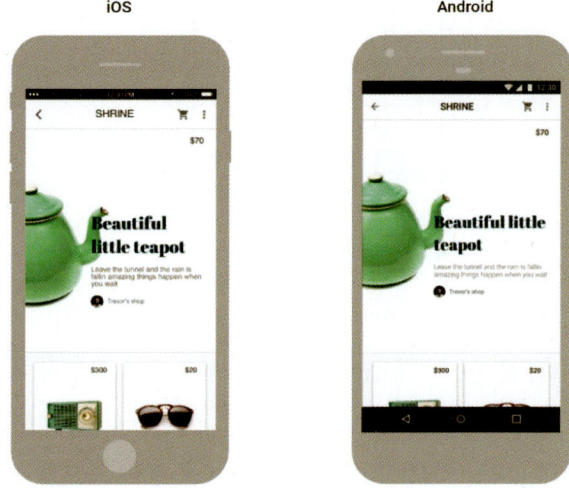

◆ 플러터로 Android iOS 개발 가능(출처 _ https://flutter-ko.dev/)

단일 코드 베이스로 개발을 할 수 있다는 것은 무슨 뜻일까요?
한 번 코딩으로 iOS, Android 앱을 만들 수 있다는 뜻입니다. 하나의 앱을 만들기 위해서는 iOS와 Android를 위한 2개의 코드(Java, Swift)가 필요합니다. 하지만 하나의 코드베이스로 크로스 플랫폼 개발을 가능하게 해줍니다.

UI란?

UI란 User Interface입니다. 사용자와 애플리케이션이 커뮤니케이션을 할 수 있도록 도움을 주는 매개체 역할을 합니다. 그 매개체 역할을 하는 종류는 다양하게 있습니다. 휴대폰 화면의 터치 이벤트, 리모콘의 버튼 이벤트 등이 있습니다.

프레임워크란?

Frame(틀)과 Work(일)의 합성어입니다. 어떤 틀 안에서 일을 할 수 있게 도움을 주는 환경입니다. 예를 들어 A라는 일을 하려고 하는데 그 일을 수행하기 위한 방법이 너무나 다양하고 준비물 또한 다양해서 선택하기 어려운 경우가 있습니다. 그럴 때 A라는 일을 하기 위한 프레임워크가 있다면 일을 하기 편해집니다.

01 _ 2 플러터의 특징

구글이 지원하는 무료 오픈소스입니다. 네이티브앱으로 컴파일이 가능하여 네이티브 수준의 성능을 자랑합니다. 또한 크로스플랫폼용 앱을 구현할 수 있게 해줍니다. 플러터의 모든 것은 위젯이기 때문에 위젯에 대해서만 개념을 숙지하면 쉽게 개발 가능합니다.

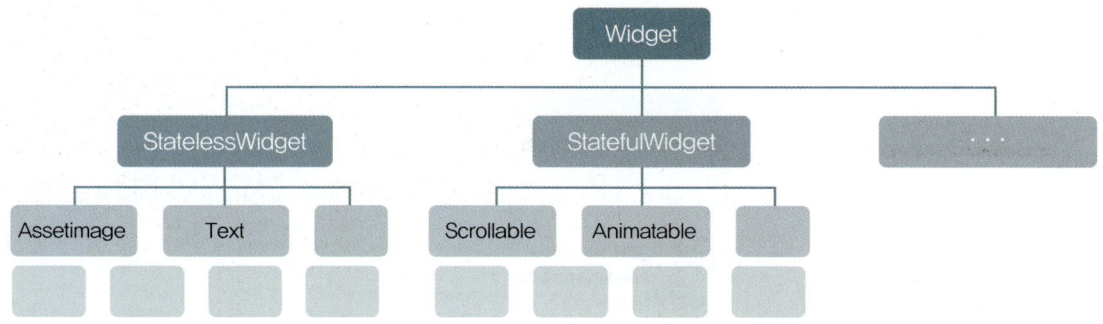

◆ 모든 것은 위젯

Flutter는 Dart를 프로그래밍 언어로 사용합니다. Kotlin, Swift, Java 또는 Typescript를 알고 있다면 배우기 쉽습니다. 또한 Dart를 네이티브 코드로 컴파일하여 앱에 빌드할 수 있습니다. 또한 앱 개발시에는 핫 리로드 라는 특수 기능이 있는 가상 머신 (VM)을 사용합니다. 이를 통해 코드를 업데이트하고 다시 배포하지 않고도 코드를 저장만 하면 변경 사항을 실시간으로 확인할 수 있습니다.

01 _ 3 Dart 언어의 특징

- C#, Javascript, Java 어떤 언어든 숙지가 되어 있다면 Dart는 배우기 쉽습니다.
- Type을 지원하는 언어입니다.
- Type 추론을 지원합니다.
- 단일 스레드로 비동기 방식을 지원합니다.
- UI에 최적화된 언어입니다.
- 동시성을 지원하지만 완벽하게 격리됨(Isolate)을 보장해줍니다.
- 스프레드 연산자를 지원합니다.
- 배열은 없고 컬렉션만 존재합니다.

01 _ 4 지금 당장 앱을 만들어야 한다면?

당신이 스타트업 대표라고 가정해보겠습니다. 3개월 안에 앱을 하나 만들어서 출시를 해야 하는 상황입니다. 현재 회사에는 안드로이드 개발자가 한 명 있고, 서버를 담당하는 백엔드 개발자가 한 명 있고, 디자이너가 한 명 있습니다. 전 세계의 80% 이상이 보통 안드로이드를 사용하기 때문에 80%로의 시장만이 필요하다면 더 이상 개발자를 고용하지 않아도 될 것입니다. 하지만 iOS 시장의 고객이 필요하다면 iOS 앱 개발을 해야만 합니다.

이때 여러분은 세 가지 선택지가 있습니다.
❶ iOS 시장을 포기한다.
❷ iOS 개발자를 프리랜서로 고용한다. (구하기 힘들 수 있습니다. 특히 지방에서는 더 어렵습니다)
❸ iOS와 Android를 한 번에 개발할 수 있는 크로스 플랫폼 개발자를 고용한다. 대표적으로 리엑트 네이티브(React Native)와 자마린(Xamarin) 그리고 플러터(Flutter)가 있습니다.

01 _ 5 Skia 엔진

Skia는 Android, iOS, Chrome, Windows, Mac, Ubuntu 등 다양한 환경에서 공통 API를 가지고 화면을 그릴 수 있도록 도와주는 오픈소스 2D 그래픽 라이브러리입니다. 구글이 2005년 11월에 Skia를 인수하였고 Flutter는 Skia 엔진을 내장하고 있습니다. Flutter는 각각의 디바이스에서 렌더링하는 방법으로 Skia를 사용하기 때문에 각 각의 디바이스에 제한 없이 동일한 화면으로 렌더링이 가능합니다. 각각의 디바이스들의 Native Component를 사용하지 않기 때문에, 동일한 스타일의 화면을 만들어 낼 수 있습니다.
즉 Flutter는 각각의 디바이스 (iOS 나 Android)에서 렌더링하는 방법을 Skia 에게 맞겨 버리기 때문에 각각의 디바이스에 제한 없이 동일한 화면으로 렌더링이 가능합니다.

다음 그림을 보시죠. 안드로이드에는 버튼 위젯이 있습니다. 이 버튼 위젯을 사용하기 위해서는 자바 코드를 사용합니다. 하지만 수많은 크로스 플랫폼들의 목적은 Java 코드로 안드로이드를 만들고 Swift로 iOS를 만들려는 것이 아닌 단일 코드베이스로 두 개의 앱을 동시에 개발하는 것에 목적이 있습니다.

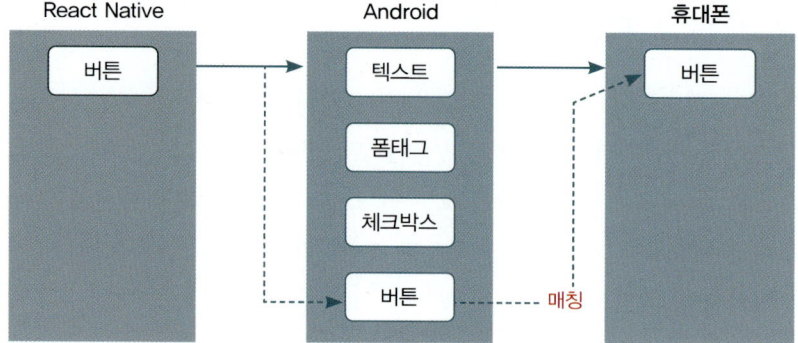
◆ 리엑트 네이티브 브릿지(Bridge)를 통해 버튼을 찾아가는 과정

위 그림을 보세요. React Native는 자바스크립트 언어로 두 개의 앱을 동시에 만들 수 있습니다. 자바스크립트로 버튼을 만들어서 Android와 iOS에 버튼을 렌더링(그림을 그리다)하게 되면 자바스크립트 코드에 상응하는 Java코드와 Swift코드가 매칭되어 그림이 그려집니다. 이 매칭을 도와주는 것이 Javascript bridge 라고 합니다. 해당 브릿지(bridge)가 Native 위젯을 연결시켜줍니다.

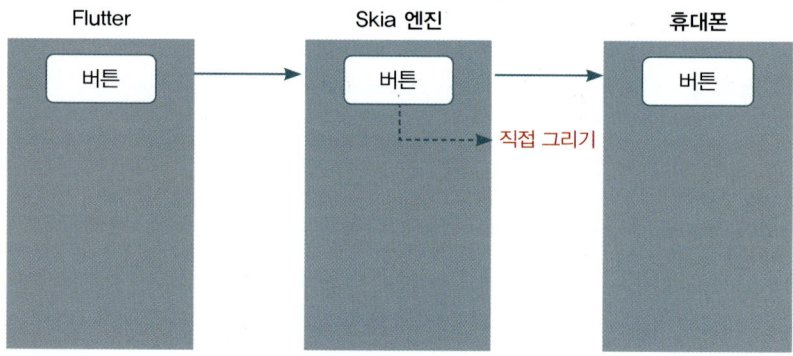
◆ 플러터 Skia 엔진을 이용하여 버튼을 그리는 과정

하지만 Flutter는 Skia 엔진을 통해서 앱에 직접 그림을 그립니다. 이것은 분명히 장점입니다. 하지만 iOS와 Android에서 버튼의 디자인이 변경되었을 때 Flutter에서 빠르게 디자인이 반영되지 않는다면 해당 버튼을 동일하게 그려낼 수 없습니다.

하지만 걱정하지 마세요. Google이 밀고 있고 지원하는 Flutter이기 때문에 빠르게 업데이트 되고 있습니다. 그리고 Flutter는 사물인터넷 디바이스의 UI를 위해 탄생한 목적도 있기 때문에 앞으로의 미래가 밝습니다.

01 _ 6 AOT와 JIT 지원

AOT

AOT(Ahead of time)를 지원합니다. 즉 Dart 언어로 개발한 코드를 휴대폰에 빌드하기 전에 해당 핸드폰의 기계어 코드(네이티브 코드)로 사전 컴파일하여 코드를 빌드할 수 있습니다. 즉 네이티브 성능을 낼 수 있습니다.

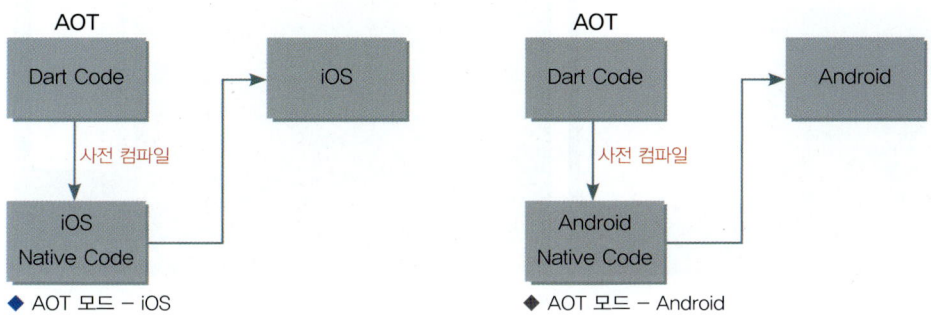

◆ AOT 모드 – iOS   ◆ AOT 모드 – Android

JIT

JIT(Just in time)을 지원합니다. JIT란 런타임에서 실행할 수 있는 중간언어로 변환한 후 Dart의 가상머신(VM)을 통해서 중간언어를 실시간으로 번역합니다. 이때 해당 기계에 맞게 번역을 실행하고 즉시 실행해줍니다. AOT에 비해 런타임시 실행이 느립니다. 이 방식은 개발 모드에서만 사용합니다. 프로덕션 모드에서는 AOT를 사용합니다.

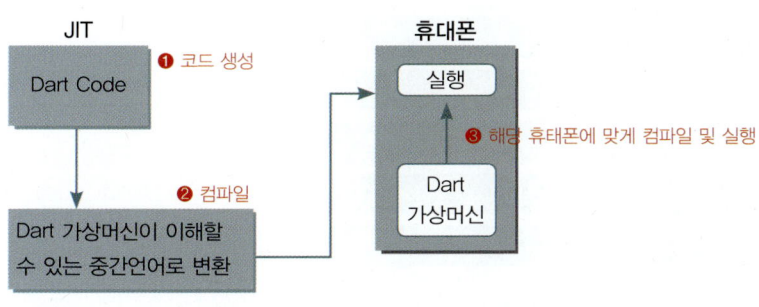

◆ JIT 모드 – Dart 가상머신

01 _ 7 Swift UI와 Android JetPack Compose

Swift UI 또는 Jetpack Compose를 사용해 봤다면 Flutter의 매력에 푹 빠질 것입니다. Flutter의 그림 그리는 방식과 매우 유사합니다.

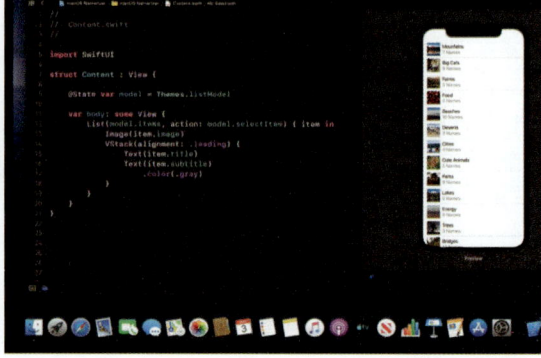

◆ Android Jetpack　　　　　　　　　　　　　　　◆ Swift UI

01 _ 8 플러터 아키텍처

Flutter 아키텍처는 세 가지 주요 계층으로 구성됩니다.

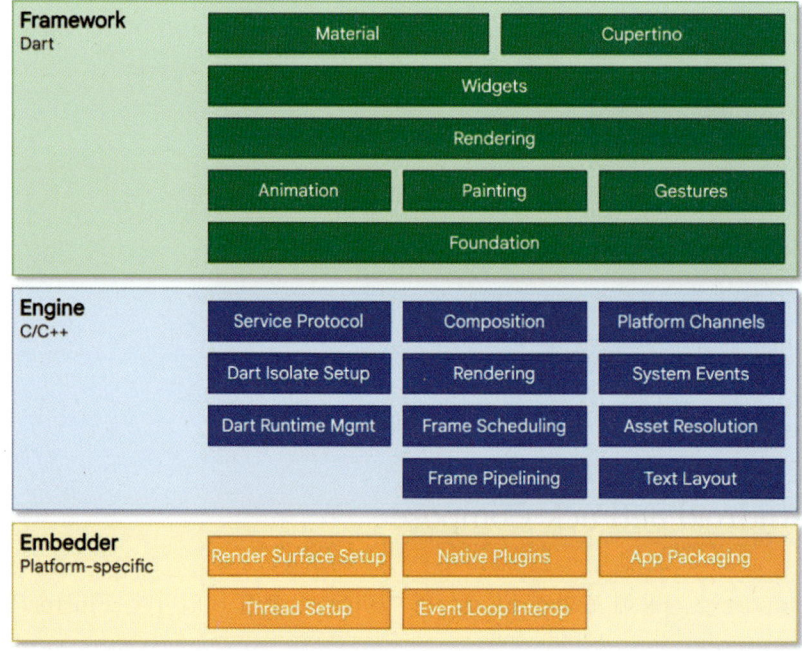

◆ 플러터 아키텍처

프레임워크 계층은 다트로 작성합니다. 여기에는 UI 테마, 위젯, 레이아웃 및 애니메이션, 제스처, 기본 구성 요소가 포함됩니다. 그리고 플러그인이 포함되는데 JSON 직렬화, 위치 정보, 카메라 액세스, 인앱 결제 등과 같은 고급 기능이 있습니다.

엔진 계층은 핵심 C++ 라이브러리가 포함되어 있습니다. 엔진은 I/O, 그래픽, 텍스트 레이아웃, 접근성, 플러그인 아키텍처, 접근성 및 Dart 런타임과 같은 Flutter API의 저수준 기본 요소를 구현합니다. 엔진은 또한 화면에서 빠른 렌더링을 위해 Flutter 장면을 래스터화 하는 역할을 합니다.

임베더 계층은 네이티브 앱으로 통하는 진입점을 제공합니다. 네이티브 서비스에 대한 액세스를 위해 기본 운영 체제와 커뮤니케이션 합니다. 쉽게 말하면 iOS Shell과 Android Shell을 Embedder API를 통해 통신하는 계층입니다.

01 _ 9 플러터 3.x

2022년에 플러터가 3.0으로 업데이트 되었습니다. 2.0 버전과 가장 큰 차이점은 데스크톱 플랫폼(MacOS, Linux)를 정식 지원하는 것 입니다. 그리고 모바일 환경의 경우 iOS 환경에서 빌드되는 시간을 줄였습니다. 또한 폴더블 폰의 어플리케이션도 지원하고 있습니다. 플러터 공식 GameToolKit이 추가되었습니다.

플러터로 할 수 있는 것
- HTML, CSS, Javascript를 몰라도 웹 디자인이 가능합니다.
- Java를 몰라도 Android 디자인이 가능합니다.
- Swift를 몰라도 iOS 디자인이 가능합니다.
- Dart 언어와 Flutter 프레임워크만 알면 데스크탑 앱을 만들 수 있습니다.
- GameToolKit을 이용하여 간단한 게임을 제작할 수 있습니다.

주요 업데이트 사항
- 데스크탑 플래폼 앱 정식 지원 (Mac, Linux)
- 웹 빌드 성능 향상
- 모바일 폴더블 기기 지원
- GameToolKit을 통한 게임 개발 지원

> 본 교재는 Flutter 3.10.2 버전을 사용하며 Dart는 3.0.5 버전을 사용하여 만들어졌습니다. 해당 버전보다 낮으면 버전을 업그레이드해야 하고, 상위 버전이라면 그대로 사용하면 됩니다

CHAPTER
02

플러터 시작하기

이번 장에서는 Windows에서 Flutter 개발 환경을 어떻게 구축하는지 알아보고 실행해 보도록 하겠습니다.

02 _ 1 Flutter SDK 설치하기

플러터 설치는 버전에 따라 조금씩 달라질 수 있습니다. 추후 변경되는 내용과 각종 이슈는 해당 URL에 지속적으로 업데이트할 예정이니 참고해주세요.

- https://cafe.naver.com/metacoding/2472

Flutter SDK 다운로드

❶ Flutter 공식 사이트 다운로드 페이지로 이동합니다.

https://docs.flutter.dev/get-started/install

❷ 자신의 환경에 맞는 운영체제를 선택합니다. 이 책에서는 Windows를 기준으로 설치합니다.

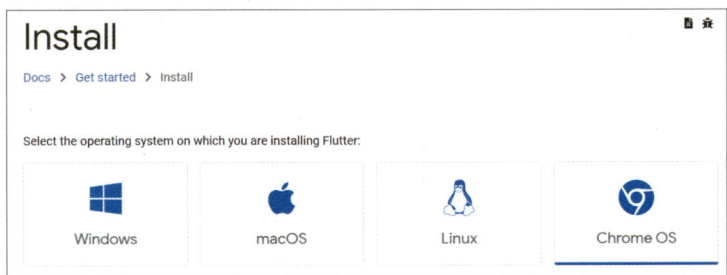

❸ Flutter SDK를 다운로드 합니다. 단, Flutter SDK 버전은 다운로드 시점에 따라 다를 수 있습니다.

> SDK란 Software Development Kit의 약자로 소프트웨어를 개발하기 위한 키트입니다.

Flutter SDK 압축 해제 및 폴더 설정

1️⃣ 다운 받은 Flutter SDK 파일의 압축을 풀어줍니다.

2️⃣ 압축을 풀고 내부에 있는 flutter 폴더만 잘라내기 합니다.

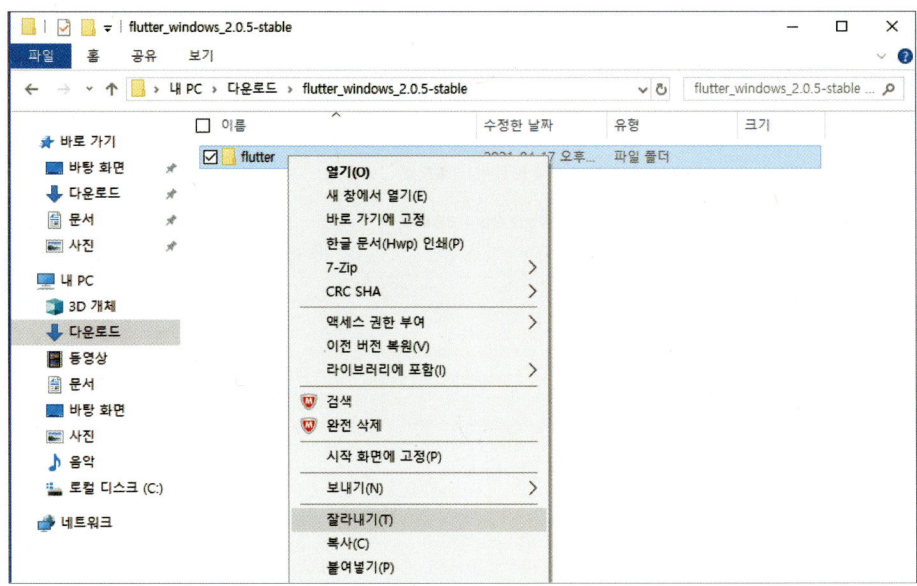

◆ flutter 폴더 잘라내기

3️⃣ C:\src 폴더를 생성한 뒤 압축 해제한 폴더를 이동시켜 줍니다.

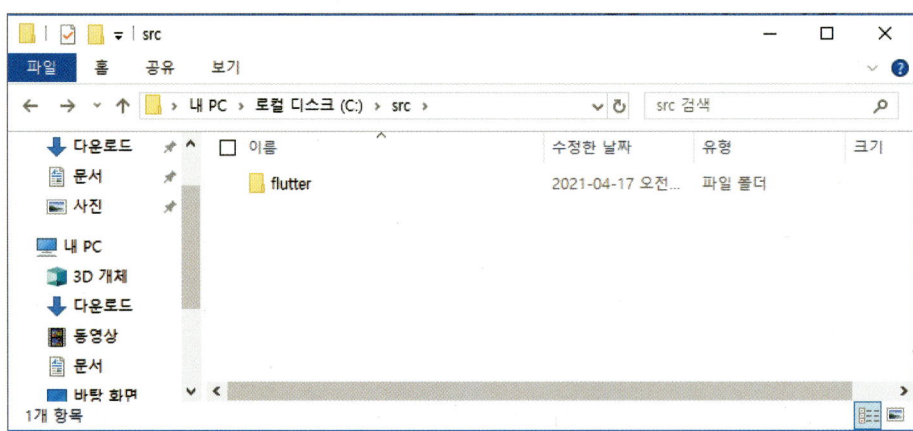

◆ src 폴더로 flutter 폴더 옮기기

4 flutter 폴더 내부가 다음과 같이 구성되어 있으면 됩니다.

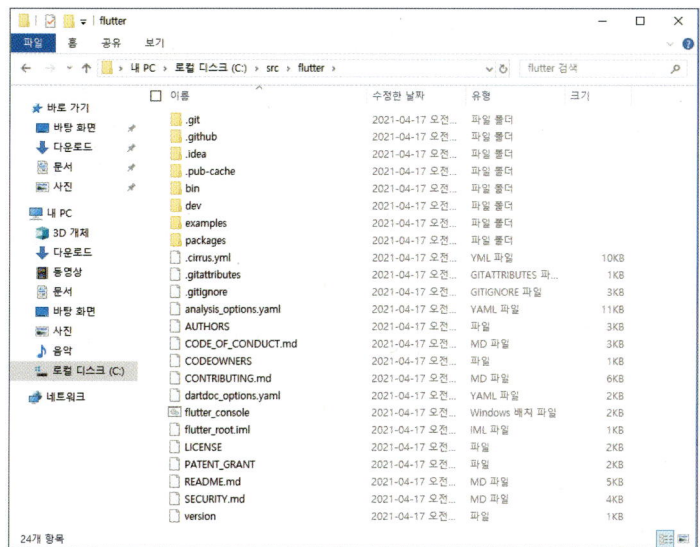

◆ flutter 폴더 내부

Flutter 환경변수 설정

1 윈도우 바탕화면에서 [내PC]를 마우스 우클릭 후 [속성] 메뉴를 선택합니다.

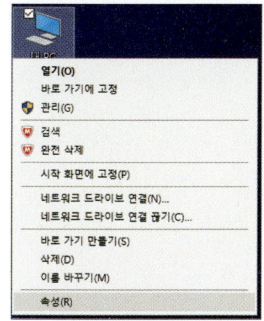

◆ 내 컴퓨터 마우스 우클릭 – 속성

2 좌측 탭에서 [고급 시스템 설정]을 선택합니다.

◆ 고급 시스템 설정으로 이동

③ 시스템 속성 창에서 [환경변수] 버튼을 클릭합니다.

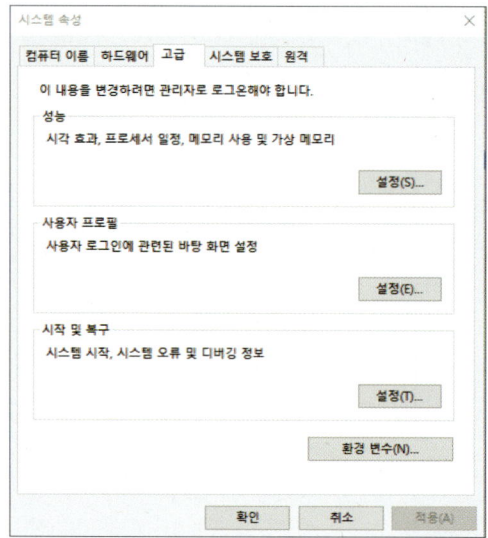

◆ 환경 변수 클릭

④ 시스템 변수 탭에서 Path 선택 후 [편집] 버튼을 클릭합니다.

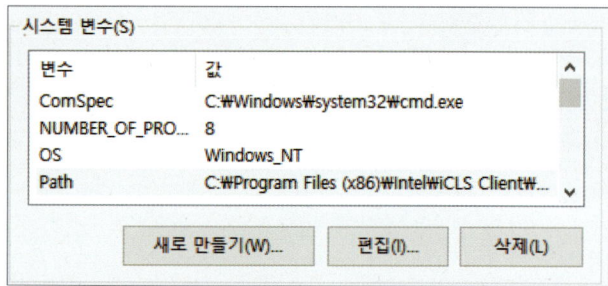

◆ Path 편집하기

⑤ Flutter SDK 경로 추가 후 [확인] 버튼을 클릭하여 모든 창을 종료시킵니다.

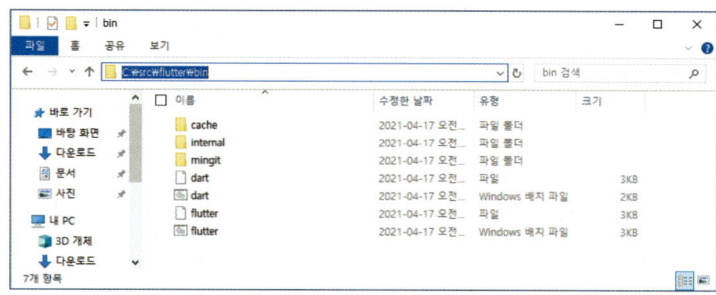

◆ src/flutter/bin 폴더 경로 복사

c:\src\flutter\bin

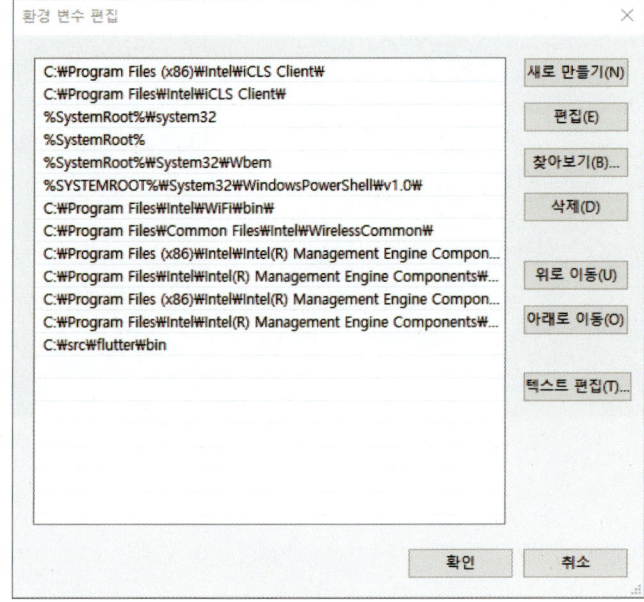

> c:\src\flutter\bin 폴더를 환경변수에 추가한 이유는 bin 폴더 내부에 dart.exe 파일과 flutter.exe 실행 파일이 있는데 이 실행 파일을 어느 폴더에서나 바로 접근하기 위해서입니다. 해당 파일로 버전을 체크 하거나 업그레이드하거나 소스코드를 컴파일할 수 있습니다.

◆ 환경변수 편집하기 – 새로 만들기

02 _ 2 안드로이드 스튜디오 설치하기

안드로이드 스튜디오 다운로드

1 구글에서 Android Studio download를 검색한 뒤 Download Android Studio를 클릭합니다.

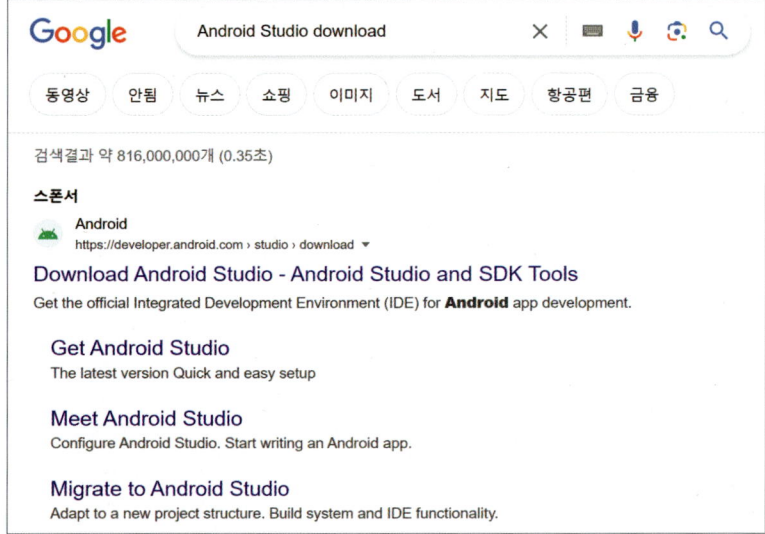

◆ Android Studio download – 구글 검색

2 [DOWNLOAD ANDROID STUDIO] 버튼을 클릭하여 다운로드 합니다.

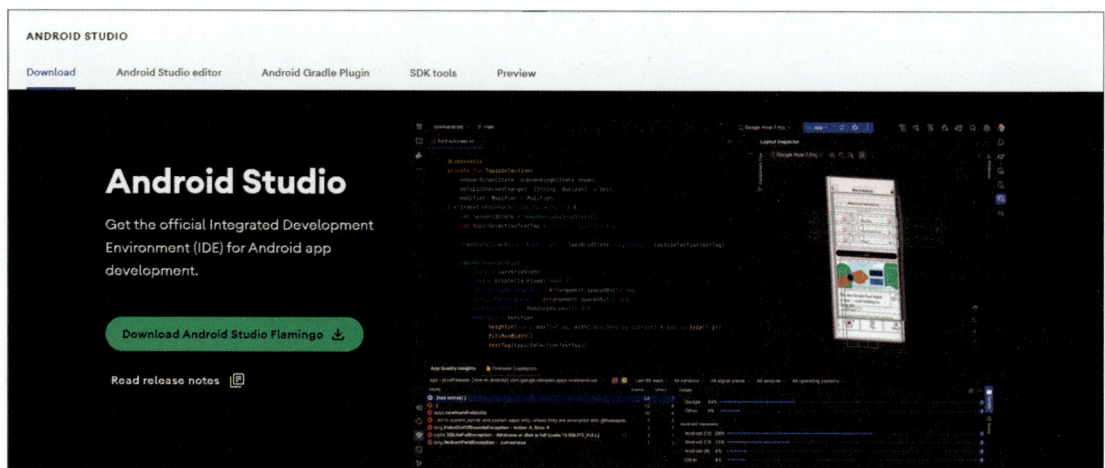

◆ Android Studio Flamingo 버전

안드로이드 스튜디오 설치하기

1 다운 받은 파일을 더블 클릭하여 설치를 시작합니다.

◆ 안드로이드 스튜디오 설치 과정

2 이후 [Next] 버튼을 계속 클릭합니다.

3 Do not import settings를 선택하여 [OK] 버튼을 클릭합니다.

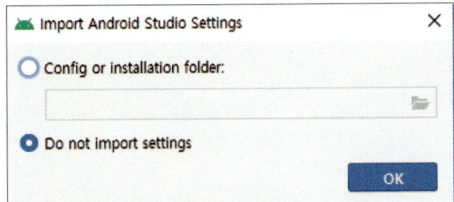

◆ 안드로이드 스튜디오 설치 과정

4 [Don't send] 버튼을 클릭합니다.

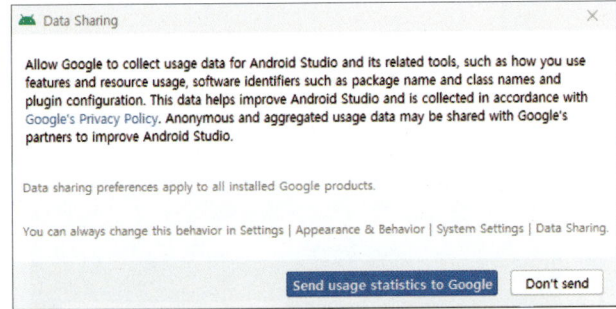

◆ 안드로이드 스튜디오 설치 과정

5 [Next] 버튼을 클릭합니다.

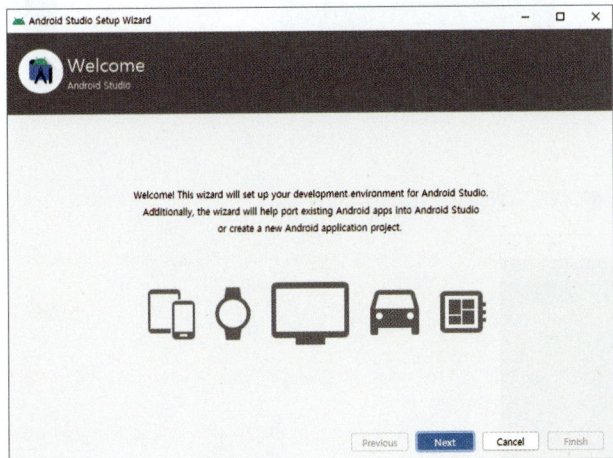

◆ 안드로이드 스튜디오 설치 과정

6 Standard 모드를 선택한 상태에서 [Next] 버튼을 클릭합니다.

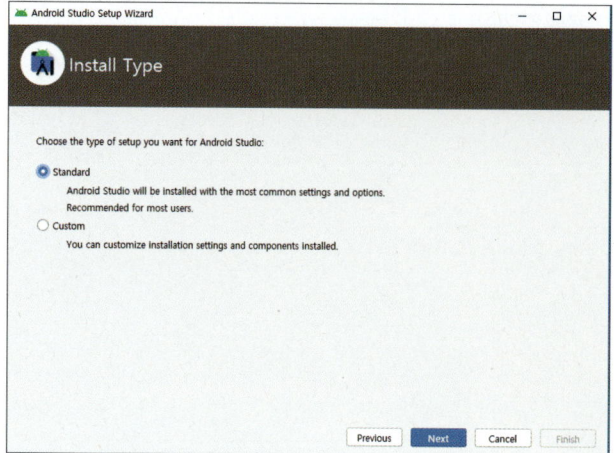

◆ 안드로이드 스튜디오 설치 과정

❝ Darcula 모드를 선택하고 [Next] 버튼을 클릭하면 어두운 테마가 적용됩니다.

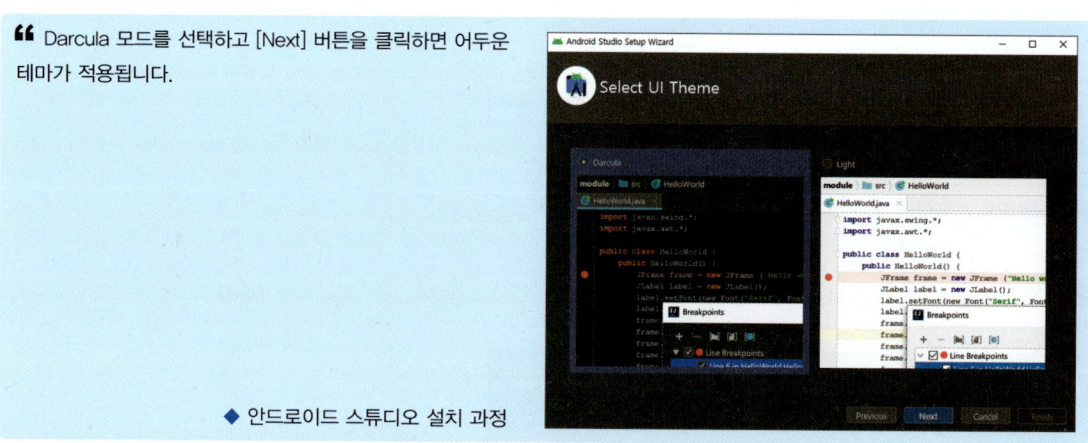

◆ 안드로이드 스튜디오 설치 과정

7 [Finish] 버튼을 클릭합니다. 시간이 5분에서 15분 정도 걸리니 기다려주세요.

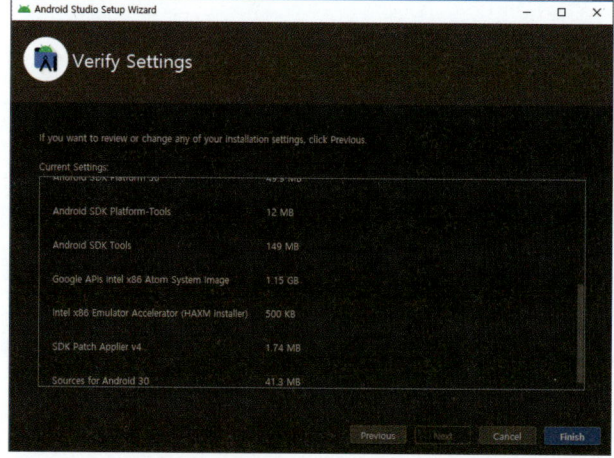

◆ 안드로이드 스튜디오 설치 과정

8 설치가 완료되었습니다. [Finish] 버튼을 클릭합니다.

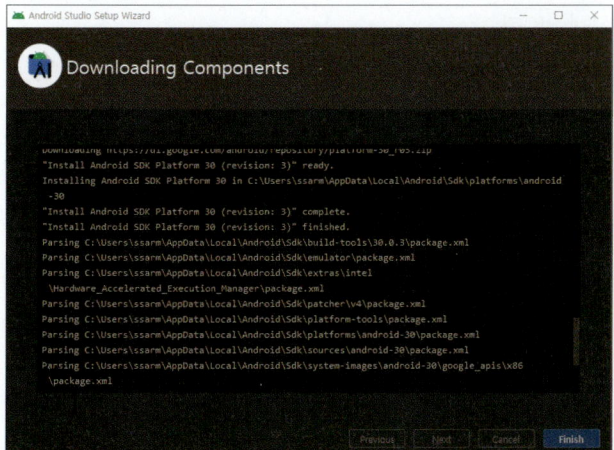

◆ 안드로이드 스튜디오 설치 과정

9 해당 화면이 나오면 그대로 두고 다음 절로 넘어가세요.

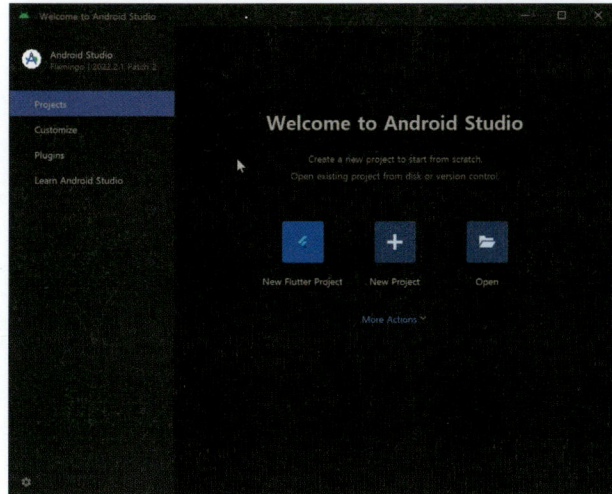

◆ 안드로이드 스튜디오 설치 완료

Flutter, Dart 플러그인 설치

1 오른쪽 하단 Configure를 클릭하고 Plugins을 선택합니다.

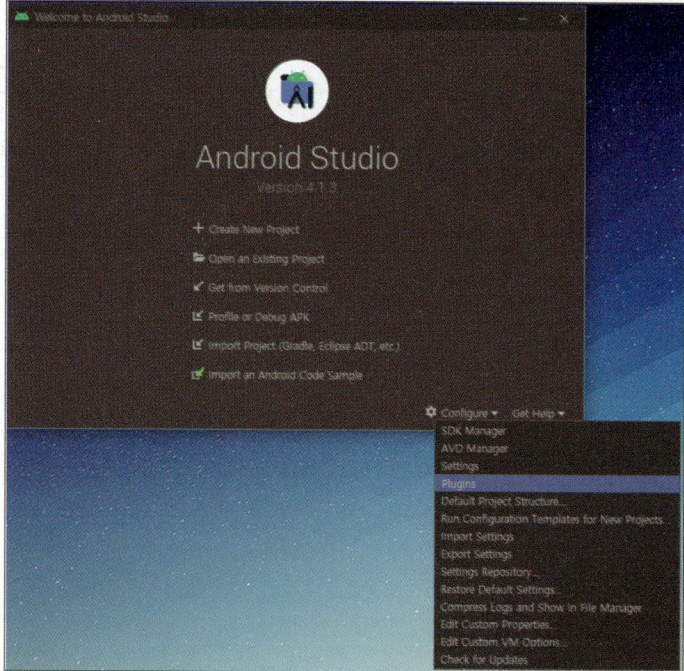

◆ 안드로이드 스튜디오 Plugin 설치

2 flutter를 검색하고 [install] 버튼을 클릭합니다. 이때 자동으로 Dart를 함께 설치하겠냐는 문구가 나오는데 함께 설치해주시면 됩니다.

◆ flutter 검색 및 install

3 [Restart IDE] 버튼을 클릭하고 안드로이드 스튜디오를 재시작합니다.

◆ 설치 완료 후 재시작하기

Flutter 프로젝트 생성하기

1 New Flutter Project를 선택합니다.

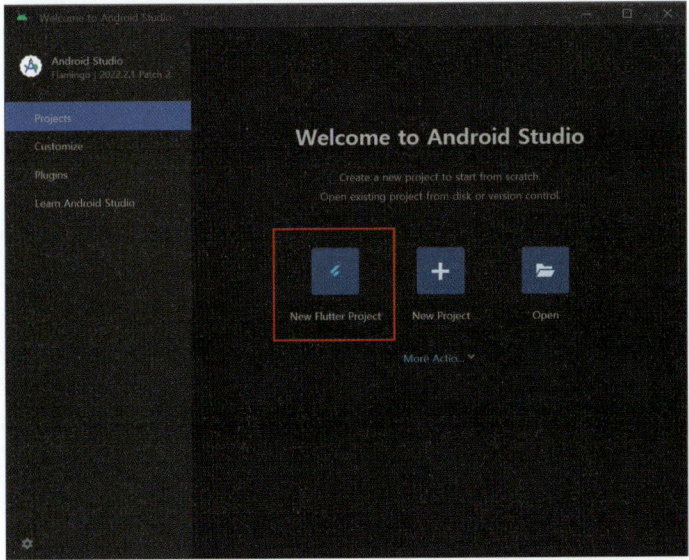

◆ 새로운 flutter 프로젝트 시작하기

2 Flutter App을 선택한 뒤 Next 버튼을 클릭합니다.

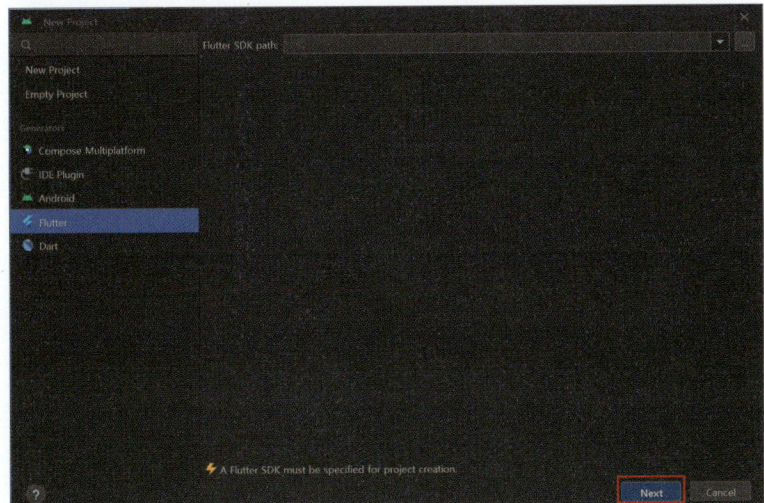

◆ Flutter app 선택 및 SDK path 경로 설정 화면

3️⃣ 프로젝트 설정을 다음과 같이 합니다.

첫째, c:₩src₩flutterwork 폴더를 생성해 둡니다.

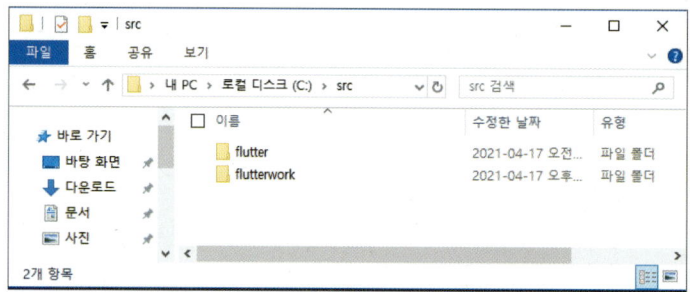

◆ workspace 폴더 만들기 - src₩flutterwork

둘째, 아래와 같이 설정한 뒤 Finish 버튼을 클릭합니다.

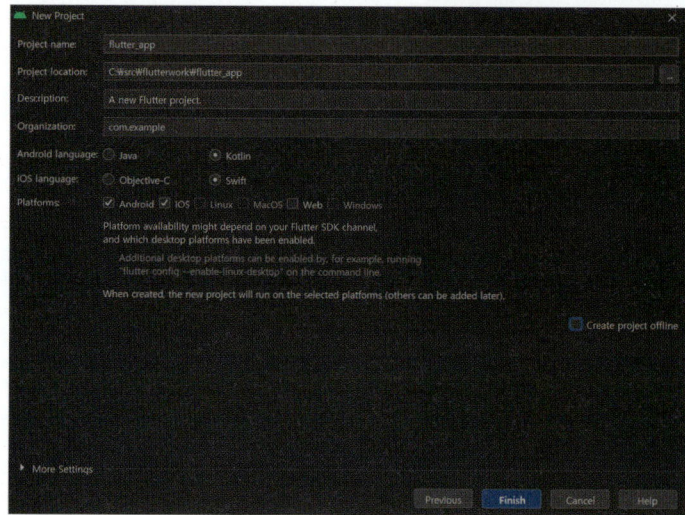

Project name
flutter_app
Project location
c:\src\flutterwork\flutter_app
Description
A new Flutter project.
Organization
com.example

◆ 프로젝트 생성을 위한 기본 설정

4️⃣ 경고창이 뜨면 Create 버튼을 클릭하여 프로젝트 생성을 합니다.

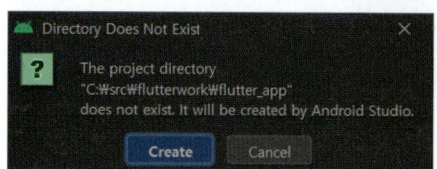

◆ flutter_app 폴더가 없다는 경고 표시

5 프로젝트 생성이 완료되었습니다.

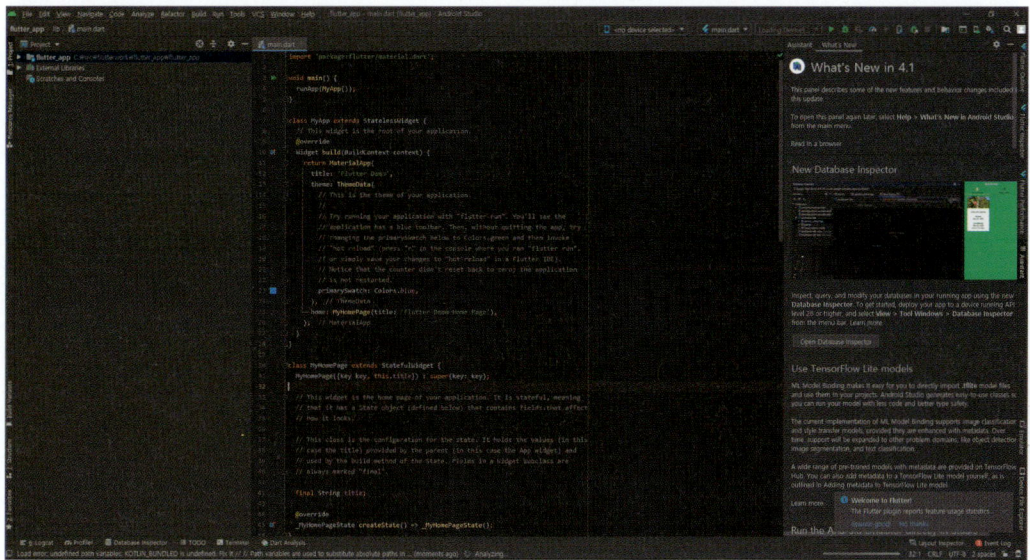

◆ flutter 프로젝트 생성 완료 화면

> 오른쪽 하단에 회색 진행바가 완료될 때까지 기다려주세요. 프로젝트 설정이 완료되면 진행바가 멈추게 됩니다.

Flutter Doctor

Flutter Doctor 는 플러터 설치 및 설정이 정상적으로 되었는지 환경을 검사해주는 도구입니다.

1 안드로이드 스튜디오 아래에 Terminal 탭을 클릭합니다.

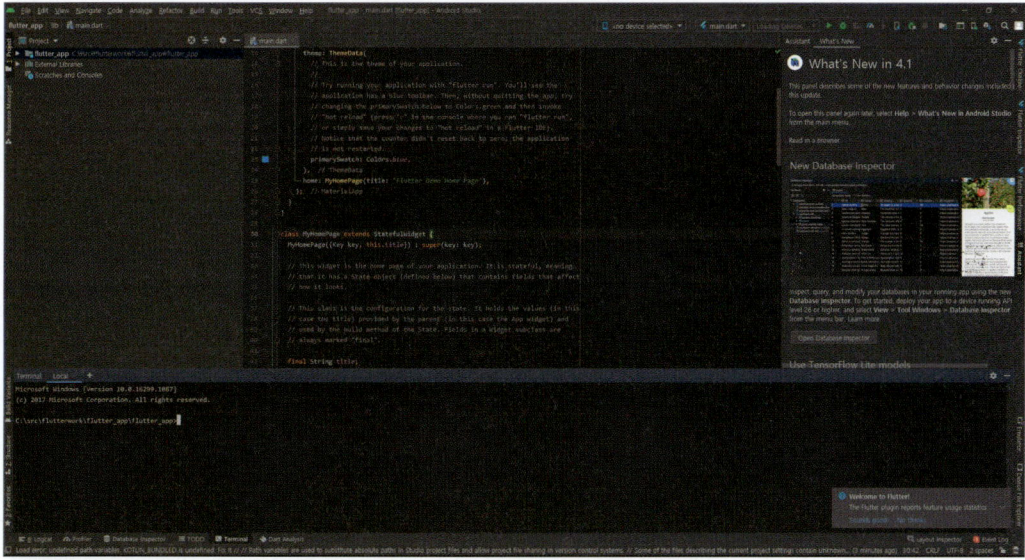

◆ 터미널(Terminal) 열기

> 윈도우에 CMD창을 열어도 됩니다.

2 Flutter를 검사해봅시다.

```
flutter doctor
```

정상적인 경우라면 아래와 같은 경고가 나옵니다. Android toolchain 연결이 되지 않았다는 오류입니다.

```
Microsoft Windows [Version 10.0.19045.2965]
(c) Microsoft Corporation. All rights reserved.

C:\Users\kimal>flutter doctor
Doctor summary (to see all details, run flutter doctor -v):
[√] Flutter (Channel stable, 3.10.4, on Microsoft Windows [Version 10.0.19045.2965], locale ko-KR)
    Windows Version (Installed version of Windows is version 10 or higher)
[!] Android toolchain - develop for Android devices (Android SDK version 34.0.0)
    ! Some Android licenses not accepted. To resolve this, run: flutter doctor --android-licenses
[√] Chrome - develop for the web
[X] Visual Studio - develop for Windows
    X Visual Studio not installed; this is necessary for Windows development.
      Download at https://visualstudio.microsoft.com/downloads/.
      Please install the "Desktop development with C++" workload, including all of its default components
[√] Android Studio (version 2022.2)
[√] Connected device (3 available)
[√] Network resources

! Doctor found issues in 2 categories.
```

◆ Android toolchain 라이센스 등록 경고

하지만 아래와 같이 JDK가 없다는 경고가 나올 수 있습니다. 아래와 같은 경고가 나오지 않는 독자는 아래 해결 방법 부분을 Skip 해주세요.

```
C:\src\flutterwork\flutter_app>flutter doctor
Doctor summary (to see all details, run flutter doctor -v):
[√] Flutter (Channel stable, 2.2.2, on Microsoft Windows [Version 10.0.19043.928], locale ko-KR)
[!] Android toolchain - develop for Android devices (Android SDK version 30.0.3)
    X No Java Development Kit (JDK) found; You must have the environment variable JAVA_HOME set and the java binary in your PATH. You can download the
      JDK from https://www.oracle.com/technetwork/java/javase/downloads/.
[√] Chrome - develop for the web
[!] Android Studio (not installed)
[√] Connected device (2 available)
```

◆ JDK(자바)를 찾을 수 없다는 경고

Flutter로 안드로이드 앱을 만들기 위해서는 JDK(자바)가 필수로 설치가 되어있어야 합니다. 하지만 우리가 설치하지 않은 이유는 안드로이드 스튜디오 툴을 설치하게 되면 JDK가 자동으로 설치가 되고 JDK의 경로가 자동으로 연결이 되기 때문입니다. 문제는 자동으로 설치는 되었는데 연결이 되지 않아서 발생한 것입니다.

해결 방법은 안드로이드 스튜디오를 설치한 경로를 지정해주면 됩니다.

```
c:\FLUTTER_PATH>flutter config --android-studio-dir="c:\Program Files\Android\Android Studio"
```

◆ Android Studio 경로 지정

3 Android toolchain 설정을 해줍니다.

```
flutter doctor --android-licenses
```

```
C:\src\flutterwork\flutter_app\flutter_app>flutter doctor --android-licenses
Warning: File C:\Users\ssarm\.android\repositories.cfg could not be loaded.
7 of 7 SDK package licenses not accepted. 100% Computing updates...
Review licenses that have not been accepted (y/N)?
```

◆ 라이센스 설정 화면

라이센스 등록을 위해 모든 물음에 y를 입력한 뒤 Enter 를 입력해주세요.

하지만 다음과 같이 NoClassDefFoundError가 발생할 수 있습니다. 오류가 발생하지 않는다면 아래 해결 방법 부분은 skip 해주세요.

```
C:\src\flutterwork\flutter_app>flutter doctor --android-licenses
Exception in thread "main" java.lang.NoClassDefFoundError: javax/xml/bind/annotation/XmlSchema
        at com.android.repository.api.SchemaModule$SchemaModuleVersion.<init>(SchemaModule.java:156)
        at com.android.repository.api.SchemaModule.<init>(SchemaModule.java:75)
        at com.android.sdklib.repository.AndroidSdkHandler.<clinit>(AndroidSdkHandler.java:81)
        at com.android.sdklib.tool.sdkmanager.SdkManagerCli.main(SdkManagerCli.java:73)
        at com.android.sdklib.tool.sdkmanager.SdkManagerCli.main(SdkManagerCli.java:48)
Caused by: java.lang.ClassNotFoundException: javax.xml.bind.annotation.XmlSchema
```

◆ JDK 1.8 버전이 아니어서 Command-line Tools를 찾지 못함

안드로이드 스튜디오를 설치하게 되면 JDK11이 자동으로 설치가 됩니다. 혹은 이미 자바를 설치한 경험이 있는 독자라면 JDK15가 설치되어 있을 수 있습니다. 위와 같은 오류가 발생한 이유는 JDK1.8을 설치하지 않아서 Command-line Tools가 없기 때문입니다. 해결 방법은 아래 그림을 참고해주세요.

오른쪽 상단 메뉴에 SDK Manager 클릭합니다.

◆ SDK Manager 클릭

SDK Tools - Android SDK Command-line Tools (latest) 체크 후 설치합니다.

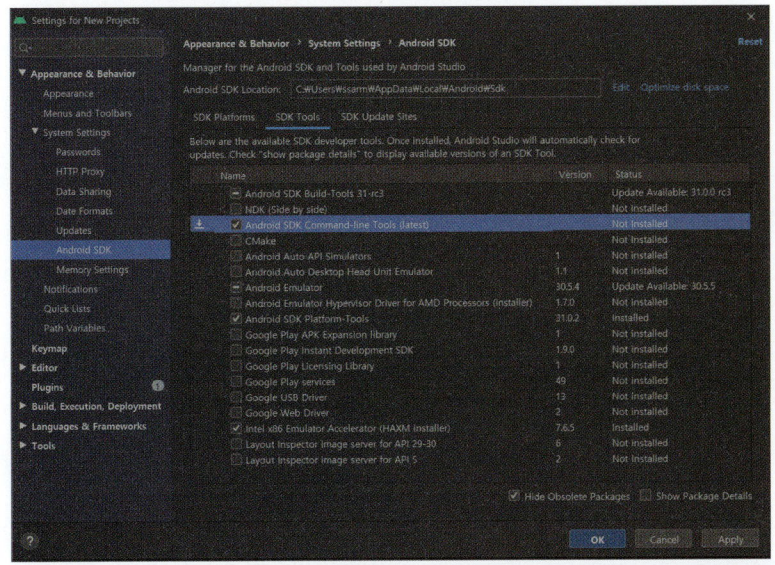

◆ Android SDK Command-line Tools 설치

> 기존에 자바(JDK)가 설치 되어 있어 위의 방법으로도 설치 문제가 해결되지 않는다면 JDK 1.8로 다운그레이드 한 뒤 실행하면 됩니다.

4 Visual Studio를 설치합니다. 먼저 구글에 Visual Studio를 검색합니다.

◆ 구글에 Visual Studio 검색

해당 페이지로 이동하여 Visual Studio 커뮤니티 버전을 다운로드 받습니다.

◆ Visual Studio 홈페이지

다운로드 받은 파일을 실행하여 설치를 진행합니다. 다음과 같은 선택지가 화면에 출력되면 'C++를 사용한 데스크톱 개발'을 선택하고 설치를 진행합니다.

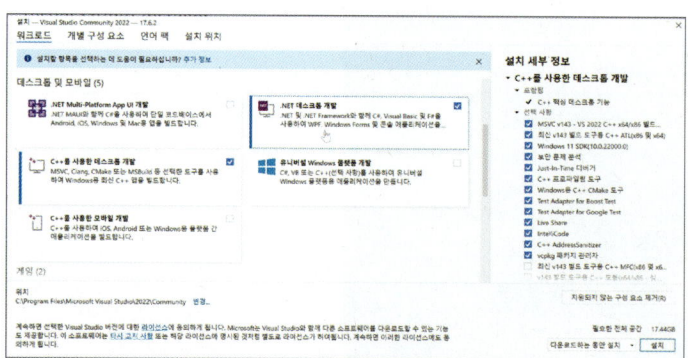

◆ C++를 사용한 데스크톱 개발 선택

5 윈도우 버전 11 이상일 경우 다음과 같은 에레 메시지가 출력될 수 있습니다.

```
[X] Windows Version (Unable to confirm if installed Windows version is 10 or greater)
```

◆ 윈도우 버전에 따른 오류 메시지

다음과 같은 명령어를 차례대로 입력합니다.

`flutter channel master`   `flutter upgrade`

6 다시 한 번 Flutter를 검사해봅니다.

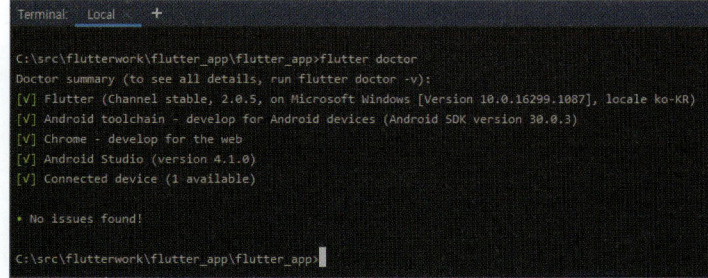

flutter doctor

> Android Studio 설치했는데도 불구하고 Android Studio 부분에 물음표! 경고가 표시되는 경우가 있습니다. 이 부분은 버그이니 넘어가셔도 됩니다.

버전 확인 해보기

다음과 같은 형식으로 flutter와 Dart 버전을 확인할 수 있습니다. flutter 버전은 2.0.5이고, Dart 버전은 2.12.3입니다. flutter 버전은 설치 시점에 따라 다를 수 있습니다.

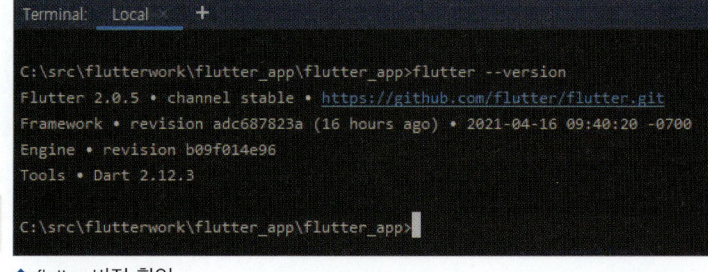

flutter --version

◆ flutter 버전 확인

02 _ 3 안드로이드 스튜디오 환경 설정

자동정렬 설정

코드 작업 중 저장을 하면 코드가 자동정렬 됩니다.

1 File -> Settings 메뉴를 선택합니다.

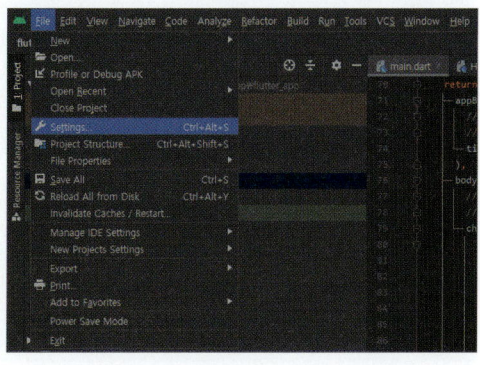

◆ Setting 화면으로 이동

2 Languages & Frameworks -〉 Flutter -〉 Format code on save를 선택합니다.

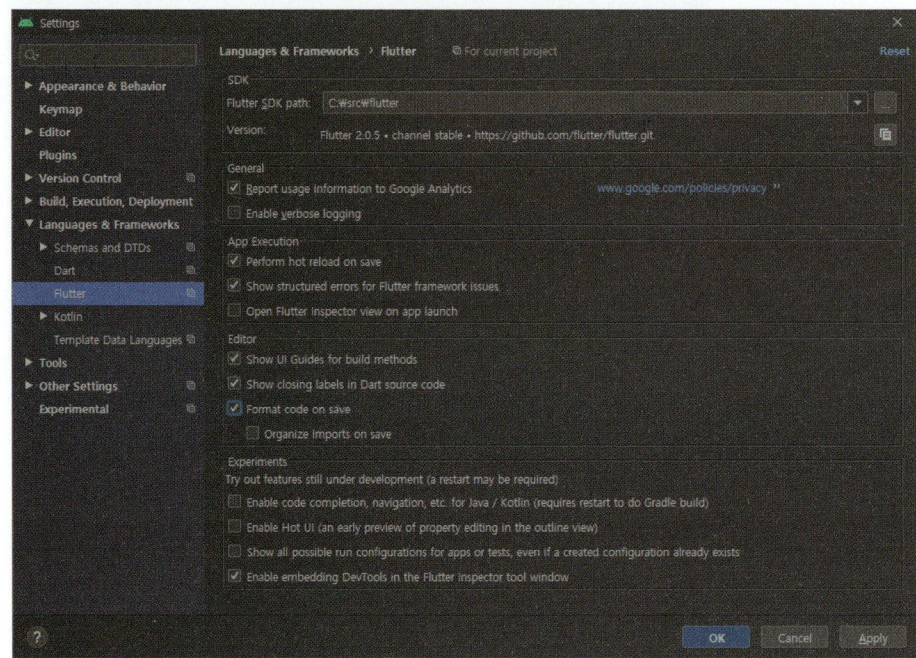

◆ Format code on save 설정

글자 크기 및 폰트 설정

1 Editor -〉 Font -〉 Size 16으로 변경합니다.

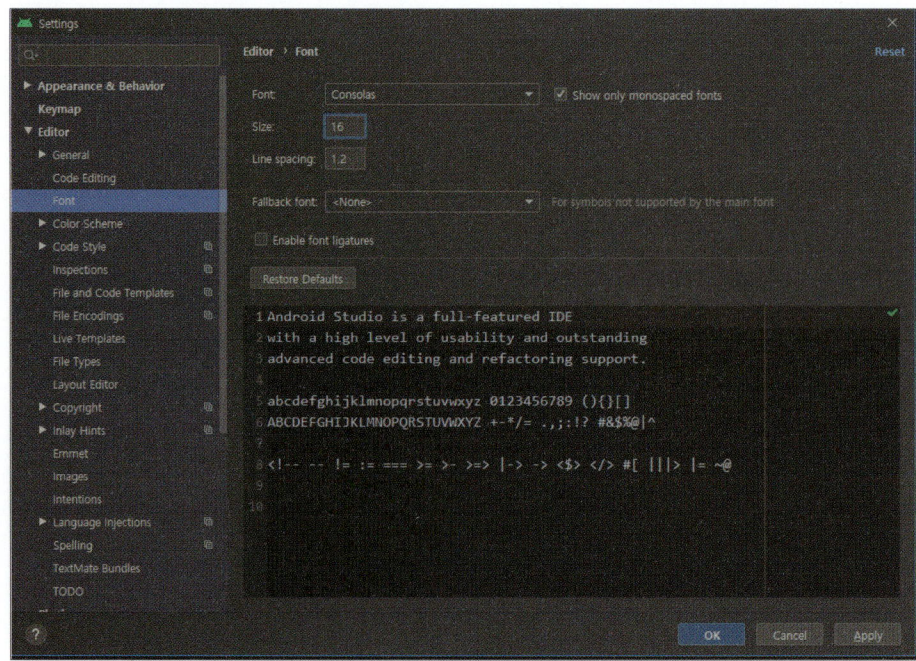

◆ 글자 폰트 설정

02 _ 4 Flutter 에뮬레이터로 first_app 프로젝트 실행하기

1 오른쪽 상단에 AVD Manager 아이콘 클릭

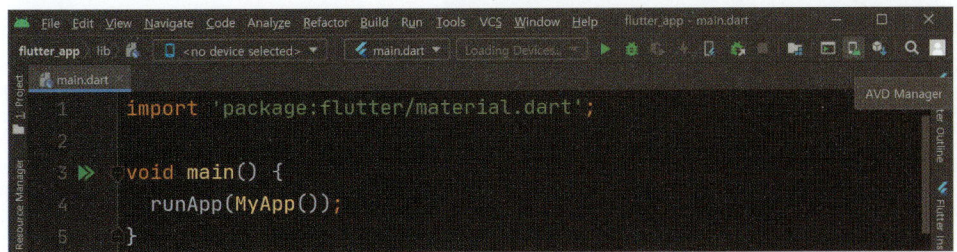

◆ AVD Manager 아이콘 클릭

2 에뮬레이터 설치

Create Virtual Device 버튼을 클릭합니다

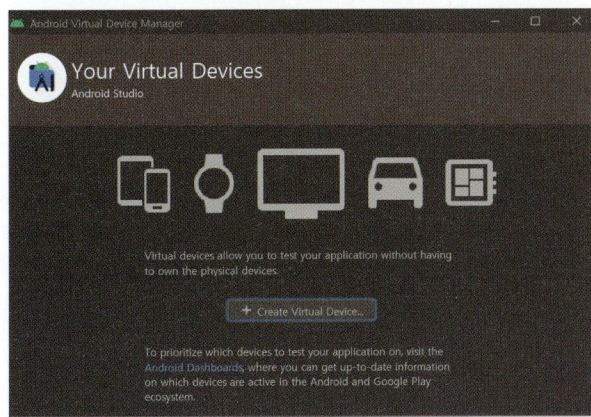

> 안드로이드 스튜디오 설치 버전에 따라 에뮬레이터가 이미 설치되어 있을 수 있습니다. 이미 설치되어 있는 경우에는 (2) 에뮬레이터 설치 부분은 생략해도 됩니다.

◆ Create Virtual Device 버튼 클릭

Pixel 3a 선택 후 Next 버튼을 클릭합니다.

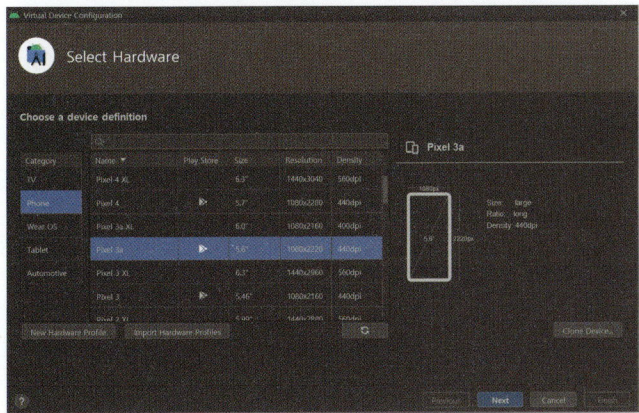

◆ Pixel 3a 선택

S 버전을 다운로드 한 뒤 Next 버튼을 클릭합니다. 10분 정도가 소요됩니다.

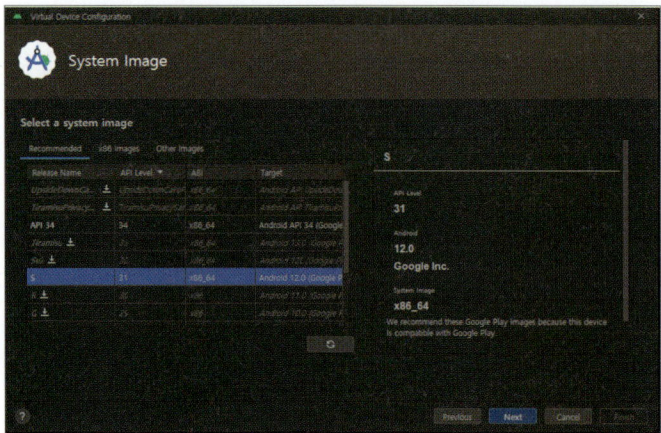

◆ S 버전 Download

Finish 버튼을 클릭하여 에뮬레이터 생성을 마무리합니다.

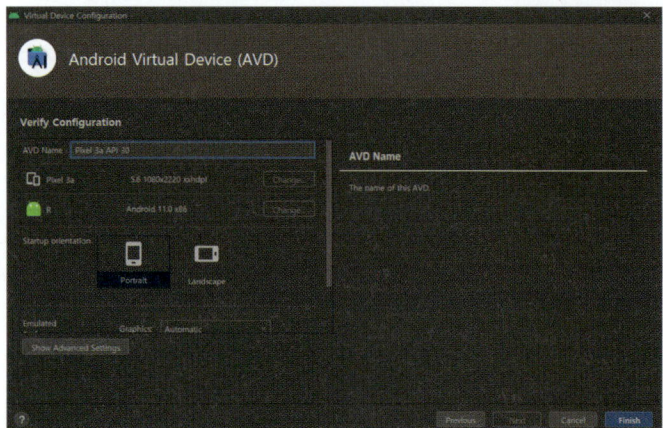

◆ 에뮬레이터 생성 완료

❸ 에뮬레이터 실행 – 세모 버튼을 클릭하여 에뮬레이터를 실행해줍니다.

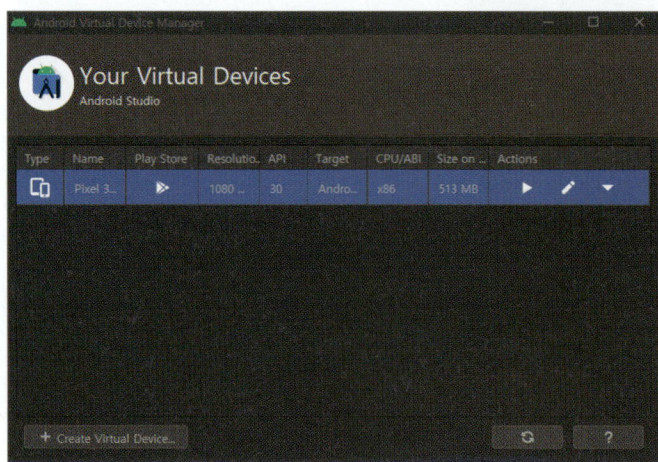

◆ 에뮬레이터 실행

에뮬레이터가 실행될 때 unable to located avd 라는 경고가 뜰 수 있는데 확인 버튼을 클릭한 뒤 아래와 같은 화면이 나올 때까지 기다려주세요. 컴퓨터 성능에 따라서 2분에서 5분이 걸릴 수 있습니다.

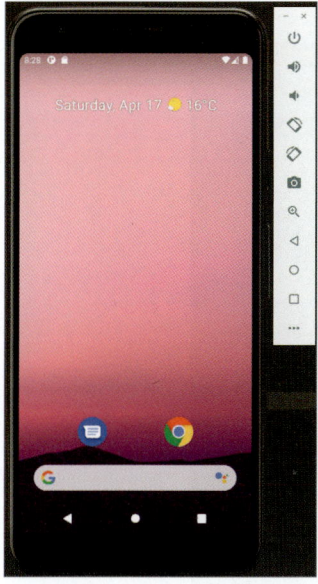

◆ 에뮬레이터 실행

4 first_app 프로젝트 실행하기

◆ 프로젝트 실행하기

초록색 세모 버튼(▶)을 클릭하여 실행합니다. 컴퓨터 성능에 따라서 2분에서 5분 정도 걸릴 수 있으니 기다려줍니다.

◆ 처음 실행한 flutter 프로젝트

02 _ 5 Hot Reload 체험해보기

1 25번 라인의 Flutter Demo Home Page 글자를 Hello World로 변경합니다.

```
 7  class MyApp extends StatelessWidget {
 8    // This widget is the root of your application.
 9    @override
10    Widget build(BuildContext context) {
11      return MaterialApp(
12        title: 'Flutter Demo',
13        theme: ThemeData(
14          // This is the theme of your application.
15          //
16          // Try running your application with "flutter run". You'll see the
17          // application has a blue toolbar. Then, without quitting the app, try
18          // changing the primarySwatch below to Colors.green and then invoke
19          // "hot reload" (press "r" in the console where you ran "flutter run",
20          // or simply save your changes to "hot reload" in a Flutter IDE).
21          // Notice that the counter didn't reset back to zero; the application
22          // is not restarted.
23          primarySwatch: Colors.blue,
24        ), // ThemeData
25        home: MyHomePage(title: 'Flutter Demo Home Page'),
26      ); // MaterialApp
27    }
28  }
```

◆ 기존 소스코드

```
 7  class MyApp extends StatelessWidget {
 8    // This widget is the root of your application.
 9    @override
10    Widget build(BuildContext context) {
11      return MaterialApp(
12        title: 'Flutter Demo',
13        theme: ThemeData(
14          // This is the theme of your application.
15          //
16          // Try running your application with "flutter run". You'll see the
17          // application has a blue toolbar. Then, without quitting the app, try
18          // changing the primarySwatch below to Colors.green and then invoke
19          // "hot reload" (press "r" in the console where you ran "flutter run",
20          // or simply save your changes to "hot reload" in a Flutter IDE).
21          // Notice that the counter didn't reset back to zero; the application
22          // is not restarted.
23          primarySwatch: Colors.blue,
24        ), // ThemeData
25        home: MyHomePage(title: 'Hello World'),
26      ); // MaterialApp
27    }
28  }
```

◆ 변경된 소스코드

2 단축키 Ctrl + S 를 눌러 저장합니다.

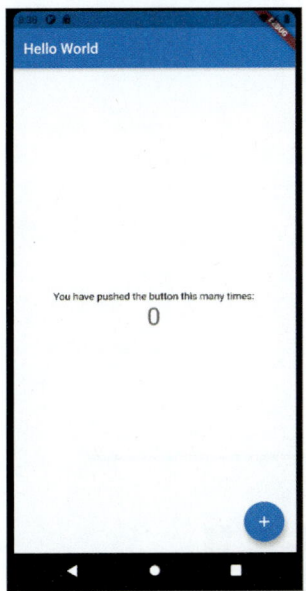

◆ Hot Reload

에뮬레이터의 AppBar(앱바) 부분에 글자가 Hello World로 즉시 변경되는 것을 볼 수 있습니다.

3장에서는 Dart 언어에 대해서 배워볼 예정입니다. Flutter는 4장부터 본격적으로 배워보도록 하겠습니다.

CHAPTER
03

Dart 문법 익히기

이번 장에서는 Dart 언어에 대해서 배워 보도록 하겠습니다. Dart에 대한 모든 문법을 배우지 않습니다. 우리 교재에서 필요한 문법만 학습하도록 하겠습니다.

03 _ 1 DartPad 사용해보기

DartPad에서는 별도의 설치 없이 Dart와 Flutter 코드를 작성하고 실행해볼 수 있습니다.

DartPad 사이트 접속하기

- https://dartpad.dev/

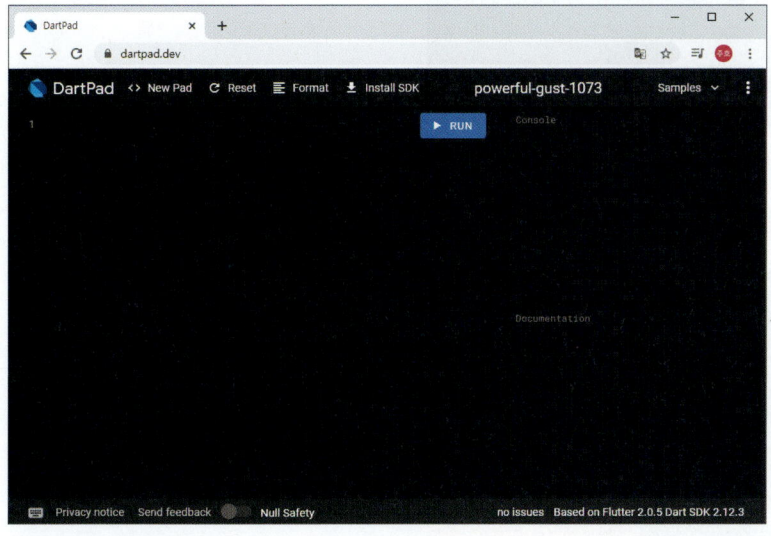

◆ DartPad 홈페이지

Flutter로 앱 코딩하기

1 New Pad를 선택합니다.

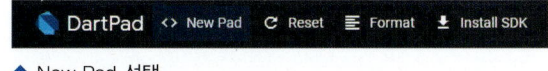

◆ New Pad 선택

2 Flutter를 선택합니다.

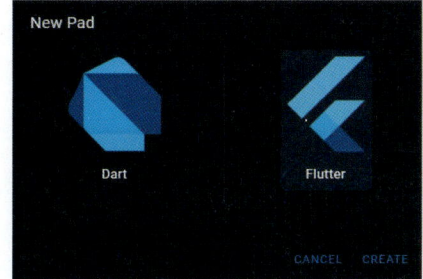

◆ Flutter 선택

③ [Run] 버튼을 클릭하여 실행해봅니다.

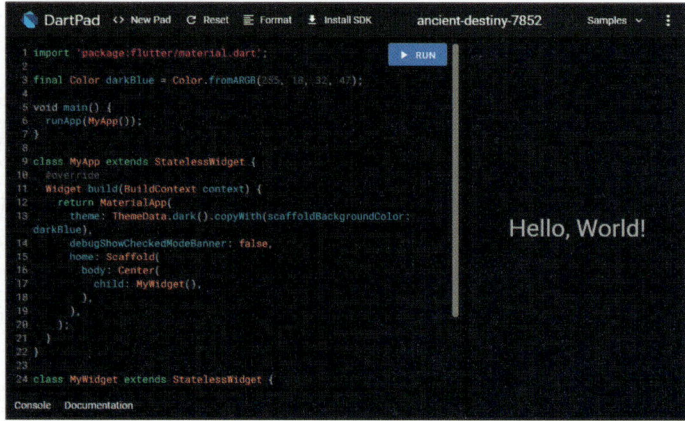

◆ Flutter 실행 화면

④ 16번 라인에 코드를 추가하여 배경색을 변경한 뒤 실행해봅니다.

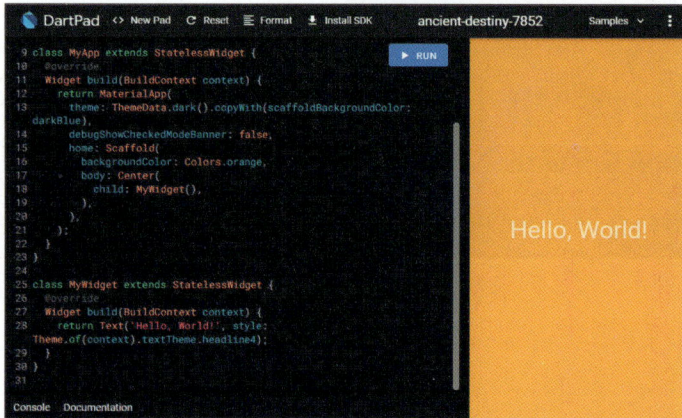

◆ 플러터 코드 변경으로 배경색 변경

순수 Dart 언어 작성하기

① New Pad를 선택합니다.

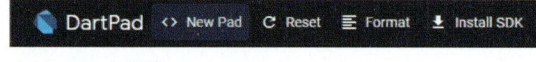

◆ New Pad 선택

② Dart를 선택하고 HTML을 활성화하지 않고 [CREATE] 버튼을 클릭합니다.

◆ 기본 Dart 선택 (우리가 작업할 Pad)

03 _ 2 Dart 변수

변수

정수, 실수, 부울(true, false), 문자열 변수에 대해서 알아보겠습니다. = 은 대입 연산자입니다. 오른쪽에 있는 값을 변수에 대입할 때 사용합니다.

```
void main(){
  int n1 = 1;
  double d1 = 10.1;
  bool b1 = true;
  String s1 = "홍길동";

  // print() 함수는 Console에 출력을 해주는 함수입니다.
  // ${} 를 활용하면 문자열에 변수를 바인딩할 수 있습니다.
  print("정수 : ${n1}");
  print("실수 : ${d1}");
  print("부울 : ${b1}");
  print("문자열 : ${s1}");
}
```

> // 한 줄 주석
> /// 문장 주석
> /**
> * 여러 줄 주석
> **/

```
Console
정수 : 1
실수 : 10.1
부울 : true
문자열 : 홍길동
```
◆ 실행 결과 화면

타입 확인

runtimeType을 활용하여 변수의 타입을 확인해보겠습니다.

```
void main(){
  int n1 = 1;
  double d1 = 10.1;
  bool b1 = true;
  String s1 = "홍길동";

  print("정수 : ${n1.runtimeType}");
  print("실수 : ${d1.runtimeType}");
  print("부울 : ${b1.runtimeType}");
  print("문자열 : ${s1.runtimeType}");
}
```

```
Console
정수 : int
실수 : double
부울 : bool
문자열 : String
```
◆ 실행 결과 화면

타입 추론

Dart 언어는 타입 추론을 지원합니다. 값이 들어올 때 타입을 추론하여 변수를 초기화합니다. var과 dynamic의 차이는 var은 타입 변경이 불가능하고 dynamic은 타입 변경이 가능합니다.

❶ var

```
void main(){
  var n1 = 1;
  var d1 = 10.1;
  var b1 = true;
  var s1 = "홍길동";

  print("정수 : ${n1.runtimeType}");
  print("실수 : ${d1.runtimeType}");
  print("부울 : ${b1.runtimeType}");
  print("문자열 : ${s1.runtimeType}");
}
```

```
Console
정수 : int
실수 : double
부울 : bool
문자열 : String
```
◆ 실행 결과 화면

타입 변경은 불가능합니다.

```
void main(){
  var n1 = 1;

  // var로 한 번 초기화된 데이터 타입은 다른 타입으로 변경이 불가능하다.
  n1 = 10.5; //오류
}
```

❷ dynamic

```
void main(){
  dynamic n1 = 1;
  print("정수 : ${n1.runtimeType}");

  // dynamic 타입은 모든 타입을 받을 수 있고 다른 타입으로 변경도 가능하다.
  n1 = 10.5;
  print("n1 : ${n1.runtimeType}");
}
```

```
Console
정수 : int
n1 : double
```
◆ 실행 결과 화면

03 _ 3 연산자 알아보기

산술 연산자

수학에서 사용하는 사칙 연산과 나머지 연산을 포함하는 연산자입니다. Dart에서는 몫을 구하는 연산자가 포함되어 있습니다.

```dart
void main(){
  // 더하기
  print("3+2=${3+2}");
  // 빼기
  print("3-2=${3-2}");
  // 곱하기
  print("3*2=${3*2}");
  // 나누기
  print("3/2=${3/2}");
  // 나머지
  print("3%2=${3%2}");
  // 몫 구하기
  print("3~/2=${3~/2}");
}
```

```
Console

3+2=5
3-2=1
3*2=6
3/2=1.5
3%2=1
3~/2=1
```
◆ 실행 결과 화면

비교 연산자

두 개의 값을 비교하여 결과를 참/거짓으로 반환하는 연산자입니다.

```dart
void main(){
  // 같다
  print("2==3  ->  ${2==3}");
  // 다르다
  print("2!=3  ->  ${2!=3}");
  // 왼쪽 값 보다 크다
  print("2<3  ->  ${2<3}");
  // 왼쪽 값 보다 작다
  print("2>3  ->  ${2>3}");
  // 왼쪽 값 보다 크거나 같다
  print("2<=3  ->  ${2<=3}");
  // 왼쪽 값 보다 작거나 같다
  print("2>=3  ->  ${2>=3}");
}
```

```
Console

2==3  ->  false
2!=3  ->  true
2<3   ->  true
2>3   ->  false
2<=3  ->  true
2>=3  ->  false
```
◆ 실행 결과 화면

논리 연산자

두 개의 참/거짓 값으로 새로운 참/거짓을 반환하는 연산자입니다.

```dart
void main(){
  // 부정
  print("!true  ->  ${!true}");
  // 그리고
  print("true && false  ->  ${true && false}");
  print("true && true  ->  ${true && true}");
  // 또는
  print("true || false  ->  ${true || false}");
}
```

```
Console

!true  ->  false
true && false  ->  false
true && true   ->  true
true || false  ->  true
```
◆ 실행 결과 화면

03 _ 4 조건문

if문

조건이 "참이면, 참이 아니면"을 구분하여 프로그램을 분기시킬 때 사용합니다.

```
void main(){
  int point = 90;

  if(point >= 90){
    print("A학점");
  }else if(point >= 80){
    print("B학점");
  }else if(point >= 70){
    print("C학점");
  }else{
    print("F학점");
  }
}
```

삼항 연산자

> 조건식 ? 참이면 실행 : 거짓이면 실행

```
void main(){
  int point = 60;
  print(point>=60 ? "합격" : "불합격");
}
```

```
Console
합격
```
◆ 실행 결과 화면

```
Console
A학점
```
◆ 실행 결과 화면

null 대체 연산자

변수의 값이 null이면 ?? 뒤의 값이 출력되고, null이 아니면 변수의 값이 출력됩니다.

```
void main(){
  String username = null;

  print(username);
  print(username ?? "홍길동");
}
```

03 _ 5 함수

함수

함수란 하나의 특별한 목적의 작업을 수행하기 위해 독립적으로 설계된 코드의 집합입니다. 함수를 사용하는 이유는 반복적인 프로그래밍을 피하고 코드를 재사용할 수 있기 때문입니다. 또한 함수를 나누어 작성하면 모듈화가 되고 가독성이 좋아지며 문제가 발생했을 때 손쉽…

```
Console
null
홍길동
```
◆ 실행 결과 화면

함 수 형 태
```
int f(int n){
  return n;
}
```

```
// int => 리턴 타입
// addOne => 함수 이름
// (int n) => 매개 변수
// return n+1 => 반환 값
int addOne(int n){
  return n+1;
}

void main(){
  // addOne(2) => 함수 호출
  // (2) => 함수 호출시 전달하는 인수
  // int result => 반환된 결과 값을 받는 변수
  int result = addOne(2);
  print("결과 : ${result}");
}
```

```
Console
결과 : 3
```
◆ 실행 결과 화면

[시나리오]

❶ 2단을 출력하는 구구단 프로그램을 작성해보겠습니다.

```
void main(){
  print("2*1=2");
  print("2*2=4");
  print("2*3=6");
  print("2*4=8");
  print("2*5=10");
  print("2*6=12");
  print("2*7=14");
  print("2*8=16");
  print("2*9=18");
}
```

```
Console
2*1=2
2*2=4
2*3=6
2*4=8
2*5=10
2*6=12
2*7=14
2*8=16
2*9=18
```
◆ 실행 결과 화면

❷ 3단을 출력하는 구구단 프로그램을 작성해보겠습니다.

```
void main(){

  int num = 3;

  print("${num}*1=${num*1}");
void main(){

  int num = 3;

  print("${num}*1=${num*1}");
  print("${num}*2=${num*2}");
  print("${num}*3=${num*3}");
  print("${num}*4=${num*4}");
  print("${num}*5=${num*5}");
  print("${num}*6=${num*6}");
  print("${num}*7=${num*7}");
  print("${num}*8=${num*8}");
  print("${num}*9=${num*9}");
}
```

```
Console
  3*1=3
  3*2=6
  3*3=9
  3*4=12
  3*5=15
  3*6=18
  3*7=21
  3*8=24
  3*9=27
```

◆ 실행 결과 화면

❸ 4단을 출력하는 구구단 프로그램을 작성해보겠습니다.

```
// 1~9단 까지 출력해주는 함수
void gugudan(int num){
  print("${num}*1=${num*1}");
  print("${num}*2=${num*2}");
  print("${num}*3=${num*3}");
  print("${num}*4=${num*4}");
  print("${num}*5=${num*5}");
  print("${num}*6=${num*6}");
  print("${num}*7=${num*7}");
  print("${num}*8=${num*8}");
  print("${num}*9=${num*9}");
}

void main(){
  gugudan(4);
}
```

```
Console
  4*1=4
  4*2=8
  4*3=12
  4*4=16
  4*5=20
  4*6=24
  4*7=28
  4*8=32
  4*9=36
```

◆ 실행 결과 화면

익명함수와 람다식

익명함수와 람다식의 가장 큰 차이는 람다식에서는 return 키워드를 적지 않아도 값이 반환되지만 익명함수는 값을 반환하려면 return 키워드를 꼭 적어야 합니다.

❶ 익명함수

함수에 이름이 없습니다.

(매개변수) { 동작 혹은 반환값 }

```
// 함수를 매개변수로 전달받을 때는 Function 키워드를 사용합니다.
void magicBox(Function f){
  f();
}

void main(){
  // 익명 함수를 인수로 전달할 수 있습니다.
  magicBox((){
    print("더하기");
  });
}
```

```
Console
더하기
```
◆ 실행 결과 화면

```
// 변수에 익명 함수를 대입할 수 있습니다. 이때 Function 타입을 사용합니다.
Function add = (int n1, int n2){
  print(n1+n2);
};

void main(){
  add(1,3);
}
```

```
Console
4
```
◆ 실행 결과 화면

❷ 람다식

함수를 하나의 식으로 표현합니다.

(매개변수) => 동작 혹은 반환값

```
void main(){
  // 람다 표현식
  Function addOne = (n) => n + 1;
  print(addOne(2));

  // 익명함수
  Function addTwo = (n){
    return n+2;
  };
  print(addTwo(2));
}
```

```
Console
3
4
```
◆ 실행 결과 화면

> 함수(Function)는 클래스 외부에 존재하고 메서드(Method)는 클래스 내부에 존재합니다. 이 책에서는 함수와 메서드 이름을 구분하지 않겠습니다.

03 _ 6 클래스

클래스는 객체를 정의하는 설계도입니다.

클래스란?

현실 세상에 존재하는 대부분의 것들은 클래스로 표현할 수 있습니다.

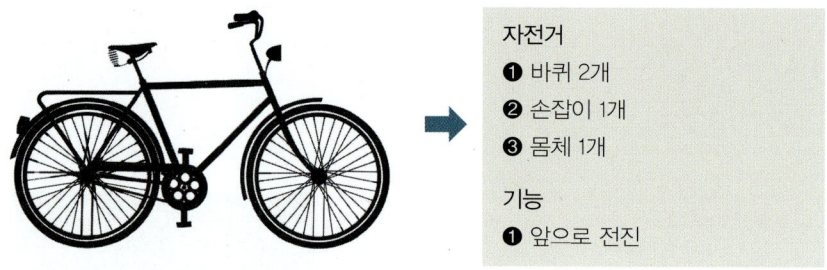

객체(Object)란

객체란 클래스(설계도)를 통해 현실 세계에 뿌리내릴 수 있는 것을 말합니다. 아직 현실 세계에 존재하지는 않지만 존재할 수 있는 가능성이 있는 것을 객체라고 합니다. 그리고 현실세계에 존재하게 되면 인스턴스가 되었다고 합니다.

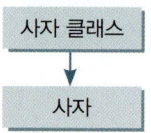

◆ 사자 객체

사자 클래스를 정의하였습니다. 사자는 이 세계에 존재할 수 있는 객체(Object)입니다.

◆ 동물은 객체가 될 수 없다

하지만 동물 클래스를 설계하고 이 세계에 뿌리내리게 하는 것은 불가능합니다. 왜냐하면 동물은 이 세계에 존재할 수 없는 것이기 때문입니다. 동물은 사자, 호랑이, 기린 같은 것들을 어우를 수 있는 포괄적인 개념입니다. 이런 것들은 실제 세상에 존재할 수 없기 때문에 객체가 될 수 없습니다. 동물 클래스는 추상적인 것입니다.

프로그래밍 세상에서 객체란 메모리(프로그래밍 세상)에 로드할 수 있는 것을 말하며 객체가 될 수 없다는 것은 메모리(프로그래밍 세상)에 로드할 수 없다는 뜻입니다.

객체 지향 프로그래밍

클래스(설계도)를 정의하고 main() 함수에서 사용해보도록 하겠습니다.

```dart
class Dog {
  String name = "Toto";
  int age = 13;
  String color = "white";
  int thirsty = 100; // 목마름
}

void main(){
  Dog d1 = Dog(); // 객체 생성 (메모리에 로드)
  print("이름은 ${d1.name}");
  print("나이는 ${d1.age}");
  print("색깔은 ${d1.color}");
  print("목마름 지수는 ${d1.thirsty}");
}
```

```
Console
이름은 Toto
나이는 13
색깔은 white
목마름 지수는 100
```
◆ 실행 결과 화면

[시나리오]

❶ 강아지가 목이 마릅니다.

```dart
class Dog {
  String name = "Toto";
  int age = 13;
  String color = "white";
  int thirsty = 100; // 갈증 지수
}

void main(){
  Dog d1 = Dog(); // 객체 생성 (메모리에 로드)
  d1.thirsty = 50;
  print("갈증 지수는 ${d1.thirsty}");
}
```

```
Console
갈증 지수는 50
```
◆ 실행 결과 화면

강아지가 목이 마르기 때문에 thirsty 변수에 값을 50으로 변경하였습니다. 이것은 마법입니다. 여러분이 목이 마르면 어떻게 하나요? '갈증 지수를 50으로 변경해'라고 마음속으로 외치나요?

❷ 행위를 통해서 갈증 지수 변경하기

```
class Dog {
  String name = "Toto";
  int age = 13;
  String color = "white";
  int thirsty = 100; // 갈증 지수

  // 물을 마실 때 마다 갈증 지수가 50씩 내려간다.
  void drinkWater(){
    thirsty = thirsty - 50;
  }
}

void main(){
  Dog d1 = Dog(); // 객체 생성 (메모리에 로드)
  d1.drinkWater();
  print("갈증 지수는 ${d1.thirsty}");
  d1.drinkWater();
  print("갈증 지수는 ${d1.thirsty}");
}
```

```
Console
갈증 지수는 50
갈증 지수는 0
```
◆ 실행 결과 화면

객체란 상태와 행위를 함께 지니며 행위를 통해 상태를 변경합니다.

❸ 협력하기

객체는 다른 객체와 협력할 수 있습니다. 그리고 협력하기 위해 언어나 몸짓을 교환합니다.

```
class Dog {
  String name = "Toto";
  int age = 13;
  String color = "white";
  int thirsty = 100; // 갈증 지수

  void drinkWater(Water w){
    w.drink();
    thirsty = thirsty - 50;
  }
}

class Water {
  double liter = 2.0; // 물 2리터

  void drink(){
    liter = liter - 0.5;
  }
}

void main(){
  Dog d1 = Dog(); // 객체 생성 (메모리에 로드)
  Water w1 = Water(); // 객체 생성 (메모리에 로드)
```

```
    d1.drinkWater(w1);
    print("남은 물의 양 ${w1.liter}");
    print("갈증 지수는 ${d1.thirsty}");
}
```

```
Console
남은 물의 양 1.5
갈증 지수는 50
```

◆ 실행 결과 화면

> **TIP**
>
> Dart에서 변수와 함수명을 정의할 때는 카멜표기법(낙타표기법)을 사용합니다.
> 예 int myNum = 10;
>
> Dart에서 파일명을 정의할 때는 언더스코어 방식을 사용합니다.
> 예 my_num.dart
>
> Dart에서 클래스명을 정의할 때는 파스칼표기법을 사용합니다.
> 예 class MyNum {}

> 다른 클래스에서 접근할 수 없는 private 변수를 만들기 위해서는 변수명 앞에 _(언더스코어)를 붙여주면 됩니다.
> String _name; // private 변수

생성자

생성자는 클래스를 객체로 만들 때 초기화를 위한 함수입니다.

[시나리오]

❶ 강아지 2마리를 생성해보겠습니다.

```
class Dog {
  String name = "Toto";
  int age = 13;
  String color = "white";
  int thirsty = 100; // 갈증 지수
}

void main(){
  Dog d1 = Dog();
  Dog d2 = Dog();

  print("d1의 이름은 ${d1.name}");
  print("d2의 이름은 ${d2.name}");
}
```

```
Console
d1의 이름은 Toto
d2의 이름은 Toto
```

◆ 실행 결과 화면

강아지를 만들 때마다 Toto가 생성됩니다. 그 이유는 변수가 초기화(이미 값이 할당되어 있음)가 되어있기 때문입니다.

❷ 생성자를 이용해보겠습니다.

```dart
class Dog {
  String name;
  int age;
  String color;
  int thirsty;

  Dog(this.name, this.age, this.color, this.thirsty){}
}

void main(){
  Dog d1 = Dog("Toto", 13, "white", 100);
  Dog d2 = Dog("Mango", 2, "white", 50);

  print("d1의 이름은 ${d1.name}");
  print("d2의 이름은 ${d2.name}");
}
```

```
Console
d1의 이름은 Toto
d2의 이름은 Mango
```
◆ 실행 결과 화면

선택적 매개변수

Dart 언어는 오버로딩이 없습니다. 대신 더 강력한 선택적 매개변수 방식을 사용합니다. 문법은 매개변수를 {}로 감싸면 됩니다.

> 함수({매개변수, 매개변수})

[시나리오]

❶ Person 클래스를 정의해보겠습니다.

```dart
class Person {
  String name;
  int money;

  Person(this.name, this.money);
}

void main(){
  Person p1 = Person("홍길동", 0);
  Person p2 = Person("임꺽정", 10000);

  print("${p1.name}의 재산은 ${p1.money}");
  print("${p2.name}의 재산은 ${p2.money}");
}
```

```
Console
홍길동의 재산은 0
임꺽정의 재산은 10000
```
◆ 실행 결과 화면

홍길동은 재산이 없기 때문에 값을 받지 않아도 됩니다.

❷ 선택적 매개변수를 사용합니다.

```dart
class Person {
  String? name;
  int money;

  // 값이 들어오지 않을 때 기본 값을 정의할 수 있다.
  Person({this.name, this.money = 0});
}

void main(){
  Person p1 = Person(name:"홍길동");
  Person p2 = Person(name:"임꺽정", money:10000);

  print("${p1.name}의 재산은 ${p1.money}");
  print("${p2.name}의 재산은 ${p2.money}");
}
```

```
Console
홍길동의 재산은 0
임꺽정의 재산은 10000
```
◆ 실행 결과 화면

❝ 'String? name;' 부분에 반드시 '?'를 붙여야 합니다. 이 부분에 대해서는 Null Safety 부분에서 다루겠습니다.

선택적 매개변수를 사용하면 '첫 번째 인수가 name이고 두 번째 인수가 money 였나?' 라는 의문을 품을 필요가 없습니다. 그리고 필요하지 않은 인수를 전달하지 않아도 되는 장점이 있습니다.

❝ 오버로딩이란 같은 이름의 함수를 여러 개 정의하는 것을 말합니다. 이때 같은 이름의 함수를 구분하기 위해 매개변수의 타입, 매개변수의 개수, 매개변수의 순서를 달리하여 함수를 구분합니다.

cascade 연산자

.. 연산자를 사용하면 코드 한 줄로 객체를 변수로 넘겨주면서 객체가 가진 함수를 호출할 수 있는 유용한 표기법입니다.

```dart
class Chef {
  String name;
  Chef(this.name);
  void cook(){
    print("요리를 시작합니다.");
  }
}

void main(){
  Chef c1 = Chef("홍길동")..cook(); // cascade 연산자
  print("요리사 이름 ${c1.name}");
}
```

```
Console
요리를 시작합니다.
요리사 이름 홍길동
```
◆ 실행 결과 화면

03 _ 07 dart null Safety

dart Null Safety란 뭘까?

널 세이프티(Null Safety)는 개발자가 널 에러를 피할 수 있도록 도와주는 다트 프로그래밍 언어의 기능입니다. 이 기능은 사운드 널 세이프티 인 다트(Sound Null Safety in dart)라고 불리며, 이를 통해 개발자는 코드 작성 시점에 널 에러를 잡을 수 있습니다.

Sound Null Safety in dart 이란 (Sound Type System) 런타임 중에 null 포인터 예외를 방지하기 위해 Dart 컴파일러가 코드를 분석하고 컴파일할 때 타입 시스템에서 엄격한 규칙을 적용하는 것을 의미합니다.

Dart Null Safety의 개념
- Null Safety는 변수에 null 값을 할당하는 것을 엄격하게 제한합니다.
- 변수를 nullable 또는 non-null로 선언할 수 있습니다.
- Non-null 변수는 null을 가질 수 없으며, null 변수는 null만을 가질 수 있습니다.
- Null Safety는 Dart 2.12 버전부터 기본으로 활성화되었습다

```
void main() {
    String name = "Jhon"; // 이 name 이라는 변수는 null 아닌 문자열만 가질 수 있다.
    int age = 30; // null 이 아닌 정수값만 가질 수 있다.
    String? nullableName; // 이 변수는 문자열 또는 null 값을 가질 수 있다.
    int? nullableInt; // 이 변수는 정수값 또는 null을 가질 수 있다.

    // 방어적 코드
    if (nullableName != null) {
        print("name : $nullableName");
    }
}
```

null check 연산자와 null 병합 연산자

null check 연산자와

Dart 언어에서 null 체크 연산자 (?)는 null 값일 수 있는 객체의 속성이나 메서드에 안전하게 접근하는 데 사용됩니다. 이 연산자는 null 참조 오류를 방지하고 코드를 더 견고하게 만듭니다. Dart 에서 null 체크 연산자의 주요 두 가지 사용법이 있습니다 (속성과 메서드)

null 병합 연산자

Dart 언어에서 null 병합 연산자 (??)는 null 값 처리에 유용한 연산자입니다. 이 연산자를 사용하면 변수나 표현식의 값이 null인 경우에 대체 값을 지정할 수 있습니다. null 병합 연산자를 사용하여 코드를 더 간결하고 안전하게 작성할 수 있습니다.

```dart
void main() {
    // 1. null 에 안전한 객체의 사용 가능한 속성 접근
    String? maybeName;
    int length = maybeName?.length ?? 0;
    // 문자열 값이 null 아니면 문자열 길이를 리턴하고 null 이면 길이값 0을 리턴한다.
    print("length : $length");

    // 2. null 에 안전한 객체 메서드 접근
    String? name = getName(); // null 또는 문자열을 반환 가능
    String returnName = name?.toLowerCase() ?? "HONG"; // ?? null 병합 연산자 사용
    print("returnName : $returnName");
    // 3
    String displayName = name ?? "Unknow";
    print("displayName : $displayName");
}
// 함수
String? getName() {
    return null;
}
```

null 억제 연산자 또는 null assert 연산자

Dart에서 ! 기호는 "null 억제 연산자" 또는 "null assert 연산자"라고 불립니다. 이 연산자는 nullable 변수나 nullable 표현식을 사용할 때 해당 값이 null이 아님을 명시적으로 나타내는데 사용됩니다.

! 연산자를 사용하는 것은 개발자가 해당 값이 null이 아님을 확신하고, 예외를 발생시키지 않기를 원할 때 유용합니다. 그러나 만약 해당 값이 null인 경우, 런타임 예외가 발생할 수 있으므로 주의해야 합니다.

```dart
void main() {
    String? name = "John";
    // String? name = null;
    String nameNotNullable = name!; // 콘솔에 경고 발생

    print("name : $name");
}
```

late 키워드에 대해 알아 보자

dart null Safety 4

late 키워드는 일반적으로 non-nullable 변수를 나타내는 late 변수를 정의할 때 사용됩니다. late로 선언된 변수는 초기화를 미루고, 변수가 실제로 사용되기 전에 초기화됩니다.

late 키워드를 사용하는 이유

변수를 정의할 때 초기화할 수 있는 시점이나 방법이 없는 경우.

변수를 생성자나 함수에서 나중에 초기화해야 하는 경우.

변수를 사용하기 전에 null 여부를 확인하거나 예외 처리를 할 필요가 없는 경우.

```dart
class MyClass {
    late String name;
    MyClass() {
        // 서버에서 요청한 값을 받아서 클래스를 만들어야 될 때
        // 통신을 통해 초기값을 받아야 하는 경우 사용이 가능하다.
        name = "홍길동";
    }

    void printString() {
        print("name : $name");
    }
}
void main() {
    final myObject = MyClass();
    myObject.printString();
}
```

03 _ 8 상속

상속은 부모가 가진 상태와 행위를 자식이 물려받는 것과 동시에 다형성이 성립해야 합니다.

다형성

다형성이란 여러 가지 형태를 가질 수 있는 능력을 의미합니다.

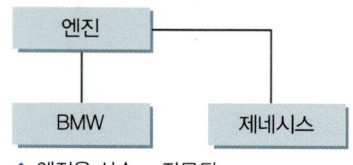

◆ 엔진을 상속 - 잘못됨

잘 만들어진 엔진 클래스가 있습니다. BMW와 제네시스를 만드는 곳에서 잘 만들어진 엔진을 사용하고 싶어서 상속을 하게 되면 다형성이 성립하지 않습니다. 다형성이 성립하기 위한 조건은 BMW에게 "너 엔진이니?" 라고 물었을 때 "나 엔진이야" 라고 답할 수 있어야 하기 때문입니다. 이때는 엔진을 컴퍼지션(결합) 혹은 Mixin을 해야 합니다.

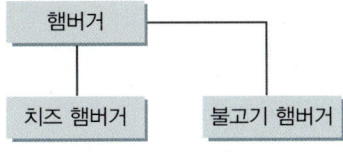

◆ 햄버거를 상속

잘 만들어진 햄버거 클래스가 있습니다. 잘 만들어진 햄버거 클래스를 사용하여 치즈 햄버거와 불고기 햄버거를 만들었습니다. 이때는 다형성이 성립합니다. 왜냐하면 치즈 햄버거에게 "너 햄버거니?" 라고 물었을 때 "나 햄버거야" 라고 답할 수 있기 때문입니다. 치즈 햄버거에게는 2개의 이름이 있습니다. 햄버거와 치즈햄버거입니다. 어떻게 불러도 상관이 없습니다. 이렇게 다형성이 성립하는 경우에 상속을 합니다.

상속을 하기 위해서는 extends 키워드를 사용합니다.

```
class Burger {
  Burger(){ // 부모 생성자
    print("버거");
  }
}

class CheeseBurger extends Burger {
  CheeseBurger(){ // 자식 생성자
    print("치즈버거");
  }
}

void main(){

  CheeseBurger cb = CheeseBurger();
  // CheeseBurger는 다형성을 가집니다. Burger이기도 하고 CheeseBurger이기도 합니다.
  // Burger cb2 = CheeseBurger(); 해당 코드도 가능합니다.
}
```

Console
버거
치즈버거

◆ 실행 결과 화면

❝ CheeseBurger 생성자가 실행되면 내부 스택으로 들어있는 print("치즈버거")가 먼저 실행되는 것이 아니라 부모의 Burger 생성자의 내부 스택인 print("버거")가 먼저 실행됩니다.

슈퍼(super) 키워드

super 키워드는 자식이 부모의 객체를 참조할 수 있는 키워드입니다.

```
class Burger {
  String? name;
  Burger(){}
}

class CheeseBurger extends Burger {
  CheeseBurger(String name){
    super.name = name;
  }
}

void main(){
  CheeseBurger cb = CheeseBurger("치즈햄버거");
  print(cb.name);
}
```

자식 CheeseBurger의 name 변수를 출력하였는데 부모의 name 변수가 출력됩니다. 자식이 부모의 변수를 사용할 수 있습니다.

final 키워드와 이니셜 라이져(:) 키워드

final 키워드는 변수를 단 한 번만 초기화 하겠다고 선언하는 키워드입니다. 그리고 무조건 단 한 번은 초기화 되어야 하는 변수입니다. 한 번 final로 초기화된 변수는 변경할 수 없기 때문에 변수가 아닌 상수라고 부릅니다.

```
final String name = "홍길동";
name = "장보고" // 오류
```

: 키워드는 생성자의 내부 스택이 실행되기 전에 다른 무언가를 호출하고 싶을 때 사용합니다. Flutter를 하다 보면 자주 보는 코드이기 때문에 이해해두면 좋습니다.

다음 예제는 final을 잘못 사용한 예입니다.

```
class Burger {
  final String name;
  Burger(){}
}
class CheeseBurger extends Burger {

  CheeseBurger(String name){
   super.name = name;
  }
}
void main(){
  CheeseBurger cb = CheeseBurger("치즈햄버거");
  print(cb.name);
}
```

◆ 코드 오류 화면

앞의 코드는 오류가 납니다. 그 이유는 final 변수는 반드시 초기화 되어야 하는 변수인데 CheeseBurger의 생성자가 실행되면 내부의 super.name = name 부분이 먼저 실행되는 것이 아니라 부모 Burger 클래스의 생성자가 먼저 실행되게 됩니다. Dart 컴파일러 입장에서는 final String name 의 값이 반드시 초기화 되어야 하는데 생성자가 실행될 때까지 초기화가 되지 않았기 때문에 오류가 나는 것입니다.

이런 경우에는 이니셜 라이져 키워드를 사용하면 쉽게 해결할 수 있습니다. 이니셜 라이져 키워드를 사용하면 자식 생성자의 내부 스택이 실행되기 전에 부모 생성자에게 값을 전달할 수 있습니다.

```
class Burger {
  final String name;
  Burger(this.name);
}
class CheeseBurger extends Burger {
  CheeseBurger(String name) : super(name) {

  }
}
void main(){
  CheeseBurger cb = CheeseBurger("치즈햄버거");
  print(cb.name);
}
```

◆ 실행 결과 화면

TIP

스택이란 함수의 {} 내부를 말합니다.
함수이름(){
 => 이 부분이 스택입니다.
}

this 키워드는 자기 자신의 객체를 의미합니다.

> **TIP**
> ```
> // 생성자 매개변수로 값을 받는 방법 1
> class Dog {
>   String name;
>   Dog(String name){
>     this.name = name;
>   }
> }
> // 생성자 매개변수로 값을 받는 방법 2
> class Dog {
>   String name;
>   Dog(this.name);
> }
> ```

03 _ 9 Mixin

Mixin은 여러 클래스 계층에서 클래스의 코드를 재사용하는 방법입니다. Mixin을 사용하게 되면 다중 상속의 문제를 해결할 수 있고 컴퍼지션을 사용하지 않고 다른 클래스의 코드를 재사용할 수 있습니다.

```
mixin Engine {
  int power = 5000; // 5000 cc
}
mixin Wheel {
  String wheelName = "4륜 구동 바퀴";
}
class BMW with Engine, Wheel{
}
void main(){
  BMW b = BMW();
  print(b.power);
  print(b.wheelName);
}
```

```
Console
5000
4륜 구동 바퀴
```

◆ 실행 결과 화면

하지만 해당 Mixin은 인스턴스되지 않습니다.

```
mixin Engine {
  int power = 5000; // 5000 cc
}

mixin Wheel {
  String wheelName = "4륜 구동 바퀴";
}

class BMW with Engine, Wheel{
```

```
}
void main(){
  BMW b = BMW();
  Engine e = Engine(); // 인스턴스 될 수 없음.
  print(b.power);
  print(b.wheelName);
}
```

만약 Mixin 클래스를 인스턴스가 가능한 클래스로 사용하고 싶다면 다음과 같이 작성합니다.

```
mixin class Engine {
  int power = 5000; // 5000 cc
}

mixin class Wheel {
  String wheelName = "4륜 구동 바퀴";
}

class BMW with Engine, Wheel{

}

void main(){
  BMW b = BMW();
  Engine e = Engine(); // 인스턴스가 가능함.
  print(b.power);
  print(b.wheelName);
}
```

> **TIP**
>
> ```
> // 컴포지션
> class Engine {
>  int power = 5000; // 5000 cc
> }
> class BMW{
>  Engine engine; // 엔진을 재사용하기 위해 컴퍼지션한 코드
>  BMW(this.engine);
> }
> void main(){
>  BMW b = new BMW(Engine());
>  print(b.engine.power); // 결과 5000
> }
> ```

03 _ 10 추상 클래스

추상 클래스는 추상적인 클래스입니다. 추상적이기 때문에 객체를 만들 수 없습니다.

```
abstract class Animal {
  void sound();
}
```

추상 클래스란?

추상 클래스는 추상 메서드를 가지고 있습니다. 추상 클래스를 사용하는 이유는 수많은 객체를 추상화하는 공통 부모를 만들 수 있기 때문입니다. 공통 부모를 만들면 어떤 이점이 있을까요?

[시나리오 1 - 잘못된 코드]

❶ 유아용 동물 소리 프로그램을 만들어 봅니다.

```
class Dog {
  void sound(){
    print("멍멍 배고파");
  }
}

class Cat {
  void sound(){
    print("야옹 배고파");
  }
}

void main() {
  Dog d = Dog();
  Cat c = Cat();

  d.sound();
  c.sound();
}
```

```
Console
멍멍 배고파
야옹 배고파
```

◆ 실행 결과 화면

❷ 팀장이 신입 개발자에게 물고기 소리 프로그램을 추가해달라고 요청합니다.

```
class Fish {
  void hungry(){
    print("뻐끔뻐끔 배고파");
  }
}
```

❸ 물고기 소리를 테스트 해보겠습니다.

```
void main() {
  Fish f = Fish();
  f.sound(); // 오류
}
```

오류가 난 이유는 신입 개발자가 만든 함수의 이름이 hungry() 이기 때문입니다. 누구의 잘못일까요? 당연히 팀장의 잘못입니다. 사람은 누구나 실수할 수 있고 이런 실수를 줄이기 위한 코드를 작성해야 합니다.

[시나리오 2 - 잘 작성된 코드]

❶ 유아용 동물 소리 프로그램을 만들어 봅니다.

```
abstract class Animal {
  void sound();
}

class Dog implements Animal{
  // 오버라이드 (동일한 이름의 부모 함수를 무효화 시킨다)
  void sound(){
    print("멍멍 배고파");
  }
}

class Cat implements Animal{
  // 오버라이드 (동일한 이름의 부모 함수를 무효화 시킨다)
  void sound(){
    print("야옹 배고파");
  }
}

void start(Animal a){
  // Animal 추상클래스의 sound 함수가 오버라이드(무효화) 되고
  // 자식의 Dog, Cat의 sound 함수가 실행된다.
  // 이것을 동적 바인딩이라고 한다.
  a.sound();
}

void main() {
  start(Dog());
  start(Cat());
}
```

❷ 팀장이 신입 개발자에게 물고기 소리 프로그램을 추가해달라고 요청합니다. 그리고 추가할 때 Animal 추상 클래스를 implements 해서 만들어 달라고 부탁합니다.

```
class Fish implements Animal {
                    Missing concrete implementation of 'Animal.sound'.
  void hungry(){
    print("뻐끔뻐끔 배고파");
  }
}
```

코드를 위와 같이 구성했더니 Animal.sound 함수를 구현하지 않았다고 오류가 납니다. 그래서 신입 개발자는 다음과 같이 코드를 만들게 됩니다.

```
abstract class Animal {
  void sound();
}

class Dog implements Animal{
  void sound(){
    print("멍멍 배고파");
  }
}

class Cat implements Animal{
  void sound(){
    print("야옹 배고파");
  }
}

class Fish implements Animal {
  void sound(){
    print("뻐끔뻐끔 배고파");
  }
}

void start(Animal a){
  // Animal 추상클래스의 sound 함수가 오버라이드(무효화) 되고
  // 자식의 Dog, Cat의 sound 함수가 실행된다.
  // 이것을 동적 바인딩이라고 한다.
  a.sound();
}

void main() {
  start(Dog());
  start(Cat());
  start(Fish());
}
```

```
Console
멍멍 배고파
야옹 배고파
뻐끔뻐끔 배고파
```

◆ 실행 결과 화면

추상 클래스 Animal을 사용하여 Dog 클래스와 Cat 클래스와 Fish 클래스를 Animal 타입으로 묶을 수 있습니다. 이것을 다형성이라고 합니다. 다형성을 이용하여 추상 클래스의 함수를 호출했을 때 자식 클래스에서 함수를 오버라이드(무효화)하게 되면 자식의 함수가 동적으로 실행되게 됩니다.

03 _ 11 컬렉션

List

List는 데이터의 중복이 가능하고 순서가 있는 자료를 담는 컬렉션입니다. 자료는 순차적으로 index(번호)를 생성하여 쌓이게 됩니다. 이때 ◇ 타입을 사용하게 되는데 제네릭 타입이라고 합니다. 제네릭 타입이 처음인 분들은 크게 신경 쓰지 않아도 됩니다. 이유는 Dart는 타입 추론을 제공하기 때문에 var로 선언할 수 있습니다.

타입 지정

```
List<int> nums = [1,2,3,4];
```

타입 추론

```
var nums = [1,2,3,4];
```

```dart
void main() {
  List<int> nums = [1,2,3,4];
  print(nums[0]);
  print(nums[1]);
  print(nums[2]);
  print(nums[3]);
}
```

```
Console

1
2
3
4
```

◆ 실행 결과 화면

Map

Map은 키(key)와 값(value)의 쌍으로 이루어진 컬렉션입니다. List는 index 번호로 값을 찾지만 Map은 키(key)로 값을 찾아냅니다.

```dart
void main() {
  Map<String, dynamic> user = {
    "id": 1,
    "username": "cos"
  };
  
  print(user["id"]);
  print(user["username"]);
}
```

```
Console

1
cos
```

◆ 실행 결과 화면

Set

집합을 표현하는 컬렉션입니다. 데이터의 중복이 허용되지 않기 때문에 로또 번호 생성기등을 만들 때 유용하게 사용할 수 있습니다. 그리고 List와는 다르게 Set은 순서가 없습니다.

```dart
// Dart 에서 기본적으로 제공하는 라이브러리를 import 합니다.
import 'dart:math';

void main() {
  Set<int> lotto = {};

  // Random 클래스는 dart:math 라이브러리를 사용합니다.
  Random r = Random();
  lotto.add(r.nextInt(45)+1);
  lotto.add(r.nextInt(45)+1);
  lotto.add(r.nextInt(45)+1);
  lotto.add(r.nextInt(45)+1);
  lotto.add(r.nextInt(45)+1);
  lotto.add(r.nextInt(45)+1);

  print(lotto);

  // toList() 함수를 사용하면 List 타입으로 변경 가능합니다.
  List<int> lottoList = lotto.toList();
  // List 타입은 sort() 메서드로 정렬할 수 있다.
  lottoList.sort();
  print(lottoList);
}
```

```
Console
{45, 24, 18, 38, 6, 12}
[6, 12, 18, 24, 38, 45]
```

◆ 실행 결과 화면

03 _ 12 반복문

for 문

반복문을 작성하게 해줍니다.

```dart
void main() {
  var list = [1,2,3,4];

  for(int i=0; i< list.length; i++){
    print(list[i]);
  }
}
```

```
Console
1
2
3
4
```

◆ 실행 결과 화면

map 함수

반복되는 값을 하나씩 변형하기 위해 사용합니다. 예를 들어 회전 초밥집에 초밥 3개가 회전하고 있을 때, 초밥마다 간장을 조금씩 올릴 수 있습니다.

```
void main() {
  var chobab = ["새우초밥", "광어초밥", "연어초밥"];
  var chobabChange = chobab.map((i) => "간장_"+i);
  print(chobabChange);
}
```

```
Console
(간장_새우초밥, 간장_광어초밥, 간장_연어초밥)
```

◆ 실행 결과 화면

> **TIP** map 함수 사용 예
>
> ❶ 컬렉션에 담긴 데이터를 반복해서 플러터 위젯에 담고 화면에 출력할 때 많이 사용합니다. 이때 for 문을 사용하지 않는 이유는 for 문은 값을 return 하지 못하기 때문입니다.
> ❷ 컬렉션에 담긴 데이터를 반복해서 플러터 위젯에 담는데 그 값을 조금씩 변형해야 할 때 많이 사용합니다.
> ❸ map 함수는 Iterator 타입을 return 하기 때문에 끝에 toList() 함수를 추가하여 List 타입으로 반환하는 것이 좋습니다. List 타입이 Iterator 타입보다 활용하기 좋습니다.

where 연산자

반복되는 값에서 필요 없는 값을 필터링하거나 필요한 값을 찾을 때 사용합니다. 회전 초밥집에 초밥 3개가 회전하고 있을 때, 광어 초밥이 잘못 올라가서 광어 초밥을 제거하고 싶다면 where을 사용하면 됩니다.

```
void main() {
  var chobab = ["새우초밥", "광어초밥", "연어초밥"];
  var chobabChange = chobab.where((i) => i != "광어초밥");
  print(chobabChange);
}
```

```
Console
(새우초밥, 연어초밥)
```

◆ 실행 결과 화면

> **TIP** where 함수 사용 예
>
> 조건을 필터링할 때 사용하기 때문에 컬렉션에 담긴 데이터를 삭제할 때 많이 사용합니다.

스프레드 연산자

… 연산자는 컬렉션에 담긴 데이터를 흩뿌리는(spread) 연산자입니다.

❶ 값을 가지고 있는 컬렉션 깊은 복사

```
void main() {
  var list = [1,2,3];
  var newList = [...list];

  newList[0] = 500;
  print(list);
  print(newList);
}
```

```
Console
[1, 2, 3]
[500, 2, 3]
```
◆ 실행 결과 화면

❷ Map을 가지고 있는 컬렉션 깊은 복사 – 잘못된 코드

```
void main() {
  var list = [{"id": 1},{"id": 2}];
  var newList = [...list];

  newList[0]["id"] = 500;

  print(list);
  print(newList);

  print(list.hashCode);
  print(newList.hashCode);
}
```

```
Console
[{id: 500}, {id: 2}]
[{id: 500}, {id: 2}]
555188933
424210323
```
◆ 실행 결과 화면

해시코드를 출력해보면 분명 다른 메모리 주소입니다. 깊은 복사는 되었다는 뜻입니다. 하지만 내부의 Map 데이터 자체가 레퍼런스를 참조하고 있어서 값을 변경할 때, list와 newList가 함께 변경되어 버립니다. 그래서 이 방법으로는 완벽한 깊은 복사를 할 수 없습니다.

❸ Map을 가지고 있는 컬렉션 깊은 복사 – 올바른 코드

```
void main() {
  var list = [{"id": 1},{"id": 2}];
  var newList = list.map((i) => {...i}).toList();

  newList[0]["id"] = 500;

  print(list);
  print(newList);

  print(list.hashCode);
  print(newList.hashCode);
}
```

```
Console
[{id: 1}, {id: 2}]
[{id: 500}, {id: 2}]
402531064
35439222
```
◆ 실행 결과 화면

❹ 컬렉션에 데이터 추가

```dart
void main() {
  var list = [1,2,3];
  var newList = [...list, 4];

  print(list);
  print(newList);
}
```

```
Console
[1, 2, 3]
[1, 2, 3, 4]
```
◆ 실행 결과 화면

❺ 컬렉션에 데이터 수정 – 잘못된 코드

```dart
void main() {
  var users = [
    {"id":1, "username":"cos", "password":1234},
    {"id":2, "username":"ssar", "password":5678},
  ];

  // id : 2 번의 username을 love로 변경
  var newUser = user.map(
    (user)=> user["id"] == 2 ? {"id": 2, "username": "love", "password": 5678} : user
  ).toList();

  print(users);
  print(newUsers);
}
```

```
Console
[{id: 1, username: cos, password: 1234}, {id: 2, username: ssar, password: 5678}]
({id: 1, username: cos, password: 1234}, {id: 2, username: love, password: 5678})
```

◆ 실행 결과 화면

이 코드가 잘못된 코드인 이유는 username을 love로 변경하기 위해서 다른 값들을 적어줘야 하는 문제가 있습니다. 지금은 id, username, password 밖에 없지만 만약에 10개 이상이라면 어떻게 해야 할까요? 너무 골치가 아픈 코드입니다.

❻ 컬렉션에 데이터 수정 – 올바른 코드

```
void main() {
  var users = [
    {"id":1, "username":"cos", "password":1234},
    {"id":2, "username":"ssar", "password":5678},
  ];

  // id : 2 번의 username을 love로 변경
  var newUser = user.map(
    (user)=> user["id"] == 2 ? {...user, "username": "love"} : user
  ).toList();

  print(users);
  print(newUsers);
}
```

```
Console
[{id: 1, username: cos, password: 1234}, {id: 2, username: ssar, password: 5678}]
({id: 1, username: cos, password: 1234}, {id: 2, username: love, password: 5678})
```

◆ 실행 결과 화면

스프레드 연산자를 사용하게 되면 user가 들고 있는 모든 값들을 흩뿌리고 뒤에 있는 "username":"love" 부분이 흩뿌린 데이터와 키 값(username)이 동일할 때 내용을 덮어씁니다. 만약 키 값이 동일하지 않으면 데이터가 추가됩니다. 스프레드 연산자를 사용하면 컬렉션의 값을 수정할 때 유용합니다.

> **TIP** 스프레드 연산자 사용 예
>
> ❶ 컬렉션을 깊은 복사할 때 사용합니다.
> ❷ 컬렉션에 데이터를 추가할 때 사용합니다.
> ❸ 컬렉션에 특정 데이터를 수정할 때 사용합니다.

03 _ 13 final과 const

final과 const는 둘 다 상수를 선언하게 하는 키워드입니다. 차이점이 있다면 final은 프로그램이 실행될 때(runtime) 값이 초기화 되지만, const는 컴파일 시점에 값이 초기화 됩니다.
const를 잘 활용하면 flutter에서 그림을 효율적으로 그릴 수 있습니다.

> 컴파일 시에 초기화되기 때문에 런타임 때 속도가 빠르다.
> 동일한 클래스를 객체로 여러 번 만들어야 하는 경우에 생성자 인수의 값이 동일하면 같은 객체이기 때문에 메모리에 만들어진 객체를 재사용한다.
> 동일한 클래스를 객체로 여러 번 만들어야 하는 경우에 생성자 인수의 값이 다르면 새로운 객체를 생성한다.

❶ 생성자 인수의 값이 동일하기 때문에 객체를 재사용합니다.

```dart
class Animal{
  final String name;
  const Animal(this.name);
}

void main(){
  Animal a1 = const Animal("사자");
  Animal a2 = const Animal("사자");

  print(a1.hashCode);
  print(a2.hashCode);
}
```

```
Console
402232219
402232219
```
◆ 실행 결과 화면

❷ 생성자 인수의 값이 다르기 때문에 새로운 객체를 생성합니다.

```dart
class Animal{
  final String name;
  const Animal(this.name);
}

void main(){
  Animal a1 = const Animal("사자");
  Animal a2 = const Animal("기린");

  print(a1.hashCode);
  print(a2.hashCode);
}
```

```
Console
619492243
892070705
```
◆ 실행 결과 화면

> ❝ hashCode 멤버변수를 사용하면 메모리의 주소를 hashCode로 변경하여 알려주게 되는데 그 코드의 값이 같다는 것은 같은 메모리를 사용한다는 뜻입니다.

CHAPTER 04

스토어 앱 만들기

이번 장에서는 MaterialApp, Scaffold, Column, Row, Text, SafeArea, Image, Spacer, Expanded, Padding, SizedBox 위젯에 대해서 알아보는 시간을 가지겠습니다.

04 _ 1 스토어 앱 구조보기

모든 소스 코드는 다음 깃허브 경로에 공개되어 있습니다.

- https://github.com/flutter-coder/flutter-book

◆ github 소스코드 다운로드 방법

◆ 교재 진행에 필요한 이미지, 폰트, 로고가 모여 있는 폴더

> **TIP** 전체 소스코드를 다운
>
> https://github.com/flutter-coder/flutter-ui-book1 해당 경로로 이동하여 Code - Download ZIP 버튼을 클릭하면 됩니다.
> 다운 받으면 좋은 점
> ❶ 소스코드를 다운 받아두면 교재를 진행하다가 막히는 부분의 소스코드를 참고할 수 있습니다.
> ❷ 샘플 assets 모음 폴더에 교재 진행에 필요한 이미지가 모여 있습니다.

◆ 스토어 앱 완성 화면

> 66 github에서 다운 받은 프로젝트를 실행하려면 아래의 블로그 주소를 참고해 주세요.
> https://blog.naver.com/getinthere/222339023005

화면 구조보기

위에 앱을 플러터로 만들려고 하면 다음과 같이 할 수 있습니다.

첫째, 전체 구성의 흐름이 수직인지 수평인지를 확인합니다. 플러터에서 수직은 Column 위젯을 사용합니다. 수평은 Row 위젯을 사용합니다. 우리가 만들 앱의 레이아웃 구조는 Column입니다.

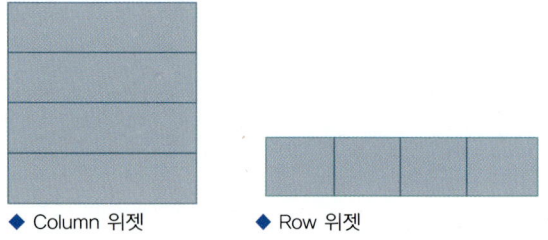

◆ Column 위젯　　◆ Row 위젯

둘째, 수직으로 내려가는 구조에서 각각의 위젯을 찾아야 합니다. 플러터에서 글자는 Text 위젯을 사용하고 그림은 Image 위젯을 사용합니다.

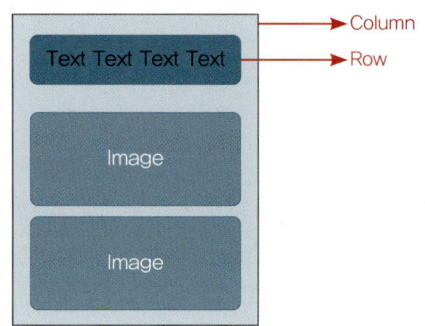

◆ 스토어 앱 화면 구조

MaterialApp vs CupertinoApp

플러터는 쿠퍼티노 디자인 혹은 메터리얼 디자인 둘 중 하나를 선택하여 그림을 그릴 수 있습니다. 두 개의 클래스 중 하나를 선택해야 하는데 MaterialApp은 Android 디자인이고 CupertinoApp은 iOS 디자인입니다. 버튼을 하나 만들어도 무엇을 선택했는지에 따라 디자인이 달라지게 됩니다.

우선 그림과 같이 전체화면을 MaterialApp으로 감쌉니다. 그리고 전체화면에 그림을 그리면 됩니다.

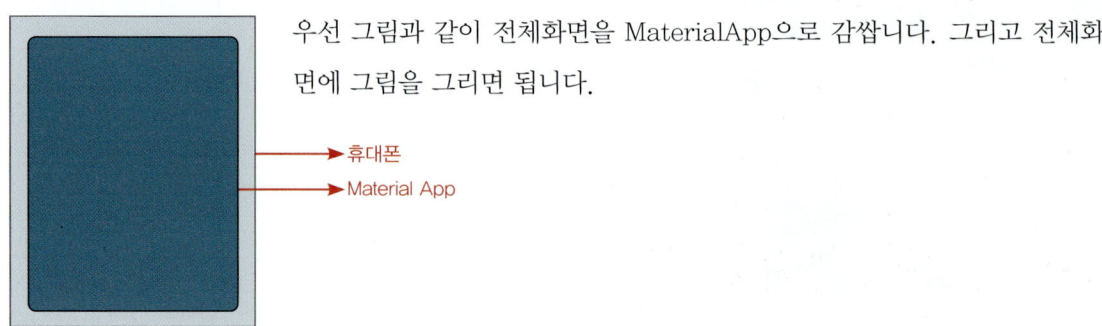

◆ MaterialApp 안드로이드 디자인

Scaffold

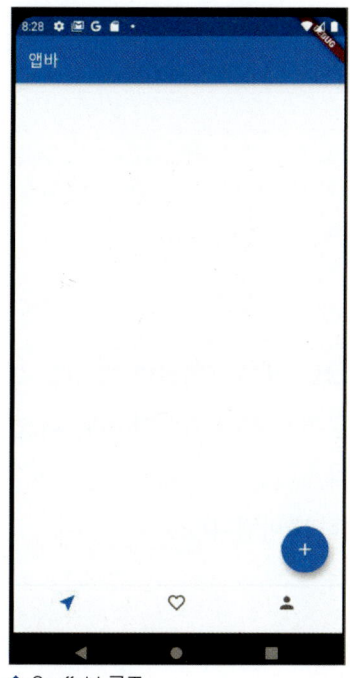

대부분의 휴대폰의 최상단에는 AppBar가 있습니다. AppBar는 해당 화면에 대한 메뉴나 이동 버튼, 그리고 제목 같은 것들을 가지고 있습니다.

아래 그림을 보면 화면 중간 하얀 도화지 부분은 body 부분입니다. 이 도화지 부분에 여러분들이 그림을 그리면 됩니다. 오른쪽 밑에 [+] 버튼이 있는 부분을 FloatingActionButton이라고 하고 가장 아래에 BottomNavigationBar가 존재합니다. BottomNavigationBar를 통해 화면을 변경할 수 있습니다.

◆ Scaffold 구조

이러한 구성을 하기 위해서는 직접 그림을 그려도 되지만 이미 그려져 있는 컴포넌트(구성요소)를 재사용하는 것이 좋습니다.

왜 재사용하는 것이 좋을까요?

첫 번째는 내가 직접 만드는 것보다 있는 것을 재사용하는 것이 편합니다. 그렇다면 편하다고 이미 만들어진 컴포넌트를 재사용하는 것이 좋을까요? 내가 직접 만들면 훨씬 더 예쁜 디자인이 나올 수 있을 것 같다면요?

두 번째 이유가 있습니다. 사용자 경험(UX)입니다. 사용자들이 BottomNavigationBar에 이미 익숙해져 있습니다. 인스타그램이나 카카오톡과 같은 수많은 앱을 사용하면서 오랫 동안 경험한 디자인을 변경하게 되면 사용자의 UX(사용자 경험)가 망가지게 됩니다. 아무리 디자인이 예쁘고 화려하다 해도 사용하기 불편하면 의미가 없습니다.

사용자에게 좋은 경험을 줄 수 있도록 플러터에서 개발자에 제공해주는 클래스가 바로 Scaffold입니다. 그래서 MaterialApp 내부를 Scaffold로 감싸야 합니다. Scaffold로 감싸는 순간 휴대폰 화면에 구조가 만들어지고 쉽게 앱을 만들 수 있습니다.

> 마이크로소프트에서 탐색기를 닫는 x 버튼을 어디에 두면 좋을지 연구를 했다고 합니다. 이때 Mac에서처럼 왼쪽 위에 두는 것이 좋다는 연구결과가 나왔다고 합니다. 하지만 마이크로소프트는 x 버튼의 위치를 옮기지 않았습니다. 그 이유는 이미 Windows를 사용하고 있는 많은 고객들의 사용자경험(UX)를 중요하게 생각했기 때문입니다.

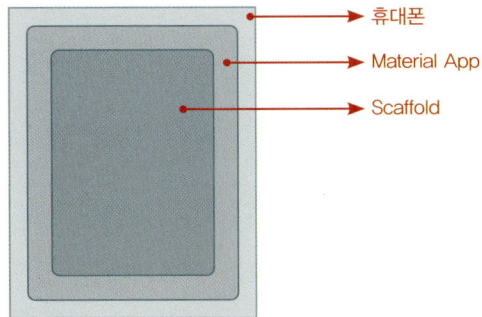

◆ MaterialApp 내부에 Scaffold

이제부터 그림은 Scaffold 안에 그립니다. Scaffold는 구조가 있는 도화지라고 생각하면 됩니다. 그리고 그 구조에 AppBar나 FloatingActionButton을 추가하거나 하는 것은 본인 자유입니다. 내 앱에 필요하면 추가하는 것이고 필요하지 않으면 추가하지 않아도 됩니다.

다만 MaterialApp 안에 Scaffold 구조를 가져야 한다는 것은 꼭 기억하길 바랍니다.

필요한 위젯 살펴보기

처음에 봤던 쇼핑몰 앱에 필요한 위젯을 자세히 살펴보겠습니다. 해당 그림에는 레이아웃에 관련된 Column과 Row 위젯은 가시성을 위해 제외하였습니다.

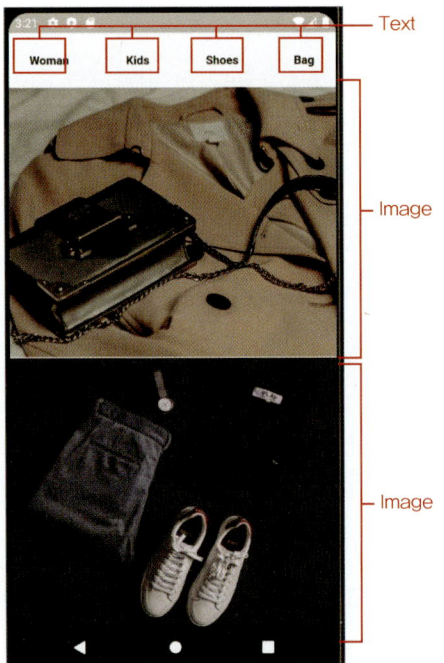

◆ 필요한 위젯 살펴보기

플러터 프로젝트 생성하기

1 안드로이드 스튜디오를 실행합니다.

2 새로운 프로젝트를 생성합니다.

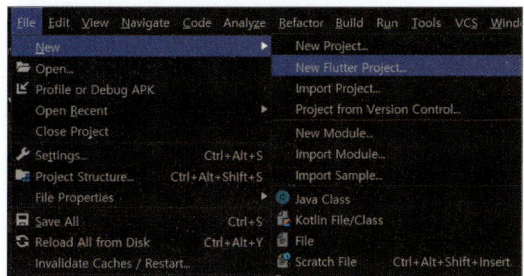

◆ New Flutter Project 선택

3 Flutter를 선택합니다.

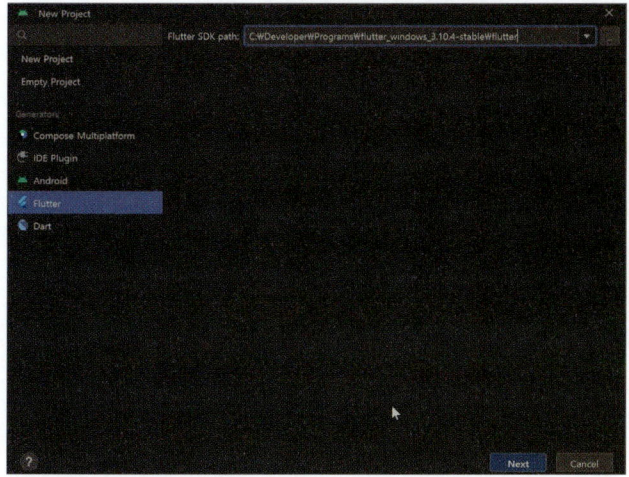

◆ Flutter Application 선택

4 새로운 플러터 애플리케이션 설정 후 Finish 버튼을 클릭합니다.

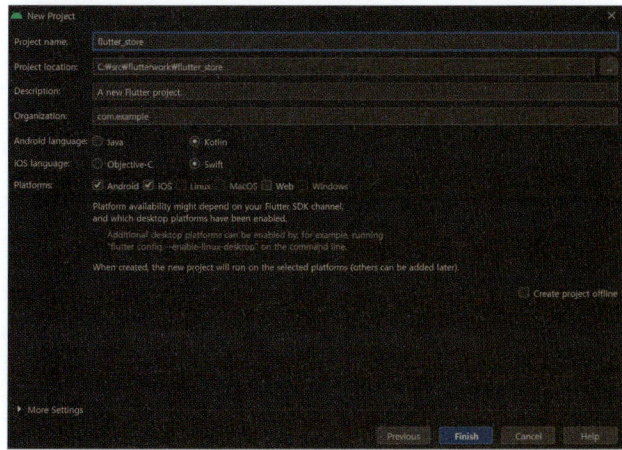

◆ Flutter 프로젝트 설정 화면

> 안드로이드 스튜디오가 최신버전으로 업그레이드 되면서 플러터 프로젝트 생성화면이 변경되었습니다. 5장부터는 구버전의 안드로이드 스튜디오 프로젝트 생성 흐름이 이어지는 점 참고해주세요.

> Project_name은 flutter_store
> Project location은 c:\src\flutterwork\flutter_store

04 _ 2 스토어 앱 뼈대 만들기

[작업 순서]

1 flutter_store/assets 폴더 생성

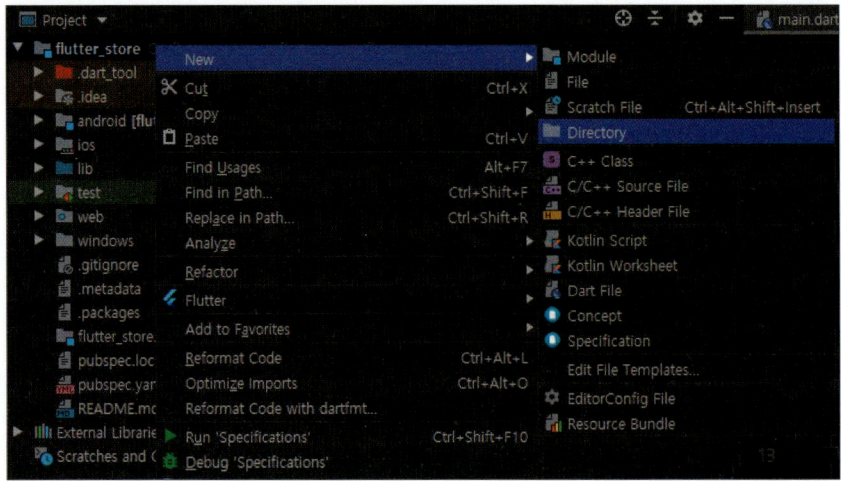

◆ assets 폴더 생성

2 flutter_store/assets에 이미지 추가

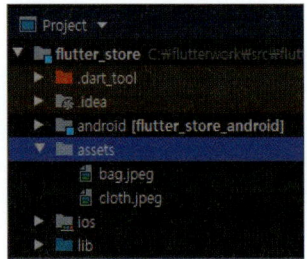

◆ 이미지 추가

TIP 샘플 이미지를 가져오려면!!

첫째, https://github.com/flutter-coder/flutter-ui-book1 경로로 이동합니다.
둘째, 샘플 assets 모음 폴더로 이동합니다.
셋째, 4장 폴더로 이동합니다.
넷째, 4장 폴더에 있는 bag.jpeg, cloth.jpeg 파일을 다운 받습니다.
다섯째, flutter_store 프로젝트의 assets 폴더에 붙여넣기 합니다.

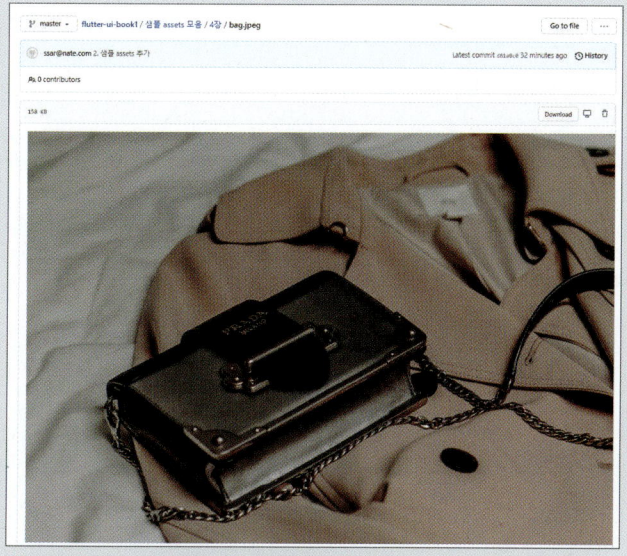

◆ 스토어 앱 만들기에 필요한 이미지

③ pubspec.yaml에서 이미지 파일 인식을 위해 자원 폴더 위치 설정

④ Pub get 버튼을 클릭하여 설정 적용

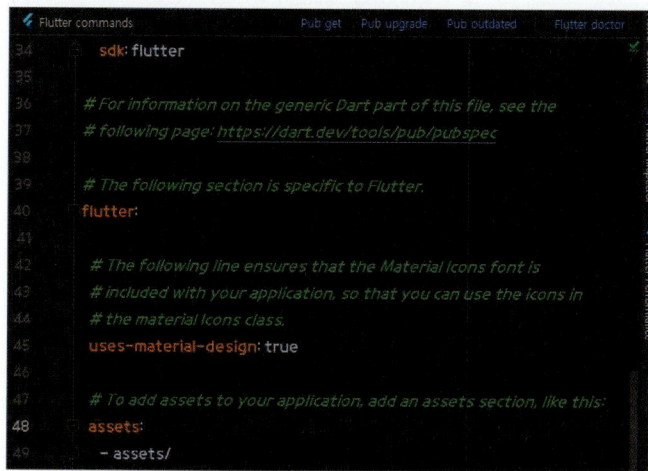

◆ yaml 파일에 assets 경로 설정 - 들여쓰기 주의

TIP yaml 파일 규칙

① 공백 문자를 이용한 두 칸 띄어쓰기로 구조체를 구분한다.
   예 flutter:
   　　　assets:
   flutter와 assets는 두 칸 띄어쓰기를 통해 구분한다.

② : 뒤에 값이 들어올 때는 한 칸 띄어쓰기 후 작성한다.
③ 리스트 요소는 하이픈(-)으로 표시한다.

04 _ 3 스토어 앱 만들어보기

기본 코드 작성하기

내부에 있는 모든 코드를 지우고 다음과 같이 만듭니다.

```dart
// lib/main.dart
import 'package:flutter/material.dart';

void main() {
  runApp(MyApp());
}
```

> flutter를 시작하기 위해서는 main함수에서 runApp() 함수를 호출해야 합니다. runApp 호출 시, 넘겨주는 위젯이 앱의 루트 위젯이 됩니다. 루트 위젯이란 플러터가 그림을 그릴 때 가장 먼저 그리는 위젯입니다. runApp 실행 시 내부적으로는 윈도우 생성, 스케줄러 초기화, 위젯 트리 생성, 렌더링 트리 생성이라는 복잡한 일들이 발생하지만 추상화 되어 있는 함수 내부의 동작 원리를 알 필요는 없습니다.

iOS 디자인을 사용할 것인지 android 디자인을 사용할 것인지 정해야 합니다. MaterialApp을 사용합니다.

```dart
// lib/main.dart
import 'package:flutter/material.dart';

void main() {
  runApp(MyApp());
}

// stl 이라고 적으면 자동완성 기능이 활성화된다.
class MyApp extends StatelessWidget {
  @override
  Widget build(BuildContext context) {
    return MaterialApp(
      home: StorePage(),   // 1. 여기서 오류 있음. StorePage 클래스가 없음.
    );
  }
}
```

StorePage 클래스를 생성하고 내부에 Scaffold를 사용하여 앱을 구조화 시킵니다.

lib/main.dart

```dart
import 'package:flutter/material.dart';

void main() {
  runApp(MyApp());
}

// stl 이라고 적으면 자동완성 기능이 활성화된다.
class MyApp extends StatelessWidget {
  @override
  Widget build(BuildContext context) {
    return MaterialApp(
      home: StorePage(),
    );
  }
}

// stl 이라고 적으면 자동완성 기능이 활성화된다.
class StorePage extends StatelessWidget {
  @override
  Widget build(BuildContext context) {
    return Scaffold(

    );
  }
}
```

◆ StatelessWidget 자동 완성

Column 위젯

Column 위젯은 수직 방향 레이아웃 구조를 만들어 주고 child가 아닌 children 속성을 가집니다. 스토어 앱은 위에서부터 아래로 내려가는 구조이기 때문에 Column 위젯으로 레이아웃을 잡아줍니다.

child 속성을 가진 위젯은 하나의 위젯만 가질 수 있습니다.

```
final Widget? child;
```

◆ child 속성

children 속성을 가진 위젯은 많은 위젯을 가질 수 있습니다.

```
final List<Widget> children;
```
◆ children 속성

lib/main.dart
```
//...생략
class StorePage extends StatelessWidget {
  @override
  Widget build(BuildContext context) {
    return Scaffold(
      body: Column(
        children: [

        ],
      ), // end of Column
    );
  }
}
```

Row 위젯

Row 위젯은 수평 방향 레이아웃 구조를 만들어 주고 child가 아닌 children 속성을 가집니다. 아래 그림을 보면 Text 위젯이 수평 방향으로 표시됩니다.

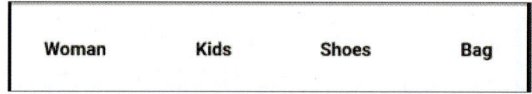

◆ Row 위젯은 수평으로 흐른다

lib/main.dart
```
//...생략
body: Column(
  children: [
    Row(
      children: [

      ],
    ), // end of Row
  ],
),
//...생략
```

Text 위젯

Text 위젯은 문자열을 담을 수 있는 위젯입니다. Text() 위젯을 Row 내부에 추가합니다.

◆ 4.3.4 완성 화면

```
//...생략
Row(
  children: [
    Text("Woman"),
    Text("Kids"),
    Text("Shoes"),
    Text("Bag"),
  ],
),
//...생략
```

SafeArea 위젯

SafeArea 위젯은 핸드폰 기기별로 조금씩 다른 StatusBar(상태바) 영역에 padding(여백)을 넣어주는 역할을 합니다.

◆ 4.3.5 완성 화면

스토어 앱의 Text 위젯이 상태바 영역에 위치해 있습니다. 이때는 Column 글자 위에 커서를 두고 Alt + Enter (매직키)를 입력합니다. 그리고 Wrap with widget...을 선택하여 새로운 위젯으로 감싸줍니다. 그리고 SafeArea 위젯으로 변경해줍니다.

◆ 매직키를 사용하여 안드로이드 스튜디오 툴 활용하기

lib/main.dart

```
lib/main.dart
//...생략
class StorePage extends StatelessWidget {
  @override
  Widget build(BuildContext context) {
    return Scaffold(
      body: SafeArea(
        child: Column(
          children: [
//...생략
```

> **TIP** 자동정렬 단축키
>
> Ctrl + Alt + L

> **TIP**
>
> ```
> // 마지막 Text 위젯 끝에 콤마(,)를 추가했을 때 자동정렬 모습
> Row(
>   children: [
>     Text("Woman"),
>     Text("Kids"),
>     Text("Shoes"),
>     Text("Bag"),
>   ],
> ),
> ```

> **TIP**
>
> ```
> // 마지막 Text 위젯 끝에 콤마(,)를 추가하지 않았을 때 자동정렬 모습
> Row(
>   children: [Text("Woman"), Text("Kids"), Text("Shoes"), Text("Bag")],
> ),
> ```

Text 위젯의 style 속성

Text() 위젯을 style 속성을 사용하여 디자인합니다.

◆ 4.3.6 완성 화면

Text 위젯에 Ctrl +마우스 왼쪽을 클릭하면 아래와 같은 코드를 볼 수 있습니다.

```
const Text(
  String this.data, {
  super.key,
  this.style,
  this.strutStyle,
  this.textAlign,
  this.textDirection,
  this.locale,
  this.softWrap,
  this.overflow,
  this.textScaleFactor,
  this.maxLines,
  this.semanticsLabel,
  this.textWidthBasis,
  this.textHeightBehavior,
  this.selectionColor,
}) : textSpan = null;
```

◆ Text 위젯 속성

style, overflow, maxLines와 같은 것들을 속성(Property)이라고 부릅니다. 속성이란 어떤 대상을 구성하고 있는 요소라고 생각하면 됩니다.

예를 들어 커피라는 대상(오브젝트)이 있을 때 거기에 필요한 속성을 생각해보면 커피 이름, 아이스인지 핫인지, 큰 사이즈인지 중간 사이즈인지 작은 사이즈인지를 정의할 수 있습니다.

```
const 커피 {
  this.name,
  this.isCold,
  this.size,
}
```

Text 위젯이 가지고 있는 고유한 속성 중에서 style이라는 속성을 이용하여 다음과 같이 디자인 해보겠습니다.

```
//...생략
Row(
  children: [
    Text("Woman", style: TextStyle(fontWeight: FontWeight.bold)),
    Text("Kids", style: TextStyle(fontWeight: FontWeight.bold)),
    Text("Shoes", style: TextStyle(fontWeight: FontWeight.bold)),
    Text("Bag", style: TextStyle(fontWeight: FontWeight.bold)),
  ],
),
//...생략
```

Open Flutter Devtools

Text를 적절한 위치로 정렬해야 합니다. 이때는 Open Flutter Devtools 라는 도구를 사용하여 위젯이 어느 정도의 공간을 차지하고 있는지 확인하는 것이 좋습니다. 안드로이드 스튜디오 하단에 Console 탭에 번개 버튼(⚡) 2번째 옆에 있는 파랑 버튼(🌐)을 클릭합니다.

◆ Flutter Devtools 실행하기

실행을 하면 아래와 같은 화면이 웹브라우저에 열리게 됩니다.

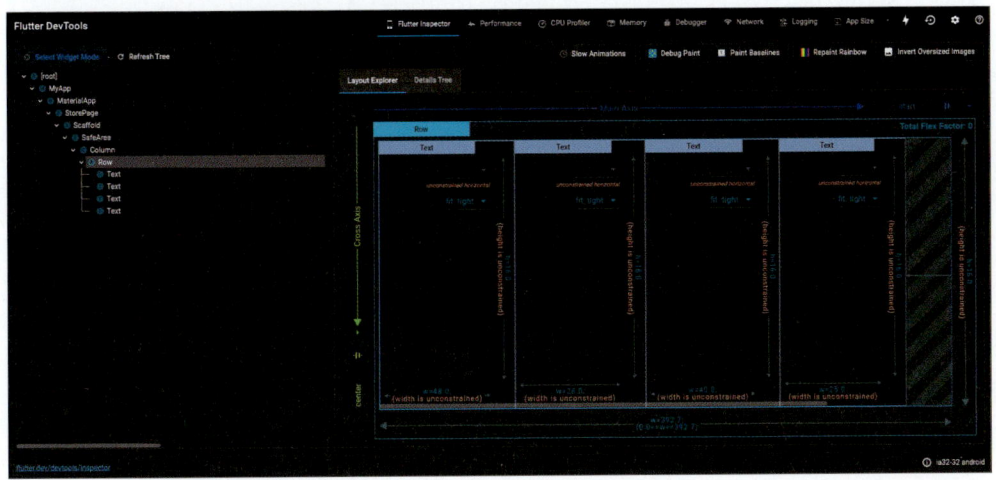

◆ Flutter Devtools 실행 화면

Row를 선택하고 Select Widget Mode를 선택합니다.

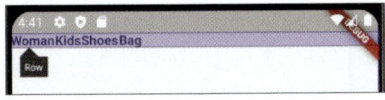

◆ Row 위젯 선택

Text를 선택해봅니다.

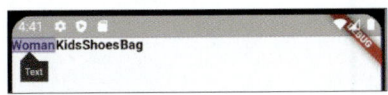

◆ Text 위젯 선택

Row 위젯은 넓이를 화면 끝까지 차지하고 있고, Text 위젯은 글자 크기만큼 넓이를 차지하고 있습니다. Text 위젯이 너무 붙어 있기 때문에 Row 위젯의 남은 공간을 활용해보도록 하겠습니다.

Spacer 위젯

Spacer 위젯은 위젯 사이의 간격을 조정하는 데 사용합니다. Spacer() 라는 위젯을 이용해서 공간을 만들어보겠습니다.

lib/main.dart
```
//...생략
Row(
  children: [
    Text("Woman", style: TextStyle(fontWeight: FontWeight.bold)),
    Spacer(),
    Text("Kids", style: TextStyle(fontWeight: FontWeight.bold)),
    Spacer(),
    Text("Shoes", style: TextStyle(fontWeight: FontWeight.bold)),
    Spacer(),
    Text("Bag", style: TextStyle(fontWeight: FontWeight.bold)),
  ],
),
//...생략
```

◆ 완성 화면

Debug 배너 해제

Debug 배너를 해제해보겠습니다. MaterialApp 속성 중에 debugShowCheckedModeBanner를 이용하면 됩니다.

lib/main.dart
```
//...생략
class MyApp extends StatelessWidget {
  @override
  Widget build(BuildContext context) {
    return MaterialApp(
      debugShowCheckedModeBanner: false,
      home: StorePage(),
    );
  }
}
//...생략
```

◆ 완성 화면

Padding 위젯

패딩(여백)은 자식 위젯 주위에 빈 공간을 만들어 줍니다. 아래 그림의 회색 공간을 여백이라고 합니다.

◆ Padding 위젯

Row 위젯을 Padding 위젯의 자식으로 감싸서 다음과 같이 여백을 주겠습니다. 이때도 Alt+Enter 를 활용하여 Padding 위젯으로 감싸면 편합니다.

```
lib/main.dart
//...생략
Padding(
  padding: const EdgeInsets.all(25.0),
  child: Row(
    children: [
      Text("Woman", style: TextStyle(fontWeight: FontWeight.bold)),
      Spacer(),
      Text("Kids", style: TextStyle(fontWeight: FontWeight.bold)),
      Spacer(),
      Text("Shoes", style: TextStyle(fontWeight: FontWeight.bold)),
      Spacer(),
      Text("Bag", style: TextStyle(fontWeight: FontWeight.bold)),
    ],
  ),
), // end of Padding
//...생략
```

◆ 완성화면

> EdgeInserts.all (왼쪽, 오른쪽, 위, 아래 즉 전체 방향에 여백을 줄 때 사용)
> EdgeInserts.only (4 방향 중 내가 원하는 곳만 여백을 줄 때 사용)
> EdgeInserts.symmetric (수직이나 수평 중 선택하여 여백을 줄 때 사용)

Image 위젯

Image 위젯을 이용하면 사진을 배치할 수 있습니다.

◆ 완성 화면

Column 위젯 내부에 Padding이 끝나는 영역 뒤에 Image 위젯을 추가하면 됩니다. 초보자분들을 위해 전체 코드를 추가하였습니다.

```dart
lib/main.dart

import 'package:flutter/material.dart';

void main() {
  runApp(MyApp());
}

class MyApp extends StatelessWidget {
  @override
  Widget build(BuildContext context) {
    return MaterialApp(
      debugShowCheckedModeBanner: false,
      home: StorePage(),
    );
  }
}
```

```
// stl 이라고 적으면 자동완성 기능이 활성화 된다.
class StorePage extends StatelessWidget {
  @override
  Widget build(BuildContext context) {
    return Scaffold(
      body: SafeArea(
        child: Column(
          children: [
            Padding(
              padding: const EdgeInsets.all(25.0),
              child: Row(
                children: [
                  Text("Woman", style: TextStyle(fontWeight: FontWeight.bold)),
                  Spacer(),
                  Text("Kids", style: TextStyle(fontWeight: FontWeight.bold)),
                  Spacer(),
                  Text("Shoes", style: TextStyle(fontWeight: FontWeight.bold)),
                  Spacer(),
                  Text("Bag", style: TextStyle(fontWeight: FontWeight.bold)),
                ],
              ),
            ),
            Image.asset("assets/bag.jpeg", fit: BoxFit.cover),
            Image.asset("assets/cloth.jpeg", fit: BoxFit.cover),
          ],
        ),
      ),
    );
  }
}
```

> Image 위젯을 사용할 때는 fit 속성을 이용해야 합니다.
> BoxFit.contain 원본사진의 가로 세로 비율 변화 없음.
> BoxFit.fill 원본사진의 비율을 무시하고 지정한 영역에 사진을 맞춤.
> BoxFit.cover 원본사진의 가로 세로 비율을 유지한 채로 지정한 영역에 사진을 맞춤. 장점은 사진의 비율을 유지할 수 있다는 점이고 단점은 사진이 지정한 크기를 벗어나면 잘릴 수 있음.

Expanded 위젯 - Column 방향

◆ 완성 화면

Expanded 위젯은 남은 위젯을 공간을 확장하여 공간을 채울 수 있도록 하는 위젯입니다. 아래 그림을 보면 Column 위젯은 수직으로 배치가 되기 때문에 남은 공간은 높이입니다.

◆ Expanded 위젯이 적용되지 않은 화면

사용하지 않는 하얀 부분을 이미지 위젯으로 반반씩 채우고 싶습니다.
첫 번째 이미지를 Expanded 위젯으로 감싸줍니다.

◆ 첫 번째 이미지에 Expanded 위젯 적용

lib/main.dart

```
//...생략
Expanded(child: Image.asset("assets/bag.jpeg", fit: BoxFit.cover)),
//...생략
```

두 번째 이미지를 Expanded 위젯으로 감싸줍니다.

◆ 두 번째 이미지에 Expanded 위젯 적용

```
lib/main.dart
```

```
//...생략
Expanded(child: Image.asset("assets/cloth.jpeg", fit: BoxFit.cover)),
//...생략
```

> Expanded 위젯은 flex라는 속성을 가지고 있습니다. flex를 직역하면 탄력성 있는, 신축성 있는 이라는 뜻이 있습니다. 첫 번째 이미지에 flex:1, 두 번째 이미지에 flex:3 이라는 값을 주게 되면 첫 번째 이미지는 1/4의 높이를 가지게 되고 두 번째 이미지는 3/4의 높이를 가지게 됩니다. flex 속성을 주지 않으면 기본 값은 flex:1입니다.

SizedBox 위젯

플러터에서 width 혹은 height 크기를 가지는 빈 상자입니다.

◆ 완성 화면

이미지 사이에 빈 공간을 주기 위해 SizedBox를 사용하였습니다.

```
lib/main.dart
```

```
//...생략
Expanded(child: Image.asset("assets/bag.jpeg", fit: BoxFit.cover)),
SizedBox(height: 2),
Expanded(child: Image.asset("assets/cloth.jpeg", fit: BoxFit.cover)),
//...생략
```

전체코드

lib/main.dart

```dart
import 'package:flutter/material.dart';

void main() {
  runApp(MyApp());
}

class MyApp extends StatelessWidget {
  @override
  Widget build(BuildContext context) {
    return MaterialApp(
      debugShowCheckedModeBanner: false,
      home: StorePage(),
    );
  }
}

// stl 이라고 적으면 자동완성 기능이 활성화 된다.
class StorePage extends StatelessWidget {
  @override
  Widget build(BuildContext context) {
    return Scaffold(
      body: SafeArea(
        child: Column(
          children: [
            Padding(
              padding: const EdgeInsets.all(25.0),
              child: Row(
                children: [
                  Text("Woman", style: TextStyle(fontWeight: FontWeight.bold)),
                  Spacer(),
                  Text("Kids", style: TextStyle(fontWeight: FontWeight.bold)),
                  Spacer(),
                  Text("Shoes", style: TextStyle(fontWeight: FontWeight.bold)),
                  Spacer(),
                  Text("Bag", style: TextStyle(fontWeight: FontWeight.bold)),
                ],
              ),
            ),
            Expanded(child: Image.asset("assets/bag.jpeg", fit: BoxFit.cover)),
            SizedBox(height: 2),
            Expanded(child: Image.asset("assets/cloth.jpeg", fit: BoxFit.cover)),
          ],
        ),
      ),
    );
  }
}
```

CHAPTER

05

레시피 앱 만들기

이번 장에서는 AppBar, Container, Icon, ClipRRect, Container, AspectRatio, ListView 위젯과 Font 변경 방법에 대해서 배워보도록 하겠습니다.

05 _ 1 레시피 앱 구조보기

모든 소스 코드는 https://github.com/flutter-coder/flutter-book에 공개되어 있습니다.

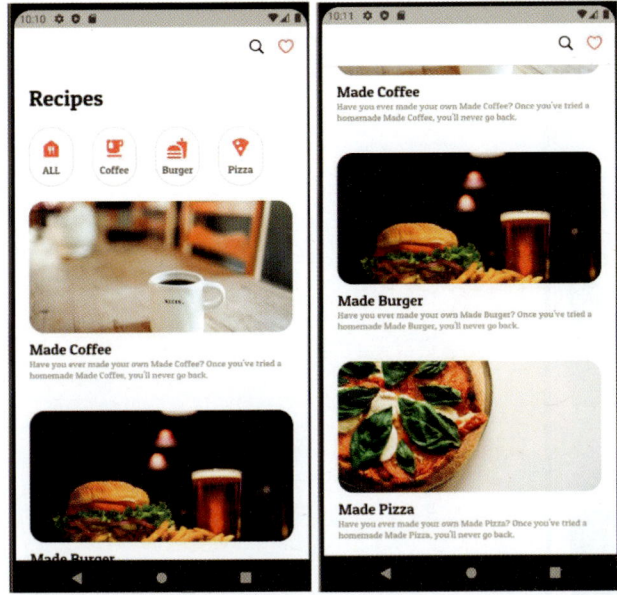

◆ 레시피 앱 완성 화면

화면 구조보기

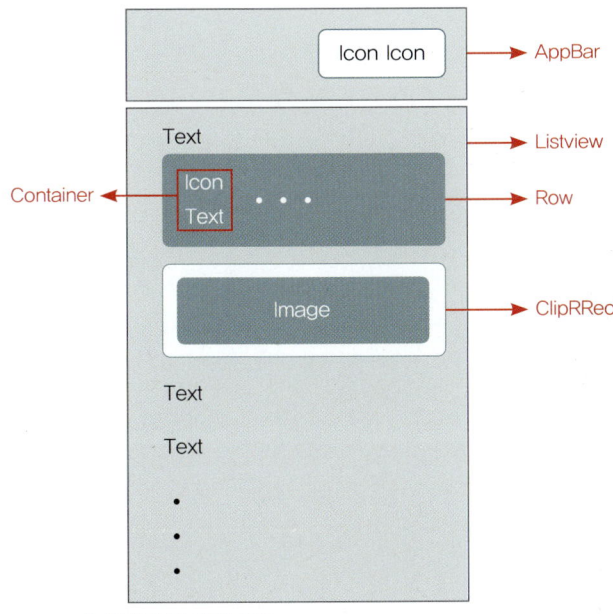

◆ 레시피 앱 화면 구조

필요한 위젯 살펴보기

레시피 앱에 필요한 위젯을 자세히 살펴보겠습니다. 해당 그림에는 레이아웃에 관련된 Column과 Row 위젯은 가시성을 위해 제외하였습니다.

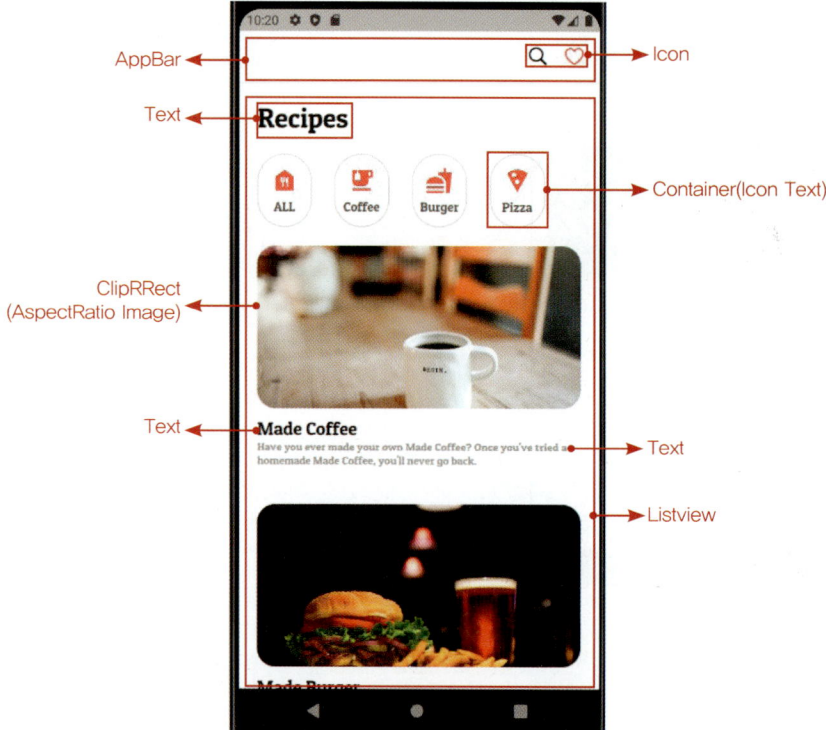

◆ 필요한 위젯 살펴보기

플러터 프로젝트 생성하기

프로젝트 이름을 flutter_recipe 으로 설정합니다.

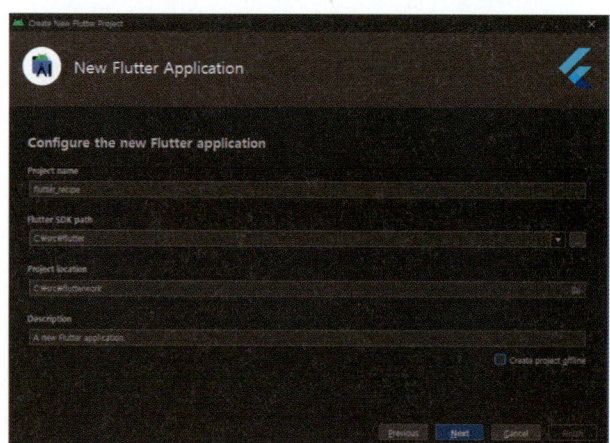

◆ Flutter 프로젝트 설정 화면

05 _ 2 레시피 앱 뼈대 구성하기

앱 뼈대 구성하기에서는 아래의 작업 순서에 따라 프로젝트에 필요한 폴더와 파일을 생성하고 기본 프로젝트 설정을 해보겠습니다.

작업 순서

❶ flutter_recipe/assets 폴더 생성
❷ flutter_recipe/assets/fonts 폴더 생성
❸ flutter_recipe/assets/images 폴더 생성
❹ flutter_recipe/assets/fonts 폴더에 폰트 추가
❺ flutter_recipe/assets/images 폴더에 이미지 추가
❻ lib/components 폴더 생성
❼ lib/components/recipe_title.dart 파일 추가
❽ lib/components/recipe_menu.dart 파일 추가
❾ lib/components/recipe_list_item.dart 파일 추가
❿ lib/pages 폴더 생성
⓫ lib/pages/recipe_page.dart 파일 추가

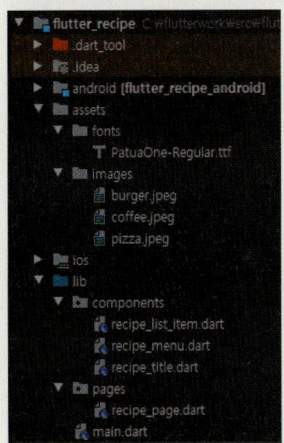

◆ 프로젝트 구조

⓬ pubspec.yaml에서 이미지 파일과 폰트 파일 인식을 위한 자원 폴더 위치 설정
⓭ Pub get 버튼을 클릭하여 적용

◆ 폰트 설정

> **TIP**
>
> yaml 언어에서 #은 주석입니다. yaml 파일 이미지 캡처를 위해 모든 주석을 제거하였습니다.

> **TIP**
>
> pubspec.yaml 파일은 프로젝트 설정 파일입니다. 해당 파일에는 들여쓰기 규칙이 있습니다. 규칙을 어기면 [Pub get] 버튼을 클릭할 때 오류가 나서 적용이 되지 않습니다. 들여쓰기를 한 칸만 잘못해도 아래와 같은 오류가 납니다. assets: 와 첫 번째 fonts: 의 라인을 맞춰야 합니다.
>
> yaml 파일에 대해서 궁금한 사항은 https://ko.wikipedia.org/wiki/YAML 위키 백과를 참고하세요.

◆ yaml 파일의 엄격한 규칙

> **TIP**
>
> yaml 파일 설정이 어렵다면 https://github.com/flutter-coder/flutter-book에서 05장 프로젝트 flutter_recipe 소스 코드를 참고하세요.

05 _ 3 레시피 앱 만들어보기

기본 코드 작성하기

◆ 완성 화면

미리 만들어 둔 뼈대 파일을 서로 오류 없이 연결하기 위해 기본 코드를 작성하여 앱을 실행시켜보겠습니다.

> **작업 순서**
>
> ❶ lib/components/recipe_title.dart 기본 코딩하기
> ❷ lib/components/recipe_menu.dart 기본 코딩하기
> ❸ lib/components/recipe_list_item.dart 기본 코딩하기
> ❹ lib/pages/recipe_page.dart 기본 코딩하기
> ❺ lib/main.dart 기본 코딩하기

❝ pages폴더를 생성한 이유는 앱에는 여러 개의 page(화면)가 있을 수 있고 그 page를 모아두는 폴더가 있으면 앱을 구조화하기 좋습니다.
폴더 이름을 pages로 하기도 하고, screens로 하기도 합니다. 개발자의 성향이나 회사마다 폴더의 이름은 다를 수 있습니다.

(1) 레시피 앱 타이틀 기본 코딩하기

lib/components/recipe_title.dart

```dart
import 'package:flutter/material.dart';

// stl 이라고 적으면 자동완성 됨
class RecipeTitle extends StatelessWidget {
  @override
  Widget build(BuildContext context) {
    return Container();
  }
}
```

> Container 위젯은 HTML의 DIV 태그와 유사합니다. 빈 박스를 만들고 그 내부를 디자인하거나 다른 위젯을 담을 때 사용합니다. Container 위젯은 이 장의 recipe_menu.dart 파일을 만들 때 배우게 됩니다.

(2) 레시피 앱 메뉴 모음 기본 코딩하기

lib/components/recipe_menu.dart

```dart
import 'package:flutter/material.dart';

class RecipeMenu extends StatelessWidget {
  @override
  Widget build(BuildContext context) {
    return Container();
  }
}
```

(3) 레시피 앱 리스트 아이템 기본 코딩하기

lib/components/recipe_list_item.dart

```dart
import 'package:flutter/material.dart';

class RecipeListItem extends StatelessWidget {
  final String imageName;
  final String title;

  const RecipeListItem(this.imageName, this.title);

  @override
  Widget build(BuildContext context) {
    return Container();
  }
}
```

(4) 레시피 앱 페이지 기본 코딩하기

lib/pages/recipe_page.dart

```dart
import 'package:flutter/material.dart';
import 'package:flutter_recipe/components/recipe_list_item.dart';
import 'package:flutter_recipe/components/recipe_menu.dart';
import 'package:flutter_recipe/components/recipe_title.dart';

class RecipePage extends StatelessWidget {
  @override
  Widget build(BuildContext context) {
    return Scaffold(
      backgroundColor: Colors.white, // 1. 배경색 white로 설정
      appBar: _buildRecipeAppBar(), // 2. 비어 있는 AppBar 연결해두기
      body: Padding(
        padding: const EdgeInsets.symmetric(horizontal: 20), // 3. 수평으로 여백 주기
        child: Column( // 4. 위에서 아래로 내려가는 구조이기 때문에 Column 위젯 사용
          crossAxisAlignment: CrossAxisAlignment.start, // 5. 왼쪽 정렬
          children: [
            RecipeTitle(),
            RecipeMenu(),
            RecipeListItem("coffee", "Made Coffee"),
            RecipeListItem("burger", "Made Burger"),
            RecipeListItem("pizza", "Made Pizza"),
          ],
        ),
      ),
    );
  }

  AppBar _buildRecipeAppBar() {
    return AppBar();
  }
}
```

(5) 레피시 앱 main.dart 파일 기본 코딩하기

lib/main.dart

```dart
import 'package:flutter/material.dart';
import 'package:flutter_recipe/pages/recipe_page.dart';

void main() {
  runApp(MyApp());
}
```

```
class MyApp extends StatelessWidget {
  @override
  Widget build(BuildContext context) {
    return MaterialApp(
      debugShowCheckedModeBanner: false,
      home: RecipePage(),
    );
  }
}
```

AppBar 위젯의 action 속성에 Icon 위젯 추가하기

◆ 완성 화면

(1) AppBar

AppBar는 현재 화면의 title, leading, action 영역을 포함하고 있는 막대 모양의 위젯입니다. action 속성을 이용하면 AppBar 오른쪽 상당 부분에 위젯을 추가할 수 있습니다.

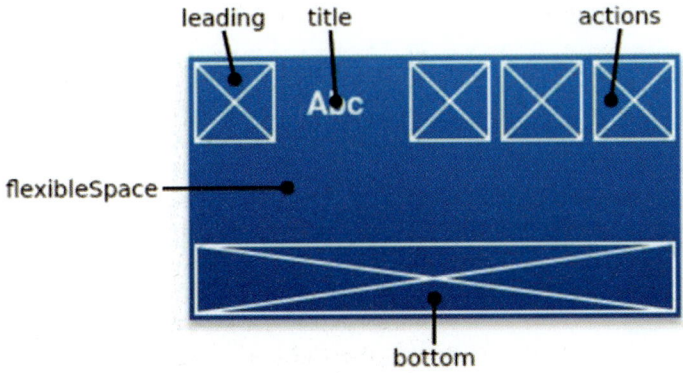

◆ AppBar 위젯 구조

(2) Icon 위젯

Icon 위젯은 Icon을 표시해주는 위젯입니다. MaterialIcon 혹은 CupertinoIcon 중 원하는 Icon을 사용할 수 있습니다. 플러터가 제공하는 기본 Icon이 아닌 다른 Icon을 사용하길 원한다면 https://pub.dev에서 원하는 Icon 라이브러리를 활용할 수 있습니다.

```dart
// lib/pages/recipe_page.dart
import 'package:flutter/cupertino.dart';
//...생략

  AppBar _buildRecipeAppBar() {
    return AppBar(
      backgroundColor: Colors.white, // AppBar 배경색
      elevation: 1.0, // AppBar의 그림자 효과 조정
      actions: [
        Icon(
          CupertinoIcons.search, // 쿠퍼티노 아이콘 사용
          color: Colors.black,
        ),
        SizedBox(width: 15),
        Icon(
          CupertinoIcons.heart,
          color: Colors.redAccent,
        ),
        SizedBox(width: 15),
      ],
    ); // end of AppBar
  }
}
```

RecipeTitle 커스텀 위젯 만들기

◆ 완성 화면

---
lib/components/recipe_title.dart

```dart
import 'package:flutter/material.dart';

class RecipeTitle extends StatelessWidget {
  @override
  Widget build(BuildContext context) {
    return Padding(
      padding: const EdgeInsets.only(top: 20),
      child: Text(
        "Recipes",
        style: TextStyle(fontSize: 30),
      ),
    ); // end of Padding
  }
}
```

Theme에 Font 적용하기

◆ 완성 화면

테마는 전체적으로 앱의 모양과 느낌을 가지고 있습니다. 테마에 Font를 적용하여 앱의 전반적인 글자체를 변경해보겠습니다.

```
lib/main.dart
```

```dart
//...생략
class MyApp extends StatelessWidget {
  @override
  Widget build(BuildContext context) {
    return MaterialApp(
      debugShowCheckedModeBanner: false,
      theme: ThemeData(fontFamily: "PatuaOne"),
      home: RecipePage(),
    );
  }
}
```

> **TIP**
>
> fontFamily 속성에 들어가는 값은 pubspec.yaml
> fonts:
>   – family : "PatuaOne"
> 부분에 작성된 값 "PatuaOne"을 사용하면 됩니다. 이 값은 고정된 값이 아닌 사용자가 정의할 수 있는 임의의 문자열입니다.

❝ 폰트가 적용되지 않는다면 앱을 종료시키고 다시 실행시켜주세요.

Container 위젯을 활용한 RecipeMenu 커스텀 위젯 만들기

(1) Container 위젯 정의

Container 위젯은 빈 박스 위젯입니다. SizedBox 위젯과 차이점이 있다면 Container는 내부에 decoration 속성이 있어서 박스에 색상을 입히거나 박스의 모양을 바꾼다거나 테두리 선을 줄 수 있습니다. SizedBox 위젯은 보통 마진(Margin)을 줘야할 때 사용합니다.

◆ 완성 화면

Container 위젯 내부에 Icon 위젯과 Text 위젯이 있습니다. 구조는 다음과 같이 됩니다.

```
Container
  - Column
      - Icon
      - Text
```

(2) Container 위젯 특징 (중요)

첫째, 자식이 없는 Container는 가능한 한 박스를 크게 만들려고 합니다.

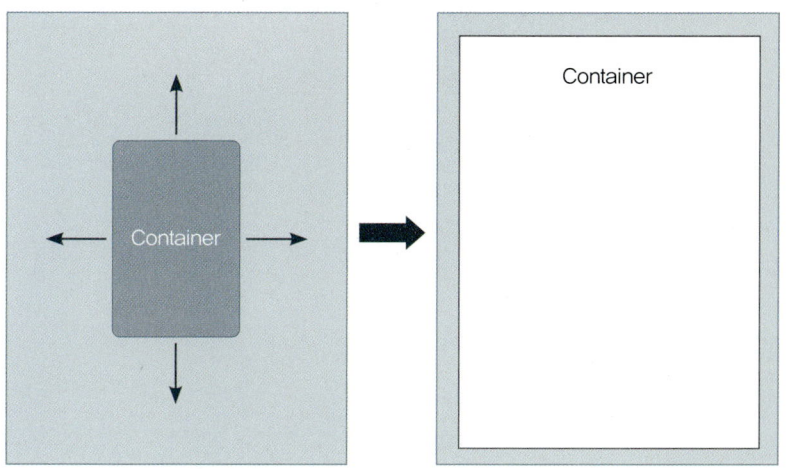

◆ Container 위젯의 독특한 성질 – 늘어난다

둘째, 자식이 있는 Container는 자식의 크기에 맞게 조정 됩니다.

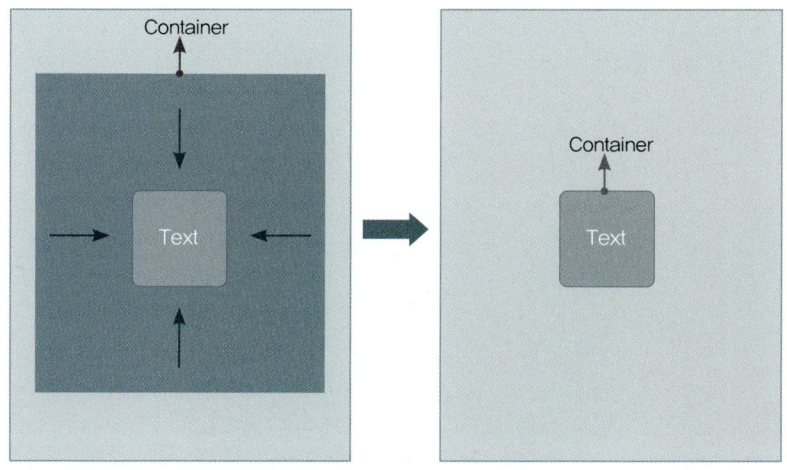

◆ Container 위젯의 독특한 성질 – 줄어든다

lib/components/recipe_menu.dart

```dart
import 'package:flutter/material.dart';

class RecipeMenu extends StatelessWidget {
  @override
  Widget build(BuildContext context) {
    return Padding(
      padding: const EdgeInsets.only(top: 20),
      child: Row( // 1. 메뉴 아이템들의 방향이 수평 방향이기 때문!
        children: [
          _buildMenuItem(Icons.food_bank, "ALL"), // 2. 재사용
          SizedBox(width: 25),
          _buildMenuItem(Icons.emoji_food_beverage, "Coffee"), // 3. 재사용
          SizedBox(width: 25),
          _buildMenuItem(Icons.fastfood, "Burger"), // 4. 재사용
          SizedBox(width: 25),
          _buildMenuItem(Icons.local_pizza, "Pizza"), // 5. 재사용
        ],
      ),
    ); // end of Padding
  }

  // 6. 재사용할 수 있는 함수로 만든다.
  // 7. Widget은 모든 위젯의 부모이기 때문에 함수 리턴 타입은 Widget으로 하는 것이 좋다.
  Widget _buildMenuItem(IconData mIcon, String text) {
    return Container(
      width: 60,
      height: 80,
      decoration: BoxDecoration(
        borderRadius: BorderRadius.circular(30),
        border: Border.all(color: Colors.black12),
      ),
      child: Column(
        mainAxisAlignment: MainAxisAlignment.center,
        children: [
          Icon(mIcon, color: Colors.redAccent, size: 30),
          SizedBox(height: 5),
          Text(
            text,
            style: TextStyle(color: Colors.black87),
          ),
        ],
      ),
    );
  } // end of _buildMenuItem
}
```

재사용 가능한 레시피 리스트 아이템 만들기 - 클래스 생성자 활용

◆ 완성 화면

RecipeListItem 객체를 만들 때 생성자에서 imageName, title 값을 초기화할 수 있습니다. 이를 통해 같은 디자인이지만 데이터는 다르게 화면을 구현할 수 있습니다. 위 화면에는 하나의 문제가 있습니다. RecipeListItem 3개를 화면에 출력하려고 하니 핸드폰 화면을 넘어가는 overflow 문제가 발생하게 됩니다. 다음 절에서 ListView 위젯을 통해 해결하도록 하겠습니다.

```
lib/components/recipe_list_item.dart

import 'package:flutter/material.dart';

class RecipeListItem extends StatelessWidget {
  final String imageName;
  final String title;

  const RecipeListItem(this.imageName, this.title);

  @override
  Widget build(BuildContext context) {
    return Padding(
      padding: const EdgeInsets.symmetric(vertical: 20),
      child: Column(
        crossAxisAlignment: CrossAxisAlignment.start,
```

```
        children: [
          Image.asset(
            "assets/images/$imageName.jpeg",
            fit: BoxFit.cover,
          ),
          SizedBox(height: 10),
          Text(
            title,
            style: TextStyle(fontSize: 20),
          ),
          Text(
            "Have you ever made your own $title? Once you've tried a homemade $title, you'll never go back.",
            style: TextStyle(color: Colors.grey, fontSize: 12),
          ),
        ],
      ),
    ); // end of Padding
  }
}
```

> 문자열 안에 $를 사용하면 변수를 사용할 수 있습니다.

ListView 위젯을 활용하여 세로 스크롤 달기

◆ 완성 화면

ListView는 가장 일반적으로 사용되는 스크롤 위젯입니다. 스크롤 방향으로 자식을 차례로 표시합니다. ListView를 사용하여 가로축으로 스크롤을 할 수 있고, 세로축으로 스크롤할 수 있습니다. Column을 ListView로 변경하고 crossAxisAlignment 속성을 제거합니다. ListView의 자식들의 기본 정렬은 왼쪽 정렬입니다.

```
class RecipePage extends StatelessWidget {
  @override
  Widget build(BuildContext context) {
    return Scaffold(
      backgroundColor: Colors.white,
      appBar: _buildRecipeAppBar(),
      body: Padding(
        padding: const EdgeInsets.symmetric(horizontal: 20),
        child: Column(
          crossAxisAlignment: CrossAxisAlignment.start,
          children: [
            RecipeTitle(),
            RecipeMenu(),
            RecipeListItem("coffee", "Made Coffee"),
            RecipeListItem("burger", "Made Burger"),
            RecipeListItem("pizza", "Made Pizza"),
```

```
class RecipePage extends StatelessWidget {
  @override
  Widget build(BuildContext context) {
    return Scaffold(
      backgroundColor: Colors.white,
      appBar: _buildRecipeAppBar(),
      body: Padding(
        padding: const EdgeInsets.symmetric(horizontal: 20),
        child: ListView(
          children: [
            RecipeTitle(),
            RecipeMenu(),
            RecipeListItem("coffee", "Made Coffee"),
            RecipeListItem("burger", "Made Burger"),
            RecipeListItem("pizza", "Made Pizza"),
```

◆ Column 위젯을 ListView로 변경하는 법

lib/pages/recipe_page.dart

```dart
//...생략
class RecipePage extends StatelessWidget {
  @override
  Widget build(BuildContext context) {
    return Scaffold(
      backgroundColor: Colors.white,
      appBar: _buildRecipeAppBar(),
      body: Padding(
        padding: const EdgeInsets.symmetric(horizontal: 20),
        child: ListView(
          children: [
            RecipeTitle(),
            RecipeMenu(),
            RecipeListItem("coffee", "Made Coffee"),
            RecipeListItem("burger", "Made Burger"),
            RecipeListItem("pizza", "Made Pizza"),
          ],
        ), // end of ListView
      ),
    );
  }
//...생략
```

AspectRatio로 이미지 비율 정하기

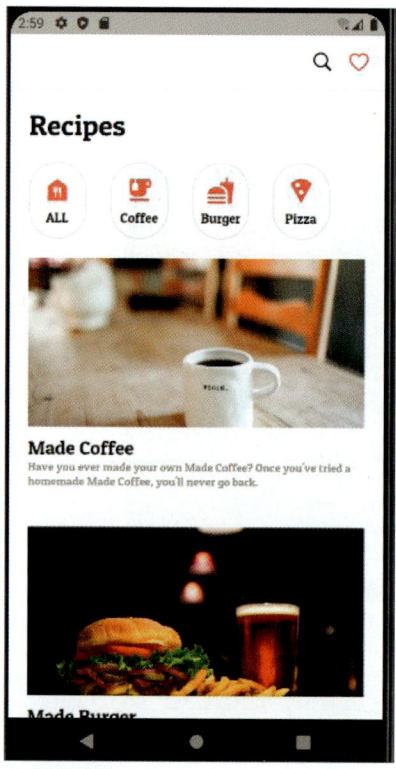

◆ 완성 화면

특정 종횡비로 자식 크기를 조정하는 위젯입니다. 이미지를 화면에 표시할 때는 비율로 표시하는 것이 좋습니다.

AspectRatio 위젯은 먼저 레이아웃 제약에서 허용하는 가장 큰 너비를 시도합니다. 위젯의 높이는 지정된 가로 세로 비율을 너비에 적용하여 결정되며 너비와 높이의 비율로 표현됩니다.

예를 들어 넓이가 300이고 높이가 600인 화면이 있을 때 이미지에 AspectRatio 위젯을 적용하여 비율을 2/1로 주게 되면 넓이 300의 비율이 2가 되기 때문에 높이는 300의 절반인 150이 됩니다.

 Quiz
Q 화면 넓이 450, 높이 1000에서 비율을 3/2를 주게 되면 이미지의 크기는 몇일까요?
A 이미지 넓이 450, 이미지 높이 300

lib/components/recipe_list_item.dart
```
//...생략
AspectRatio(
  aspectRatio: 2 / 1,
  child: Image.asset(
    "assets/images/$imageName.jpeg",
    fit: BoxFit.cover,
  ),
), // end of AspectRatio
//...생략
```

ClipRRect 위젯으로 이미지 모서리에 곡선 주기

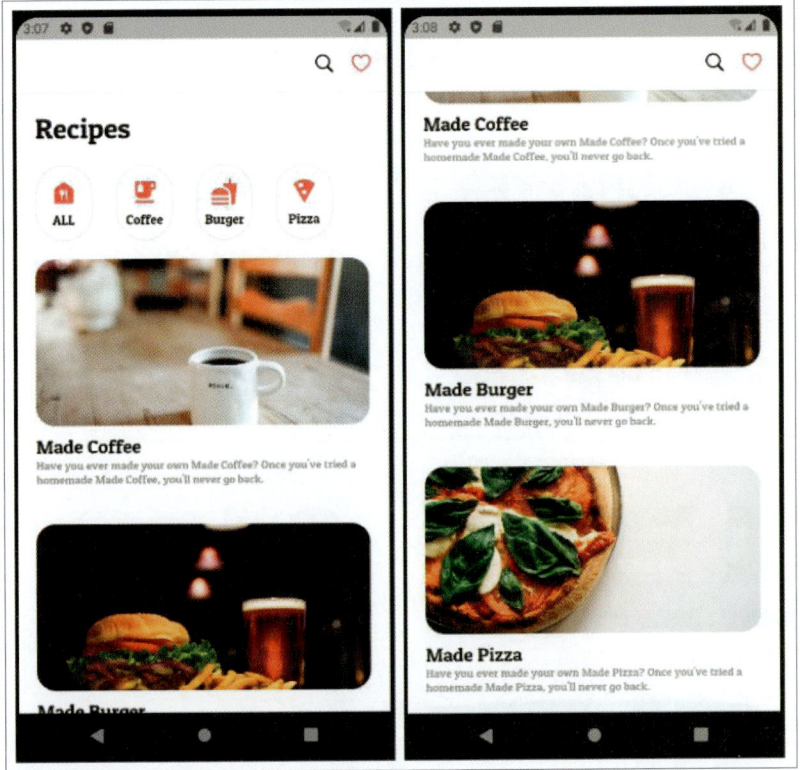

◆ 완성 화면

둥근 사각형을 사용하여 자식을 자르는 위젯입니다. Clip은 자르다는 의미이고, R은 Round의 의미이고 Rect는 사각형의 의미입니다. 사각형을 둥글게 잘라주는 위젯이 ClipRRect 위젯입니다.

위젯에 shape나 decoration 속성이 없다면 ClipRRect을 이용하여 모서리에 곡선을 줄 수 있습니다. Container 위젯 같은 경우는 decoration 속성이 있기 때문에 ClipRRect 위젯을 사용할 필요가 없습니다.

lib/components/recipe_list_item.dart

```
//...생략
AspectRatio(
  aspectRatio: 2 / 1,
  child: ClipRRect(
    borderRadius: BorderRadius.circular(20),
    child: Image.asset(
      "assets/images/$imageName.jpeg",
      fit: BoxFit.cover,
    ),
  ), // end of ClipRRect
),
//...생략
```

CHAPTER
06

프로필 앱 만들기

이번 장에서는 ThemeData 클래스와 TabBar, TabBarView, AppBar, InkWell, GridView, Drawer, Align 위젯과 Image위젯으로 network 이미지를 다운 받아서 화면에 표시하는 방법에 대해서 배워보도록 하겠습니다.

06 _ 1 프로필 앱 구조보기

모든 소스 코드는 다음 깃허브의 링크 주소에 공개되어 있습니다.

- https://github.com/flutter-coder/flutter-book

◆ 프로필 앱 완성 화면

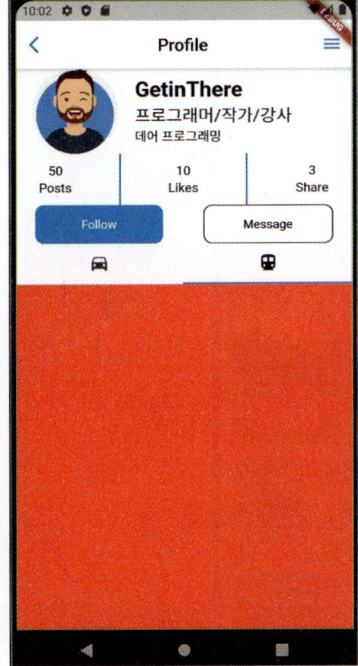
◆ 프로필 앱 완성 화면

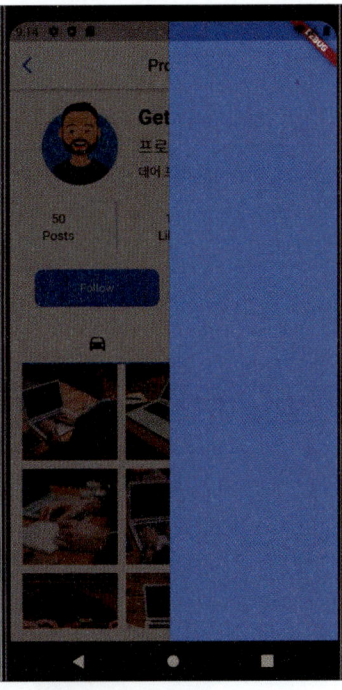
◆ 프로필 앱 완성 화면

화면 구조보기

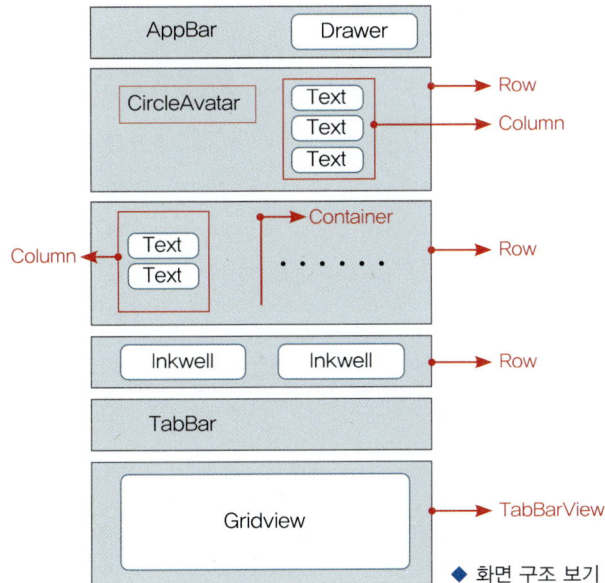
◆ 화면 구조 보기

필요한 위젯 살펴보기

이제 처음에 봤던 프로필 앱에 필요한 위젯을 자세히 살펴보겠습니다. 해당 그림에는 레이아웃에 관련된 Column과 Row 위젯은 가시성을 위해 제외하였습니다.

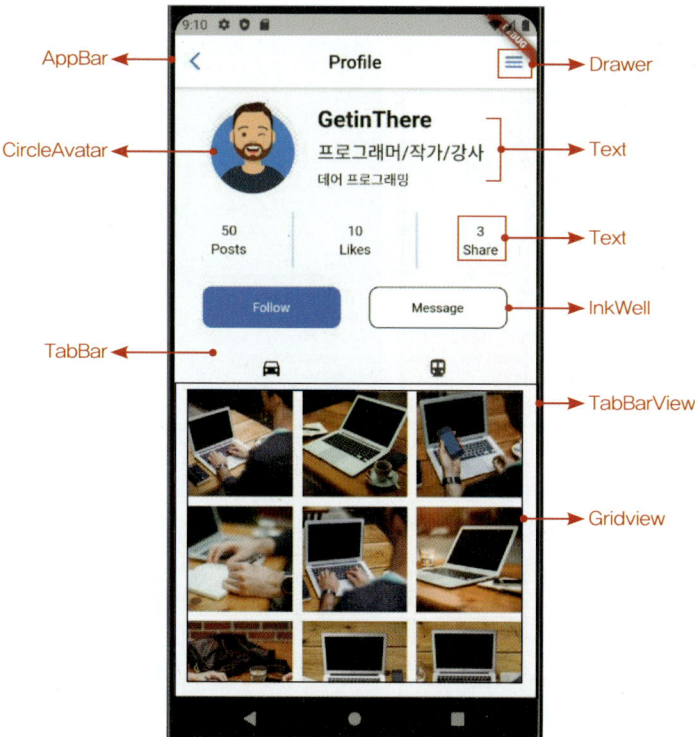

◆ 위젯 살펴보기

플러터 프로젝트 생성하기

프로젝트 이름을 flutter_profile로 설정합니다.

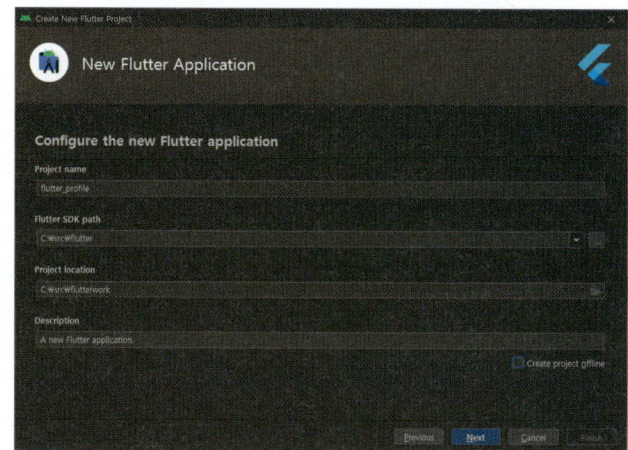

◆ Flutter 프로젝트 설정 화면

06 _ 2 프로필 앱 뼈대 작성하기

프로필 앱을 만들기 위해 기본적인 파일과 패키지를 생성해봅시다.

프로젝트 구조 세팅하기

작업 순서

❶ 프로젝트 최상단에 assets 폴더 생성
❷ lib/components 패키지 생성
❸ lib/theme.dart 파일 생성
❹ lib/components/profile_drawer.dart 파일 생성
❺ lib/components/profile_header.dart 파일 생성
❻ lib/components/profile_count_info.dart 파일 생성
❼ lib/components/profile_buttons.dart 파일 생성
❽ lib/components/profile_tab.dart 파일 생성

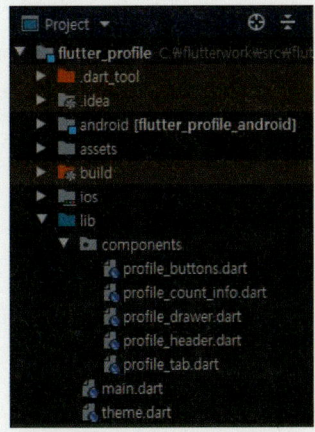

◆ 프로젝트 구조

❾ pubspec.yaml에 assets 폴더 설정 후 우측 상단 [Pub get] 버튼 클릭

◆ assets 설정

❿ assets폴더에 이미지 추가하기

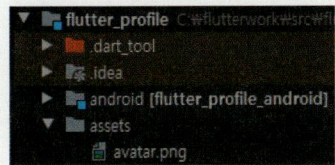

◆ 이미지 추가

기본 코드 작성하기

> **작업 순서**
>
> ❶ lib/theme.dart 코드 작성
> ❷ lib/main.dart 코드 작성
> ❸ lib/components/profile_drawer.dart 코드 작성
> ❹ lib/components/profile_header.dart 코드 작성
> ❺ lib/components/profile_count_info.dart 코드 작성
> ❻ lib/components/profile_buttons.dart 코드 작성
> ❼ lib/components/profile_tab.dart 코드 작성
> ❽ lib/main.dart 코드 완성하기

❶ lib/theme.dart 코드를 작성해 봅니다.

```dart
// lib/theme.dart
import 'package:flutter/material.dart';

const MaterialColor primaryWhite = MaterialColor(
  0xFFFFFFFF,
  <int, Color>{
    50: Color(0xFFFFFFFF),
    100: Color(0xFFFFFFFF),
    200: Color(0xFFFFFFFF),
    300: Color(0xFFFFFFFF),
    400: Color(0xFFFFFFFF),
    500: Color(0xFFFFFFFF),
    600: Color(0xFFFFFFFF),
    700: Color(0xFFFFFFFF),
    800: Color(0xFFFFFFFF),
    900: Color(0xFFFFFFFF),
  },
);

ThemeData theme() {
  return ThemeData(
    primarySwatch: primaryWhite,
    appBarTheme: const AppBarTheme(
      iconTheme: IconThemeData(color: Colors.blue),
    ),
  );
}
```

> **TIP**
>
> ❶ PrimaryColor : PrimaryColor는 브랜드의 아이덴티티를 나타내는 색입니다. 앱에 PrimaryColor는 blue 색상이 기본으로 잡혀 있습니다. primarySwatch 속성에 색상을 white로 변경해주었습니다.
> ❷ AccentColor : AccentColor는 앱의 상호작용 요소에 사용하는 색입니다. 버튼이나 링크, 토글 그리고 스위치, 진행률 표시기 같은 것들의 색상은 AccentColor로 나타냅니다. AccentColor를 다른 말로 하면 SecondaryColor라고 부르기도 합니다.

❷ lib/main.dart 코드를 작성해 봅니다.

```dart
import 'package:flutter/material.dart';
import 'package:flutter_profile/theme.dart';

void main() {
  runApp(const MyApp());
}

class MyApp extends StatelessWidget {
  const MyApp({Key? key}) : super(key: key);

  @override
  Widget build(BuildContext context) {
    return MaterialApp(
      theme: theme(),
      home: ProfilePage(),
    );
  }
}

class ProfilePage extends StatelessWidget {
  const ProfilePage({Key? key}) : super(key: key);

  @override
  Widget build(BuildContext context) {
    return Scaffold(
      // ProfileDrawer() 만들 예정
      // AppBar() 만들 예정
      body: Column(
        children: [
          // ProfileHeader() 만들 예정
          // ProfileCountInfo() 만들 예정
          // ProfileButtons() 만들 예정
          // ProfileTab() 만들 예정
        ],
      ),
    );
  }
}
```

실행을 하면 아래와 같은 화면이 나타납니다.

작업순서 단계가 하나 완성될 때 마다 주석 대신에 컴퍼넌트를 추가해주세요.

예 ProfileDrawer()을 endDrawer : ProfileDrawer()

```
class ProfilePage extends StatelessWidget {
  const ProfilePage({Key? key}) : super(key: key);

  @override
  Widget build(BuildContext context) {
    return Scaffold(
      endDrawer: ProfileDrawer(), // 주석을 컴퍼넌트로 변경한 부분 (AppBar가 완성되어야 Drawer가 화면에 보이게 됩니다)
      // AppBar() 만들 예정
```

❸ lib/components/profile_drawer.dart 코드를 작성해 봅니다.

ProfileDrawer 위젯에서는 넓이가 200인 파란색 Container를 간단히 만들어보겠습니다.

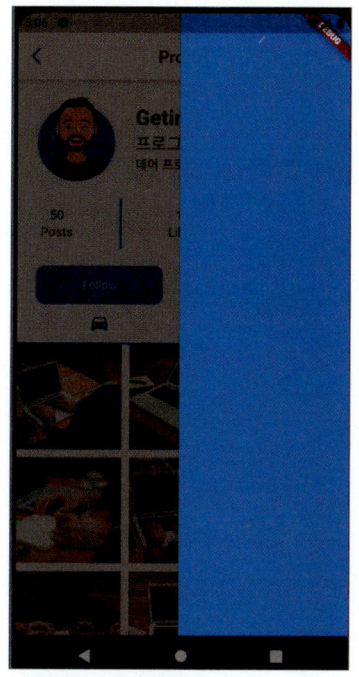

◆ endDrawer 만들기

lib/components/profile_drawer.dart

```dart
import 'package:flutter/material.dart';

class ProfileDrawer extends StatelessWidget {
  @override
  Widget build(BuildContext context) {
    return Container(
      width: 200,
      height: double.infinity,
      color: Colors.blue,
    );
  }
}
```

❝ double.infinity는 해당 위젯이 차지할 수 있는 최대 범위로 확장할 때 사용합니다.

❹ lib/components/profile_header.dart 코드를 작성해 봅니다.

lib/components/profile_header.dart

```dart
import 'package:flutter/material.dart';

class ProfileHeader extends StatelessWidget {
  @override
  Widget build(BuildContext context) {
    return Row(
      children: [
        SizedBox(width: 20),
        _buildHeaderAvatar(),
        SizedBox(width: 20),
        _buildHeaderProfile(),
      ],
    );
  }

  Widget _buildHeaderAvatar() {
    return SizedBox();
  }

  Widget _buildHeaderProfile() {
    return SizedBox();
  }
}
```

❺ lib/components/profile_count_info.dart 코드를 작성해 봅니다.

lib/components/profile_count_info.dart

```dart
import 'package:flutter/material.dart';

class ProfileCountInfo extends StatelessWidget {
  @override
  Widget build(BuildContext context) {
    return Row(
      mainAxisAlignment: MainAxisAlignment.spaceAround,
      children: [
        _buildInfo("50", "Posts"),
        _buildLine(),
        _buildInfo("10", "Likes"),
        _buildLine(),
        _buildInfo("3", "Share"),
      ],
    );
  }

  Widget _buildInfo(String count, String title) {
    return SizedBox();
  }

  Widget _buildLine() {
    return SizedBox();
  }
}
```

❻ lib/components/profile_buttons.dart 코드를 작성해 봅니다.

lib/components/profile_buttons.dart

```dart
import 'package:flutter/material.dart';

class ProfileButtons extends StatelessWidget {
  @override
  Widget build(BuildContext context) {
    return Row(
      mainAxisAlignment: MainAxisAlignment.spaceAround,
      children: [
        _buildFollowButton(),
        _buildMessageButton(),
      ],
    );
  }

  Widget _buildFollowButton() {
    return SizedBox();
  }
```

```
  Widget _buildMessageButton() {
    return SizedBox();
  }
}
```

❼ lib/components/profile_tab.dart 코드를 작성해 봅니다.

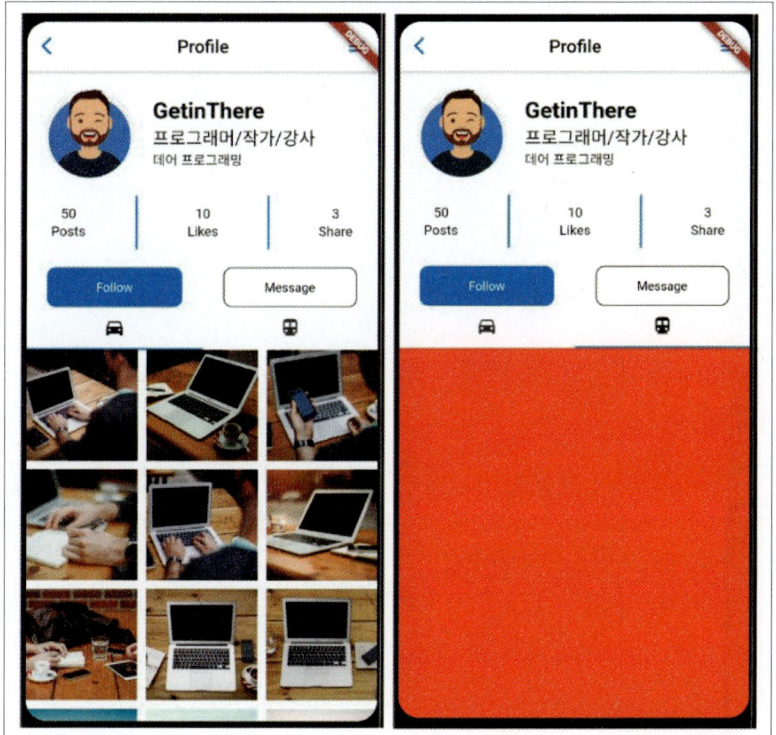

◆ TabBar가 작동하면 화면이 다시 그려진다

앱이 실행되고 난 뒤 사용자의 요청에 의해 그림을 다시 그리기 위해서는 StatefulWidget을 사용해야 합니다. TabBar를 클릭하면 화면이 동적으로 변경되기 때문에 StatefulWidget을 사용해보도록 하겠습니다. StatefulWidget에 대한 자세한 설명은 8장에서 설명합니다.

lib/components/profile_tab.dart

```
import 'package:flutter/material.dart';

// stf 라고 입력하면 자동완성 됨.
class ProfileTab extends StatefulWidget {
  @override
  _ProfileTabState createState() => _ProfileTabState();
}

class _ProfileTabState extends State<ProfileTab> {
```

```
@override
Widget build(BuildContext context) {
  return Column(
    children: [
      _buildTabBar(),
      _buildTabBarView(),
    ],
  );
}

Widget _buildTabBar() {
  return SizedBox();
}

Widget _buildTabBarView() {
  return SizedBox();
}
```

❽ lib/main.dart 코드를 완성해 봅니다.

실행을 하면 빈 화면이 나타납니다.

◆ 기본 코드가 완성된 화면

lib/main.dart

```dart
lib/main.dart
import 'package:flutter/material.dart';
import 'package:flutter_profile/components/profile_buttons.dart';
import 'package:flutter_profile/components/profile_count_info.dart';
import 'package:flutter_profile/components/profile_header.dart';
import 'package:flutter_profile/components/profile_tab.dart';
import 'package:flutter_profile/theme.dart';

void main() {
  runApp(MyApp());
}

class MyApp extends StatelessWidget {
  @override
  Widget build(BuildContext context) {
    return MaterialApp(
      theme: theme(),
      home: ProfilePage(),
    );
  }
}

class ProfilePage extends StatelessWidget {
  @override
  Widget build(BuildContext context) {
    return Scaffold(
      body: Column(
        children: [
          SizedBox(height: 20),
          ProfileHeader(),
          SizedBox(height: 20),
          ProfileCountInfo(),
          SizedBox(height: 20),
          ProfileButtons(),
          // 남아 있는 세로 공간을 모두 차지하기 위해 Expanded를 준다.
          Expanded(child: ProfileTab()),
        ],
      ),
    );
  }

  AppBar _buildProfileAppBar() {
    return AppBar();
  }
}
```

06 _ 3 프로필 앱 위젯 구성하기

> 작업 순서

❶ AppBar 위젯과 Scaffold의 endDrawer 속성 활용하기
❷ CircleAvatar 위젯
❸ Column 위젯의 crossAxisAlignment 속성 활용하기
❹ 재사용 가능한 함수 만들기
❺ InkWell 위젯을 사용하여 ProfileButtons 클래스 만들기
❻ TabBar 위젯과 TabBarView 위젯 사용하기
❼ GridView 위젯과 Image.network

AppBar 위젯과 Scaffold의 endDrawer 속성 활용하기

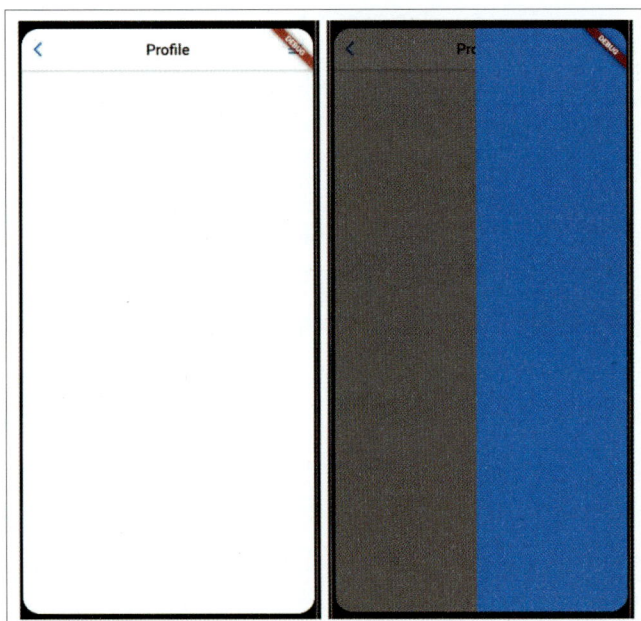

◆ 완성 화면

❶ **AppBar 위젯**

AppBar는 현재 화면의 title, leading, action 영역을 포함하고 있는 막대 모양의 위젯입니다. leading 속성을 활용하면 AppBar의 왼쪽 상단 부분에 위젯을 추가할 수 있습니다.

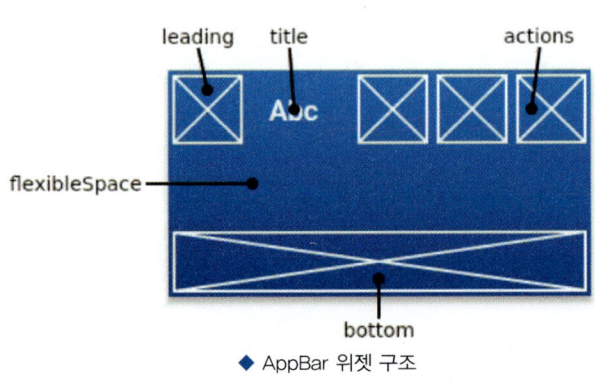

◆ AppBar 위젯 구조

❷ Scaffold의 endDrawer 속성

앱에서 탐색 링크(Navigation)를 표시하기 위해 Scaffold의 가장자리(왼쪽, 오른쪽)에서 수평으로 슬라이드 하는 위젯입니다

lib/main.dart 코드를 수정하여 appbar와 endDrawer를 연결한 뒤 앱을 재실행해봅니다.

```
lib/main.dart
```

```dart
//...생략
class ProfilePage extends StatelessWidget {
  @override
  Widget build(BuildContext context) {
    return Scaffold(
      endDrawer: ProfileDrawer(),
      appBar: _buildProfileAppBar(),
      body: Column(
        //...생략

AppBar _buildProfileAppBar() {
  return AppBar(
    leading: Icon(Icons.arrow_back_ios),
    title: Text("Profile"),
    centerTitle: true,
  );
}
//...생략
```

> ❝ Scaffold 속성에서 왼쪽에서 오른쪽으로 슬라이드 하는 Drawer를 만들기 위해서는 drawer 속성을 사용하고 오른쪽에서 왼쪽으로 슬라이드 하는 Drawer를 만들기 위해서는 endDrawer 속성을 사용합니다. 우리는 endDrawer 속성을 사용합니다.

CircleAvatar 위젯

CircleAvatar 위젯은 이미지를 둥글게 만들어주는 위젯입니다.

◆ 완성 화면

_buildHeaderAvatar() 함수를 코딩할 때 CircleAvatar를 먼저 만든 다음 CircleAvatar 위젯에 커서를 두고 Alt+Enter 키를 입력하여 SizedBox 위젯으로 감싸면 툴에 도움을 받아서 편하게 코딩할 수 있습니다.

◆ 매직키를 이용하여 SizedBox로 감싸기

lib/components/profile_header.dart

```
//...생략
Widget _buildHeaderAvatar() {
  return SizedBox(
    width: 100,
    height: 100,
    child: CircleAvatar(
      backgroundImage: AssetImage("assets/avatar.png"),
    ),
  ); // end of SizedBox
}
//...생략
```

> width, height 속성이 없는 위젯의 크기를 설정하려면 SizedBox 위젯으로 감싸서 크기를 지정할 수 있습니다.

TIP 위젯을 둥글게 만드는 법

첫째, Container 위젯을 사용하여 decoration 속성을 사용해서 Container를 동그랗게 만들고 그 안에 Image 위젯을 child로 추가하는 방법입니다.
둘째, Image 위젯을 만들고 ClipOver 위젯으로 감싸서 이미지를 동그랗게 만드는 방법입니다.
셋째, CircleAvatar 위젯을 사용하여 이미지를 동그랗게 만드는 방법입니다.

세 가지 방법 중 무엇을 사용하든 내가 원하는 결과를 만들 수 있습니다. 하지만 가장 간단한 방법은 CircleAvatar 위젯을 사용하는 것입니다.

Column 위젯의 CrossAxisAligment 속성 활용하기

◆ 완성 화면

Column위젯은 여러 자식 위젯들을 가질 수 있습니다. Column위젯의 특징은 가장 width가 넓은 자식의 크기에 따라 넓이가 결정되며 기본 가로 방향 정렬은 center입니다.

꼭 알아야 할 속성이 있는데 Column의 자식들은 세로로 배치가 되기 때문에 mainAxis(주축)이 세로 방향이며, crossAxis(반대축)이 가로 방향입니다.

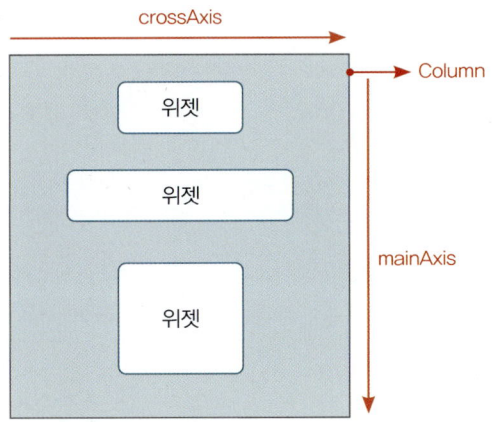

◆ MainAxis와 CrossAxis

lib/components/profile_header.dart

```dart
//...생략
Widget _buildHeaderProfile() {
  return Column(
    crossAxisAlignment: CrossAxisAlignment.start,
    children: [
      Text(
        "GetinThere",
        style: TextStyle(
          fontSize: 25,
          fontWeight: FontWeight.w700,
        ),
      ),
      Text(
        "프로그래머/작가/강사",
        style: TextStyle(
          fontSize: 20,
        ),
      ),
      Text(
        "데어 프로그래밍",
        style: TextStyle(
          fontSize: 15,
        ),
      ),
    ],
  ); // end of Column
}
//...생략
```

TIP

center는 가운데 정렬
start는 주로 왼쪽 정렬
end는 주로 오른쪽 정렬
spaceBetween은 2개 이상의 위젯이 있을 때 양 끝 정렬
spaceAround는 2개 이상의 위젯이 있을 때 각 위젯들이 양 옆으로 적당한 공간을 확보

재사용 가능한 함수 만들기

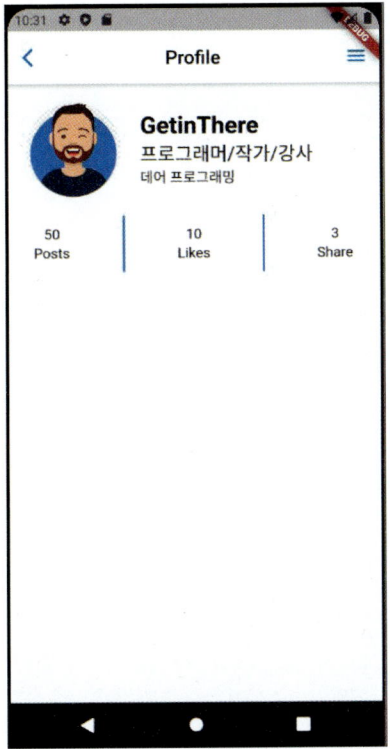

◆ 완성 화면

위 그림을 보면 50 Posts, 10 Likes, 3 Share 부분의 디자인이 동일한데 Text만 다른 것을 확인할 수 있습니다. 그리고 파란색 선도 두 군데서 동일하게 사용되고 있습니다. 이럴 때는 재사용 가능한 함수로 만드는 것이 좋습니다.

```dart
// lib/components/profile_count_info.dart
//...생략
Widget _buildInfo(String count, String title) {
  return Column(
    children: [
      Text(
        count, // 변수 바인딩
        style: TextStyle(fontSize: 15),
      ),
      SizedBox(height: 2),
      Text(
        title, // 변수 바인딩
        style: TextStyle(fontSize: 15),
      ),
    ],
  ); // end of Column
}
```

```
Widget _buildLine() {
  return Container(width: 2, height: 60, color: Colors.blue); // end of Container
}
//...생략
```

InkWell 위젯을 사용하여 ProfileButtons 클래스 만들기

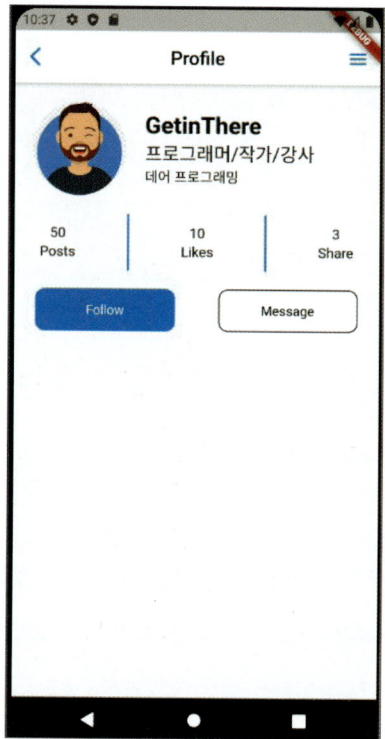

◆ 6.3.5 완성 화면

InkWell 위젯은 모든 위젯을 버튼화 시켜주는 위젯입니다. 문서에는 터치에 반응하는 Material(물질, 재료)의 직사각형 영역이라고 나와 있습니다.

플러터에서 버튼을 만들기 위한 방법이 대표적으로 4가지가 있습니다.

❶ TextButton 위젯으로 구현하기
❷ ElevatedButton 위젯으로 구현하기
❸ OutlinedButton 위젯으로 구현하기
❹ InkWell 위젯으로 구현하기

TextButton의 특징은 버튼 자체에 아무런 디자인이 없습니다. 그냥 Text를 클릭할 수 있게 만들어주는 효과만 가지고 있습니다.

ElevatedButton의 특징은 버튼 자체에 디자인이 생깁니다. 대표적으로 elevation 효과가 적용되는데 버튼 오른쪽과 아래쪽 부분에 그림자 효과가 생기게 되어 약간 떠올라 있는 느낌을 가지게 해줍니다.

OutlinedButton의 특징은 가장 자리에 테두리 선을 가지고 있습니다.

◆ Flutter 버튼 종류

InkWell 위젯의 특징은 모든 위젯을 버튼으로 만들 수 있다는 것입니다. 보통 Container로 디자인한 뒤 InkWell 위젯으로 감싸는데 개인적으로 이 방법을 가장 선호합니다. 왜냐하면 버튼 디자인을 가장 자유롭게 할 수 있기 때문입니다.

```dart
// lib/components/profile_button.dart
import 'package:flutter/material.dart';

class ProfileButtons extends StatelessWidget {
  @override
  Widget build(BuildContext context) {
    return Row(
      mainAxisAlignment: MainAxisAlignment.spaceAround,
      children: [
        _buildFollowButton(),
        _buildMessageButton(),
      ],
    );
  }

  Widget _buildFollowButton() {
    return InkWell(
      onTap: () {
        print("Follow 버튼 클릭됨");
      },
      child: Container(
        alignment: Alignment.center, // 컨테이너 내부 Text 위젯 정렬시 사용
        width: 150,
        height: 45,
        child: Text(
          "Follow",
          style: TextStyle(color: Colors.white),
        ),
        decoration: BoxDecoration(
          color: Colors.blue,
          borderRadius: BorderRadius.circular(10), // 컨테이너 모서리를 둥글게 한다.
```

```
      ),
    ),
  ); // end of InkWell
}

Widget _buildMessageButton() {
  return InkWell(
    onTap: () {
      print("Message 버튼 클릭됨");
    },
    child: Container(
      alignment: Alignment.center,
      width: 150,
      height: 45,
      child: Text(
        "Message",
        style: TextStyle(color: Colors.black),
      ),
      decoration: BoxDecoration(
        color: Colors.white,
        borderRadius: BorderRadius.circular(10),
        border: Border.all(), // 컨테이너에 테두리 선을 준다.
      ),
    ),
  ); // end of InkWell
}
```

TabBar 위젯과 TabBarView 위젯 사용하기

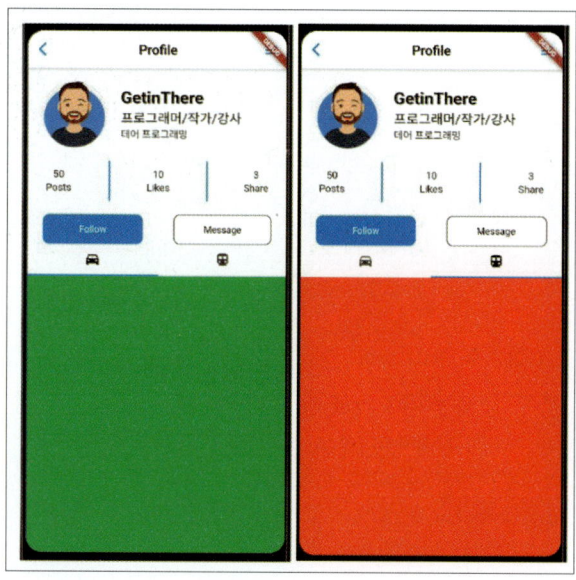

◆ 완성 화면

❶ TabBar

탭의 가로 행을 표시하는 머티리얼 디자인 위젯입니다.

❷ TabBarView

현재 선택된 탭에 해당하는 화면 표시하는 위젯입니다. TabBar 위젯과 TabBarView 위젯의 controller 속성에 TabController 객체를 연결하면 TabBarView가 선택된 Tab에 따라 화면을 변경하게 됩니다.

❸ SingleTicketProviderStateMixin

SingleTicketProviderStateMixin은 한 개의 애니메이션을 가진 위젯을 정의할 때 사용합니다. 두 개 이상의 애니메이션을 가진 위젯을 정의하려면 TickerProviderStateMixin을 사용해야 합니다.

[기본 개념] -> 이것만 이해하셔도 됩니다

SingleTicketProviderStateMixin은 Mixin 타입입니다. Mixin은 클래스가 가지고 있는 코드를 재사용하기 위해서 만들어졌습니다. 보통 프로그래밍 언어는 다중 상속이 불가능합니다. ProfileTabState 클래스는 State<ProfileTab> 클래스를 상속하고 있기 때문에 다른 클래스를 상속할 수 없지만 SingleTicketProviderStateMixin은 mixin 타입이기 때문에 상속이 가능합니다. 이때는 extends를 사용하지 않고 with 키워드를 사용해야 합니다.

[깊은 개념] -> 어려우니 넘어가셔도 됩니다

프로그래밍 언어에서 상속을 사용하는 주된 이유는 재사용 보다는 타입을 일치시키거나 함수를 Overriding(재정의) 하는데 있습니다. 재사용하기 위해서는 Composition(결합)을 하면 됩니다. 여기서 다형성이라는 개념이 나오게 되는데 다형성이란 여러 가지 형태를 가질 수 있다는 뜻입니다. 예를 들어 사자는 사자이기도 하지만 동물이기도 합니다. 동물은 추상적인 개념이지만 사자는 실재하는 존재입니다. 여기서 사자를 자식이라고 하고 동물을 부모라고 합니다. 그 이유는 동물은 사자뿐 만 아니라 토끼, 기린, 코끼리 등 다양한 것들을 아우를 수 있는 더 큰 개념이기 때문입니다.

사자가 동물을 상속하였는데 사자가 추가적으로 식물을 상속할 수 없습니다. 부모가 두 명이 되는 순간 타입의 일치성이 사라지고 다형성의 개념이 모호해집니다. 하지만 프로그래밍을 하다 보면 다중 상속이 필요한 경우가 생기게 됩니다. 이때는 보통 인터페이스를 사용하여 타입을 일치시키고 행동(함수)을 강제시킵니다. 하지만 인터페이스는 함수를 재사용하는 것에 목적이 있는 것이 아닙니다. 타입을 일치시키면서 부모 클래스의 변수나 함수를 재사용하기 위해서 탄생한 것이 바로 Mixin 입니다.

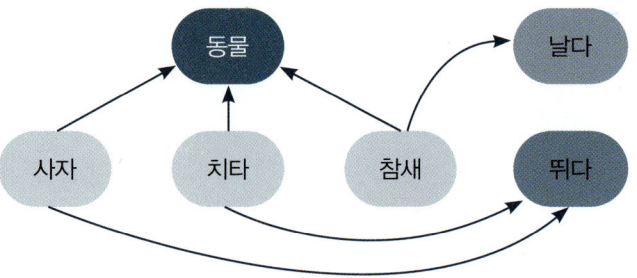

◆ Mixin 이해해보기

TIP

Mixin (is-A 관계)
- 사자는 동물이면서 뛰다이다. 참새는 동물이면서 날다이다.

Composition (has-A 관계)
- 사자는 동물이며 뛰다 기능을 가졌다. 참새는 동물이면서 날다 기능을 가졌다.

타입 일치
- 프로그래밍에서 타입을 일치시키게 되면 런타임 시 동적으로 다른 행동을 할 수 있는 프로그램을 짤 수 있습니다.

---

lib/components/profile_tab.dart

```dart
import 'package:flutter/material.dart';

class ProfileTab extends StatefulWidget {
  @override
  _ProfileTabState createState() => _ProfileTabState();
}

class _ProfileTabState extends State<ProfileTab> with SingleTickerProviderStateMixin {
  TabController? _tabController;

  @override
  void initState() {
    super.initState();
    _tabController = new TabController(length: 2, vsync: this);
  }

  @override
  Widget build(BuildContext context) {
    return Column(
      children: [
        _buildTabBar(),
        Expanded(child: _buildTabBarView()), // end of Expanded
```

```
      ],
    );
  }

  Widget _buildTabBar() {
    return TabBar(
      controller: _tabController,
      tabs: [
        Tab(icon: Icon(Icons.directions_car)),
        Tab(icon: Icon(Icons.directions_transit)),
      ],
    ); // end of TabBar
  }

  Widget _buildTabBarView() {
    return TabBarView(
      controller: _tabController,
      children: [
        Container(color: Colors.green),
        Container(color: Colors.red),
      ],
    ); // end of TabBarView
  }
}
```

> **TIP**
>
> initState() 함수는 StatefulWidget 에만 존재하는 초기화를 위한 함수입니다. ProfileTab 위젯이 최초에 핸드폰에 그림 그려질 때 단 한 번만 실행되는 함수입니다. 그 뒤에 데이터 변경으로 인해 그림이 다시 그려진다고 하더라도 initState() 함수는 실행되지 않습니다.

> **TIP**
>
> vsync:this는 해당 위젯의 싱크를 SingleTickerProviderStateMixin에 맞춘다는 뜻입니다. SingleTickerProviderStateMixin은 내부적으로 AnimatedController 위젯으로 구현되어 있는데 현재 화면에 상태가 변경되면(Tab을 클릭하면) 애니메이션이 발동되도록 싱크를 맞춘다는 의미입니다.

GridView 위젯과 Image.network

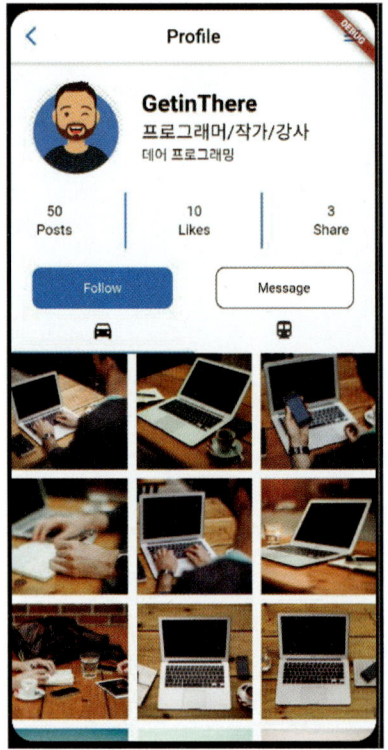

◆ 완성 화면

GridView는 수평방향이나 수직방향으로 고정 수의 위젯을 생성하고 반복해서 List를 출력해주는 위젯입니다. TabBarView의 첫 번째 초록 Container를 GridView.builder로 변경해보겠습니다. GridView에 들어갈 Item의 양이 정해져 있다면 다음과 같이 GridView로 구성할 수 있습니다. 아래에는 GridView에 자식으로 Container가 4개가 들어가 있습니다. 아래 이미지의 코드는 코딩할 필요 없습니다.

◆ 길이가 정해져 있는 GridView 예시   ◆ 길이가 정해져 있는 GridView 코드 실행 화면

하지만 GridView에 들어올 item의 개수가 동적이라면 GridView로 구성할 수 없습니다. 이럴 때는 GridView.builder를 사용해야 합니다.

```dart
// lib/components/profile_tab.dart
class ProfilePage extends StatelessWidget {
  const ProfilePage({Key? key}) : super(key: key);

  @override
  Widget build(BuildContext context) {
    return Scaffold(
      endDrawer: ProfileDrawer(),
      appBar: _buildProfileAppBar(),
      body: Column(
        children: [
          SizedBox(height: 20),
          ProfileHeader(),
          SizedBox(height: 20),
          ProfileCountInfo(),
          SizedBox(height: 20),
          ProfileButtons(),
          Expanded(child: ProfileTab()),
        ],
      ),
    );
  }

  AppBar _buildProfileAppBar() {
    return AppBar();
  }
}
```

Image.network를 사용하면 url 주소를 사용하여 이미지를 다운로드 한 뒤 화면에 표시할 수 있습니다. https://picsum.photos 사이트는 이미지를 무료로 제공해줍니다. 이미지가 필요할 때 유용하게 활용할 수 있는 사이트입니다.

◆ 이미지 다운로드 사이트

CHAPTER

07

로그인 앱 만들기

이번 장에서는 Form 위젯, TextFormField 위젯, Navigator 위젯을 위한 Route, Svg 위젯, 앱 전체 디자인을 위한 Theme 사용법에 대해서 배워보도록 하겠습니다.

07 _ 1 로그인 앱 구조 살펴보기

모든 소스 코드는 https://github.com/flutter-coder/flutter-book에 공개되어 있습니다.

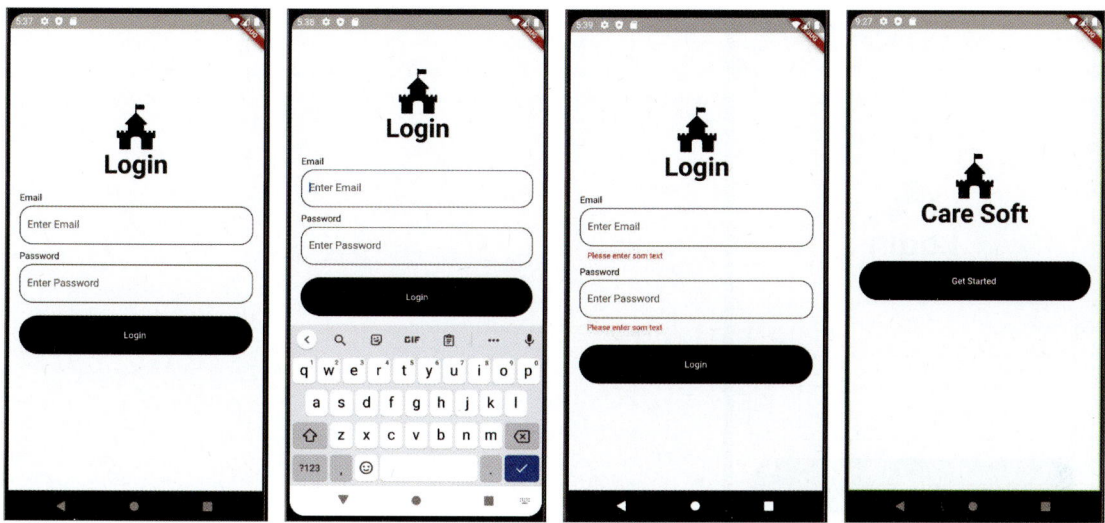

◆ 로그인 앱 완성 화면

화면 구조보기

❶ login 화면

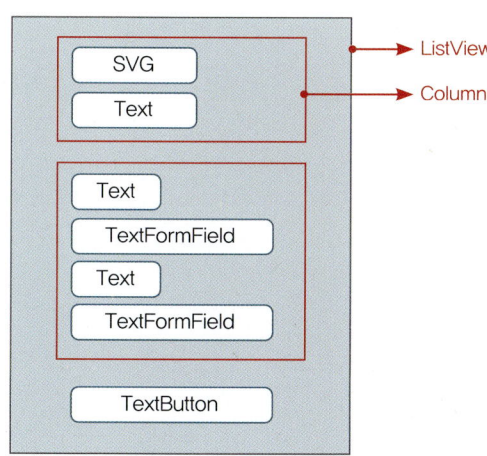

◆ 화면 구조 보기 - 로그인(login) 화면

❷ home 화면

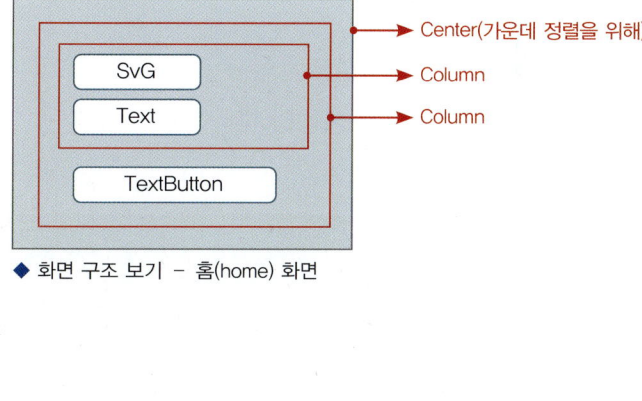

◆ 화면 구조 보기 - 홈(home) 화면

필요한 위젯 살펴보기

이제 처음에 봤던 로그인 앱에 필요한 위젯을 자세히 살펴보겠습니다. 해당 그림에는 레이아웃에 관련된 Column과 Row 위젯은 가시성을 위해 제외하였습니다.

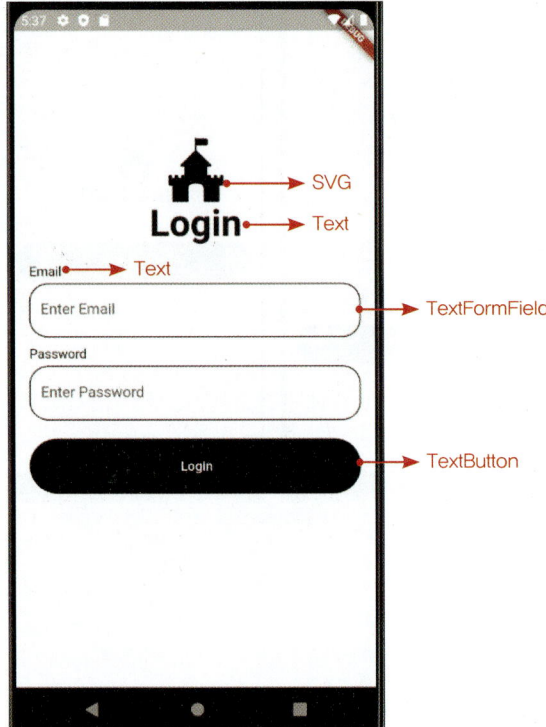

◆ 위젯 살펴보기

플러터 프로젝트 생성하기

프로젝트 이름을 flutter_login 으로 설정합니다.

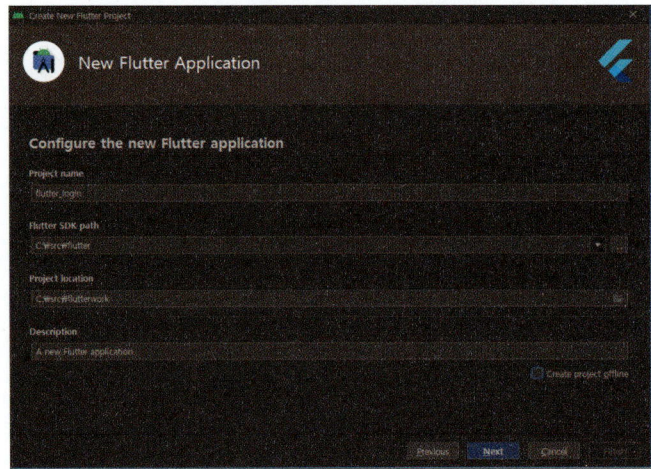

◆ flutter 프로젝트 설정 화면

07 _ 2 로그인 앱 뼈대 작성하기

프로젝트 구조 세팅하기

작업 순서

❶ 프로젝트 최상단에 assets 폴더 생성
❷ lib/components 패키지 생성
❸ lib/pages 패키지 생성
❹ lib/pages/home_page.dart 파일 생성
❺ lib/pages/login_page.dart 파일 생성
❻ lib/size.dart 파일 생성

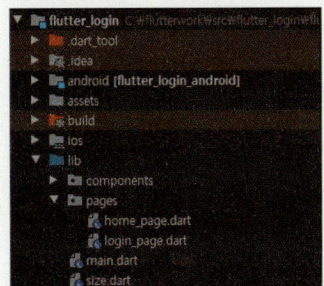

◆ 프로젝트 구조

❼ pubspec.yaml에 assets 폴더 설정 후 우측 상단 [Pub get] 버튼 클릭

```
# To add assets to your application, add an assets section, like this:
assets:
  - assets/
# - images/a_dot_ham.jpeg
```

◆ assets 설정

❽ assets폴더에 logo.svg 추가하기

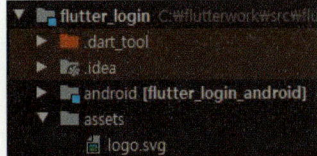

◆ 로고 추가

기본코드 작성하기 - 화면 이동을 위한 Routes

모바일 앱은 종종 많은 수의 경로를 관리하며 이때 이름으로 참조하는 것이 가장 쉽습니다. 규칙에 따라 경로 이름은 경로와 유사한 구조 (예 : '/ a / b / c')를 사용합니다. 이렇게 이름을 만들어서 routing 하는 방식을 명명된 네비게이터 경로 사용법이라고 합니다.

```dart
void main() {
  runApp(MaterialApp(
    home: MyAppHome(), // becomes the route named '/'
    routes: <String, WidgetBuilder> {
      '/a': (BuildContext context) => MyPage(title: 'page A'),
      '/b': (BuildContext context) => MyPage(title: 'page B'),
      '/c': (BuildContext context) => MyPage(title: 'page C'),
    },
  ));
}
```

◆ Routes 사용법

작업 순서

❶ lib/size.dart 코드 작성
❷ lib/pages/login_page.dart 코드 작성
❸ lib/pages/home_page.dart 코드 작성
❹ lib/main.dart 코드 작성

❶ lib/size.dart 코드를 작성해 봅니다.

lib/size.dart

```dart
const double small_gap = 5.0;
const double medium_gap = 10.0;
const double large_gap = 20.0;
const double xlarge_gap = 100.0;
```

TIP

Expanded 위젯이나 Spacer 위젯은 화면의 남은 공간만큼 확장하는 위젯인데 ListView위젯은 남은 공간이 있을까요? ListView는 스크롤이 있는 위젯입니다. 그렇기 때문에 스크롤이 있는 위젯의 최대 높이는 무한입니다. 이런 곳에서는 Expanded나 Spacer 위젯을 사용할 수 없습니다. 그래서 SizedBox를 이용하겠습니다. 적절한 높이를 주기 위해서 값을 무작정 추가하기 보다는 size.dart 라는 파일을 하나 만들어서 값을 정해두고 사용하는 것이 좋습니다.

❷ lib/pages/login_page.dart 코드를 작성해 봅니다.

◆ login_page 임시 화면

lib/pages/login_page.dart
```
class LoginPage extends StatelessWidget {
  @override
  Widget build(BuildContext context) {
    return Scaffold(
      body: Container(
        color: Colors.yellow,
      ),
    );
  }
}
```

❸ home_page.dart 파일을 다음과 같이 만들어 봅니다.

◆ home_page 임시 화면

lib/pages/home_page.dart
```
import 'package:flutter/material.dart';

class HomePage extends StatelessWidget {
  @override
  Widget build(BuildContext context) {
    return Scaffold(
      body: Container(
        color: Colors.red,
      ),
    );
  }
}
```

> 클래스 이름은 LoginPage로 만들지만 파일명은 언더스코어(_) 방식을 사용하여 단어를 구분하며 대문자를 사용하지 않는 것은 flutter 규칙입니다. 해당 규칙을 따르지 않아도 앱을 구성할 수 있지만 코드 컨벤션(코드 스타일 규칙)은 지켜주는 것이 좋습니다.

❹ main.dart 파일을 다음과 같이 만들어 봅니다.

lib/main.dart

```dart
import 'package:flutter/material.dart';
import 'package:flutter_login/pages/home_page.dart';
import 'package:flutter_login/pages/login_page.dart';

void main() {
  runApp(MyApp());
}

class MyApp extends StatelessWidget {
  @override
  Widget build(BuildContext context) {
    return MaterialApp(
      initialRoute: "/login",
      routes: {
        "/login": (context) => LoginPage(),
        "/home": (context) => HomePage(),
      },
    );
  }
}
```

실행을 하면 initialRoute를 "/login"으로 설정했기 때문에 LoginPage가 실행됩니다. 추후에 Navigator 위젯을 사용하여 화면 Login 버튼을 클릭 했을 때 화면을 이동해보도록 할 것입니다.

07 _ 3 LoginPage 위젯 구성하기

작업 순서

❶ 전체 구성을 ListView 위젯으로 전체 구성하기
❷ SvgPicture 라이브러리로 Logo 위젯 만들기 lib/components/logo.dart
❸ TextFormField 위젯 만들기 lib/components/custom_text_form_field.dart
❹ Form 위젯 만들기 lib/components/custom_form.dart
❺ Form 위젯에 Theme를 적용한 TextButton 추가하기
❻ Navigator로 화면 이동하기
❼ Form 위젯 유효성(validation) 검사하기

ListView 위젯으로 전체 구성하기

Column을 사용하지 않고 ListView로 전체화면을 구성하는 이유는 다음과 같습니다.

첫째, 방향이 세로 방향이기 때문에 Column과 ListView 둘 다 사용이 가능합니다.

둘째, TextFormField를 터치하게 되면 아래에서 키보드가 올라오게 되는데 이때 화면에 그림을 그릴 수 없는 영역이 생기게 됩니다. 이 영역을 inset 영역이라고 합니다. inset 영역에는 그림을 그릴 수 없기 때문에 화면에 스크롤이 없으면 그림을 그릴 수 있는 영역이 줄어들어서 overflow 오류가 발생합니다. 그래서 화면에 스크롤에 주어야 합니다.

> 화면에 TextFormField 위젯이 필요하다면 전체화면에 스크롤을 달아주는 것이 좋습니다.

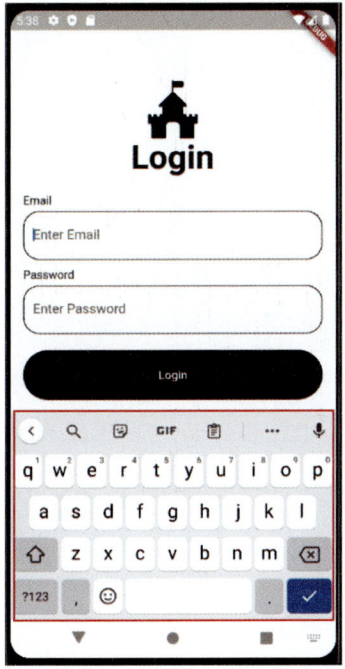

◆ Inset 영역

lib/pages/login_page.dart

```
import 'package:flutter/material.dart';

class LoginPage extends StatelessWidget {
  @override
  Widget build(BuildContext context) {
    return Scaffold(
      body: ListView(
        children: [

        ],
      )
    ); // end of ListView
  }
}
```

SvgPicture 라이브러리로 Logo 위젯 만들기

◆ 완성 화면

SVG란 Vector 이미지입니다. 일반 이미지가 아닌 Vector 이미지를 사용하는 이유는 화면의 크기가 변해도 사진이 깨지지 않습니다. SvgPicture 위젯은 외부 라이브러리입니다. pub.dev 사이트로 가서 flutter_svg를 검색합니다. 플러터 라이브러리 버전은 지속적으로 변경될 수 있으니 참고해주세요.

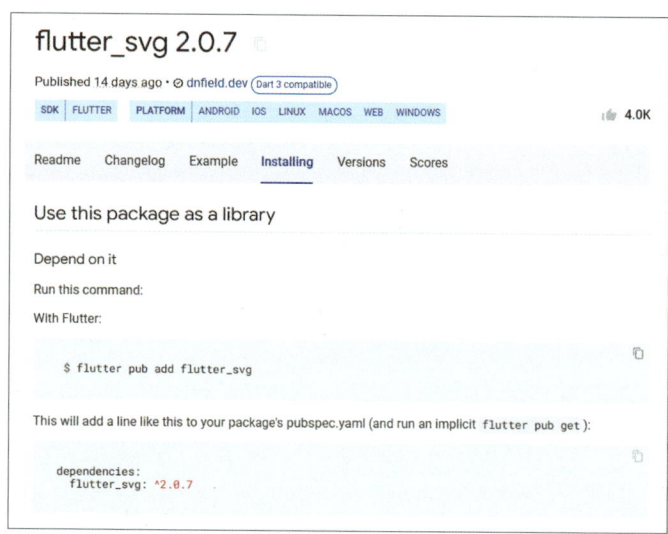

◆ pub.dev 라이브러리 설치하기

pubspec.yaml에 라이브러리를 등록한 뒤 우측 상단에 [Pub get] 버튼을 클릭하여 현재 설정을 반영합니다.

```
environment:
  sdk: '>=3.0.2 <4.0.0'

dependencies:
  flutter:
    sdk: flutter
  flutter_svg: ^2.0.6
```

◆ pubspec.yaml 라이브러리 반영하기

lib/components/logo.dart

```dart
import 'package:flutter/material.dart';
import 'package:flutter_svg/flutter_svg.dart';

class Logo extends StatelessWidget {
  final String title;

  const Logo(this.title);

  @override
  Widget build(BuildContext context) {
    return Column(
      children: [
        SvgPicture.asset(
          "assets/logo.svg",
          height: 70,
          width: 70,
        ),
        Text(
          title,
          style: TextStyle(fontSize: 40, fontWeight: FontWeight.bold),
        ),
      ],
    );
  }
}
```

lib/pages/login_page.dart

```dart
import 'package:flutter/material.dart';
import 'package:flutter_login/components/logo.dart';
import 'package:flutter_login/size.dart';

class LoginPage extends StatelessWidget {
  @override
  Widget build(BuildContext context) {
    return Scaffold(
      body: Padding(
        padding: const EdgeInsets.all(16.0),
        child: ListView(
          children: [
            SizedBox(height: xlarge_gap),
            Logo("Login"),
          ],
        ),
      ), // end of Padding
    );
  }
}
```

TextFormField 위젯 만들기

◆ 완성 컴포넌트 (재사용을 위한 커스텀 위젯)

TextFormField는 TextField와 유사하게 사용자 입력을 받을 수 있는 입력 양식입니다. 다른 점은 validator 속성을 활용하여 유효성 검사를 가능하게 해줍니다.

> 이번 예제는 실행이 불가능합니다. custom_form.dart 파일이 완성되면 실행해봅시다.

lib/components/custom_text_form_field.dart

```dart
import 'package:flutter/material.dart';
import 'package:flutter_login/size.dart';

class CustomTextFormField extends StatelessWidget {
  final String text;
```

```dart
    const CustomTextFormField(this.text);

    @override
    Widget build(BuildContext context) {
      return Column(
        crossAxisAlignment: CrossAxisAlignment.start,
        children: [
          Text(text),
          SizedBox(height: small_gap),
          TextFormField(
            // 1. 느낌표는 null이 절대 아니다 라고 컴파일러에게 알려주는 것
            validator: (value) => value!.isEmpty
                ? "Please enter some text"
                : null, // 1. 값이 없으면 Please enter some text 경고 화면 표시
            obscureText:
                // 2. 해당 TextFormField가 비밀번호 입력 양식이면 **** 처리 해주기
                text == "Password" ? true : false,
            decoration: InputDecoration(
              hintText: "Enter $text",
              enabledBorder: OutlineInputBorder(
                // 3. 기본 TextFormField 디자인
                borderRadius: BorderRadius.circular(20),
              ),
              focusedBorder: OutlineInputBorder(
                // 4. 손가락 터치시 TextFormField 디자인
                borderRadius: BorderRadius.circular(20),
              ),
              errorBorder: OutlineInputBorder(
                // 5. 에러발생시 TextFormField 디자인
                borderRadius: BorderRadius.circular(20),
              ),
              focusedErrorBorder: OutlineInputBorder(
                // 6. 에러가 발생 후 손가락을 터치했을 때 TextFormField 디자인
                borderRadius: BorderRadius.circular(20),
              ),
            ),
          ),
        ],
      );
    }
}
```

Form 위젯 만들기

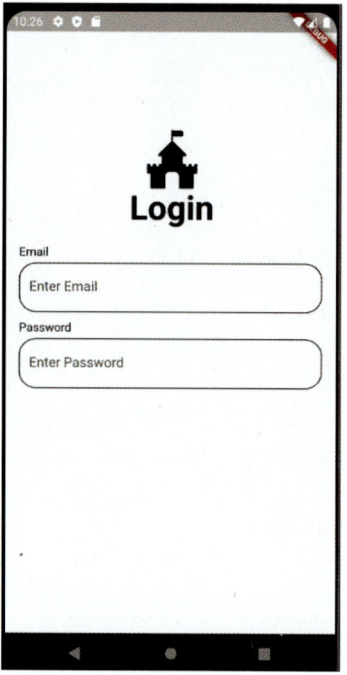

◆완성 화면

Form 위젯은 데이터 전송을 위해 여러 양식의 위젯을 함께 그룹화 해주는 컨테이너 위젯입니다. 사용자 입력을 받을 수 있는 여러 입력 요소들을 감싸서 한 번에 데이터를 전송하게 해주거나, 입력 요소들의 유효성을 검사하는데 사용됩니다. 즉, Form 위젯 안에 TextFormField를 여러 개 추가하여 사용자 입력을 받고 입력 받은 데이터를 한 번에 전송할 수 있습니다.

lib/components/custom_form.dart

```dart
import 'package:flutter/material.dart';
import 'package:flutter_login/components/custom_text_form_field.dart';
import 'package:flutter_login/size.dart';

class CustomForm extends StatelessWidget {
  final _formKey = GlobalKey<FormState>(); // 1. 글로벌 key
  @override
  Widget build(BuildContext context) {
    return Form(
      // 2. 글로벌 key를 Form 태그에 연결하여 해당 key로 Form의 상태를 관리할 수 있다.
      key: _formKey,
      child: Column(
        children: [
          CustomTextFormField("Email"),
```

```
          SizedBox(height: medium_gap),
          CustomTextFormField("Password"),
          SizedBox(height: large_gap),
        ],
      ),
    );
  }
}
```

lib/pages/login_page.dart

```
import 'package:flutter/material.dart';
import 'package:flutter_login/components/custom_form.dart';
import 'package:flutter_login/components/logo.dart';
import 'package:flutter_login/size.dart';

class LoginPage extends StatelessWidget {
  @override
  Widget build(BuildContext context) {
    return Scaffold(
      body: Padding(
        padding: const EdgeInsets.all(16.0),
        child: ListView(
          children: [
            SizedBox(height: xlarge_gap),
            Logo("Login"),
            SizedBox(height: large_gap),
            CustomForm(),
          ],
        ),
      ),
    );
  }
}
```

Form 위젯에 Theme를 적용한 TextButton 추가하기

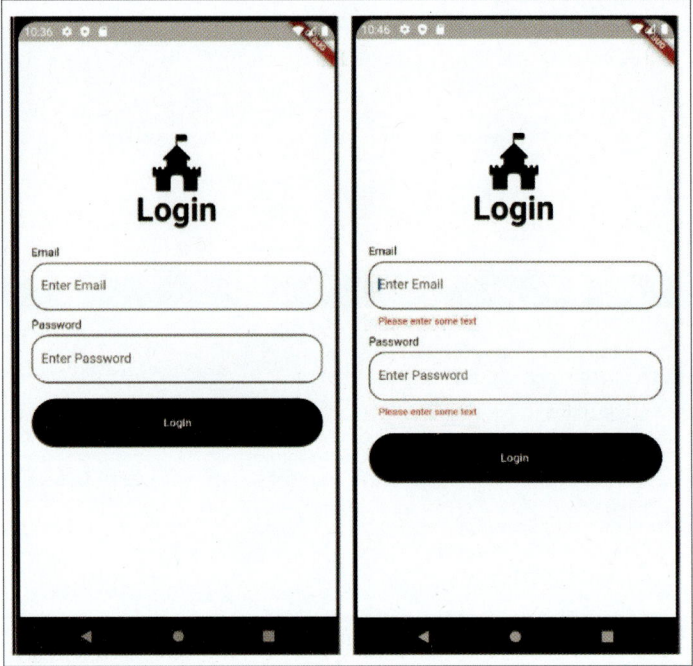

◆ 완성 화면

버튼을 만들려고 하는데 login_page.dart 에 있는 버튼과 home_page.dart에 있는 버튼의 디자인이 똑같습니다.

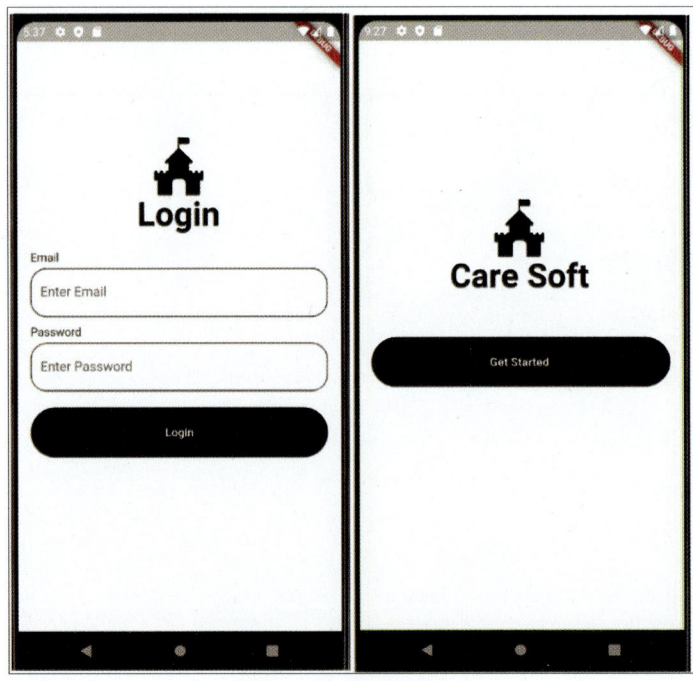

◆ login_page와 home_page의 같은 디자인의 버튼

똑같은 디자인은 재사용 가능한 위젯으로 components 패키지에 생성하여 만들 수 있습니다. 하지만 나의 앱에 모든 TextButton의 디자인이 동일하다면 테마(Theme)를 지정하면 더 쉽게 재사용할 수 있습니다.

lib/main.dart

```dart
//... 생략
class MyApp extends StatelessWidget {
  @override
  Widget build(BuildContext context) {
    return MaterialApp(
      // 테마 설정
      theme: ThemeData(
        textButtonTheme: TextButtonThemeData(
          style: TextButton.styleFrom(
            backgroundColor: Colors.black,
            primary: Colors.white,
            shape: RoundedRectangleBorder(
              borderRadius: BorderRadius.circular(30),
            ),
            minimumSize: Size(400, 60),
          ),
        ),
      ), // end of ThemeData
      initialRoute: "/login",
      routes: {
        "/login": (context) => LoginPage(),
        "/home": (context) => HomePage(),
      },
    );
  }
}
```

lib/components/custom_form.dart

```dart
//... 생략
child: Column(
  children: [
    CustomTextFormField("Email"),
    SizedBox(height: medium_gap),
    CustomTextFormField("Password"),
    SizedBox(height: large_gap),
    TextButton(
      onPressed: () {},
      child: Text("Login"),
    ), // end of TextButton
  ],
),
//... 생략
```

Navigator로 화면 이동하기

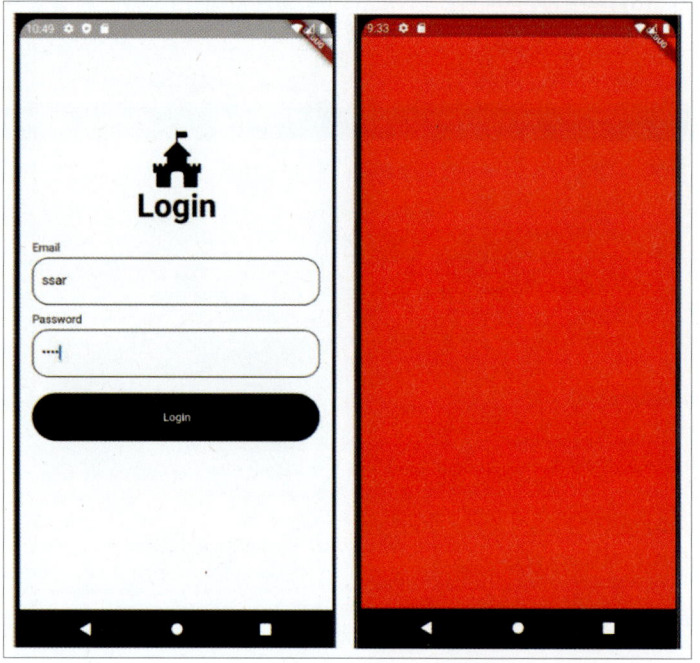

◆ 완성 화면

스택(Stack) 방식을 이용하여 여러 위젯을 관리하는 위젯입니다. 스택이란 책상 위에 책을 쌓아 올리게 되면 가장 먼저 쌓은 책을 꺼내기 위해서는 가장 위에 있는 책부터 다시 꺼내야 됩니다.

첫 번째 책은 LoginPage입니다. 여기서 HomePage로 이동하기 위해서는 첫 번째 책 위에 두 번째 책을 올리기만 하면 새로운 화면이 나타납니다. 이때 다시 첫 번째 화면을 보기 위해서는 두 번째 책을 책상에서 치우기만 하면 됩니다. 책을 쌓아 올리는 키워드를 보통 프로그래밍에서 push 라고 하고 책을 꺼내는 키워드를 pop 이라고 부릅니다.

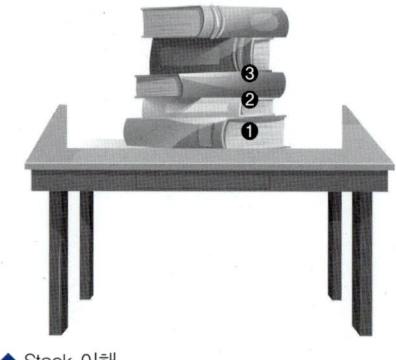

◆ Stack 이해

```
lib/components/custom_form.dart
```

```dart
//... 생략
TextButton(
  onPressed: () {
    Navigator.pushNamed(context, "/home");
  },
  child: Text("Login"),
),
//... 생략
```

위와 같이 코드를 작성한 뒤 Login 버튼을 클릭하면 화면 이동이 가능해집니다.

Form 위젯 유효성(validation) 검사하기

```
lib/components/custom_form.dart
```

```dart
lib/components/custom_form.dart
TextButton(
  onPressed: () {
    if (_formKey.currentState!.validate()) { // 유효성 검사
      Navigator.pushNamed(context, "/home");
    } // end of if
  },
  child: Text("Login"),
),
//...생략
```

Form 위젯 안에 모든 TextFormField의 값이 비어있는지 확인하고 비어있으면 false, 비어있지 않으면 true를 리턴합니다. true가 리턴되면 화면이 이동됩니다.

07 _ 4 HomePage 위젯 구성하기

작업 순서

❶ home_page.dart 코드 완성하기

home_page.dart 코드 완성하기

◆ 완성 화면

lib/pages/home_page.dart

```
import 'package:flutter/material.dart';
import 'package:flutter_login/components/logo.dart';

class HomePage extends StatelessWidget {
  @override
  Widget build(BuildContext context) {
    return Scaffold(
      body: Padding(
        padding: const EdgeInsets.all(16.0),
        child: Column(
          children: [
            SizedBox(height: 200),
```

```
          Logo("Care Soft"),
          SizedBox(height: 50),
          TextButton(
            onPressed: () {
              Navigator.pop(context); // 화면 Stack 제거
            },
            child: Text("Get Started"),
          ),
        ],
      ),
    ), // end of Padding
  );
 }
}
```

Navigator.pop(context) 함수를 이용하면 스택의 가장 위에 쌓여 있는 위젯을 꺼내기 때문에 HomePage 위젯이 사라지고 LoginPage 위젯이 스택의 가장 위로 올라오게 됩니다.

> **TIP** HomePage를 빠르게 만들 수 있었던 이유
>
> 1. Logo 위젯 재사용
> 2. TextButton은 Theme로 설정

CHAPTER
08

쇼핑카트 앱 만들기

이번 장에서는 Form 위젯, TextFormField 위젯, Navigator 위젯을 위한 Route, Svg 위젯, 앱 전체 디자인을 위한 Theme 사용법에 대해서 배워보도록 하겠습니다.

08 _ 1 쇼핑카트 앱 구조 살펴보기

모든 소스 코드는 https://github.com/flutter-coder/flutter-book에 공개되어 있습니다.

◆ 쇼핑카트 앱 완성 화면

화면 구조보기

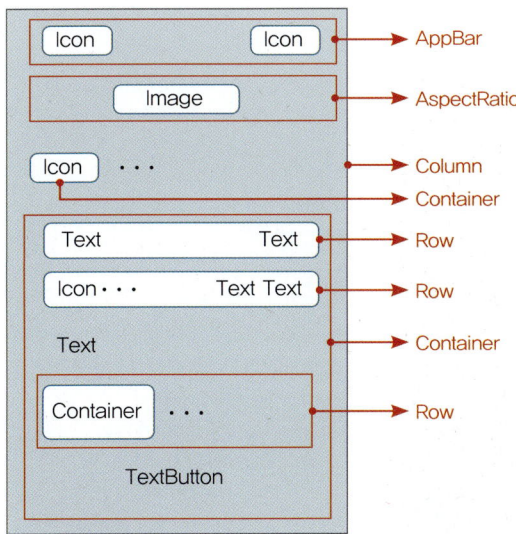

◆ 화면 구조보기

필요한 위젯 살펴보기

이제 처음에 봤던 로그인 앱에 필요한 위젯을 자세히 살펴보겠습니다. 해당 그림에는 레이아웃에 관련된 Column과 Row 위젯은 가시성을 위해 제외하였습니다.

◆ 위젯 살펴보기

플러터 프로젝트 생성하기

프로젝트 이름을 flutter_shoppingcart 으로 설정합니다.

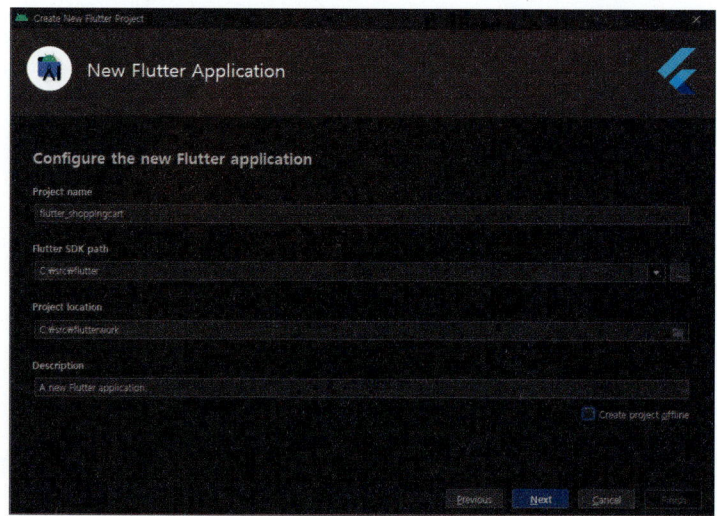

◆ Flutter 프로젝트 설정 화면

08 _ 2 플러터 상태 관리 StatefulWidget

StatefulWidget이란?

변경 가능한 상태를 가진 위젯입니다. 위젯이 처음 화면에 그려질 때 변수의 값(상태값)에 따라 위젯을 그릴 수 있고, 화면에 그림이 그려진 후 사용자에 액션에 따라 위젯을 다시 그릴 수 도 있는 위젯입니다.

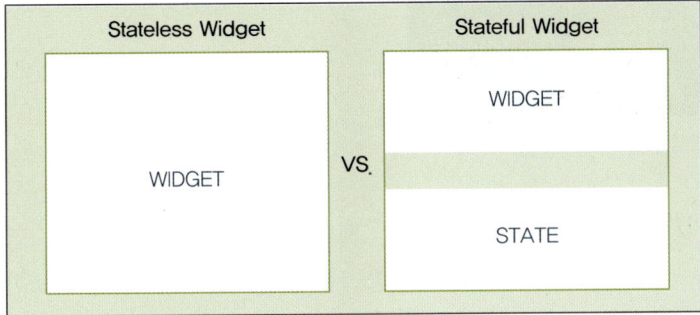

◆ StatefulWidget과 StatelessWidget 차이

StatefulWidget과 StatelessWidget의 차이

UI를 만들면 UI가 항상 고정되어 있지 않습니다. 사용자와 상호작용하는 UI에는 상태가 있습니다. 예를 들어 사용자가 버튼을 클릭하면 그림을 변경할 수 있습니다.

◆ 사용자에 의해 변경되는 화면

자전거 버튼을 클릭하면 자전거 그림이 표시되고 오토바이 버튼을 클릭하면 오토바이 그림이 표시됩니다. 이 경우는 화면에 그림이 다 그려지고 난 뒤 사용자와 상호작용을 통해서 위젯이 다시 그려지는 경우입니다.

이렇게 화면이 그려지고 난 뒤 사용자와 상호작용을 통해서 위젯을 다시 그려야 하는 경우 StatefulWidget을 사용해야 합니다. StatefulWidget은 상태를 가지는 위젯입니다.

상태를 가지는 위젯은 final 변수가 아닌 변경할 수 있는 일반적인 변수를 가질 수 있습니다. StatelessWidget은 상태가 없기 때문에 상호작용에 의해 화면이 동적으로 다시 그려지지 않습니다.

그렇기 때문에 final 변수를 선언하는 것이 좋습니다. 물론 StatelessWidget에 일반 변수를 사용할 수 없는 것은 아닙니다. 아래 그림을 보세요.

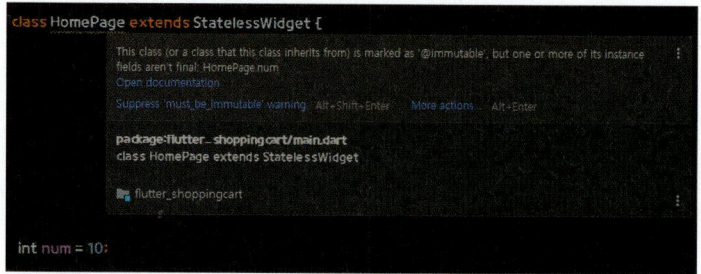

◆ StatelessWidget에 일반 변수를 사용하면 나타나는 경고

StatelessWidget에 일반 변수를 초기화하게 되면 위와 같이 경고 메시지가 뜹니다. 해당 클래스는 변경 불가능한(@immutable) 변수를 사용하면 좋을 것 같다고 알려줍니다. 왜냐하면 변경 가능한 변수를 사용한다 하더라도 그 변수로 인해 그림을 다시 그릴 수 없기 때문입니다.

❶ StatelessWidget

Stateless 위젯에 변수 값을 변경한다 하더라도 화면이 변경되지 않습니다. 그 이유는 Stateless 위젯은 상태가 없는 위젯이기 때문입니다. 상태가 없으면 그림이 다시 그려지지 않습니다. 그림은 최초 앱 실행 시 한 번만 그려집니다.

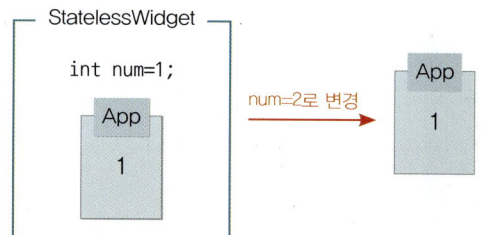

◆ StetelessWidget은 화면이 변하지 않는다

❷ StatefulWidget

Stateful 위젯에 변수 값을 변경하게 되면 화면이 변경됩니다. 그 이유는 Stateful 위젯은 상태가 있는 위젯이기 때문입니다. 상태가 있는 위젯은 앱이 실행되고 난 뒤에도 상태가 변경되면 그림을 다시 그릴 수 있습니다.

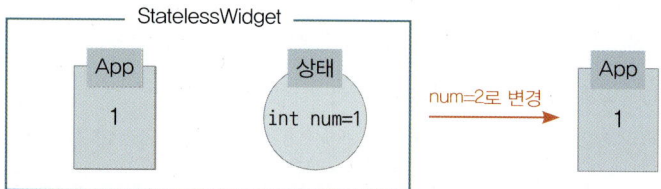

◆ StatefulWidget도 변수를 직접 변경하면 화면이 변하지 않는다

그런데 변경되지 않았습니다. 그 이유는 변수의 값을 직접적으로 변경하게 되면 앱이 다시 build 되지 않습니다. 플러터에서 그림을 다시 그린다는 의미는 build() 함수가 다시 실행된다는 의미입니다.

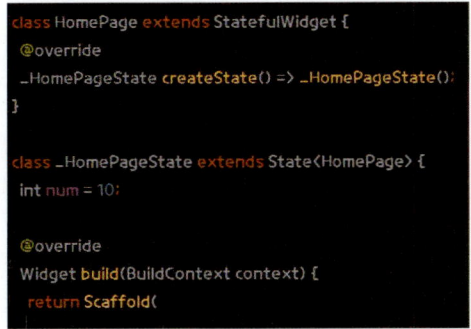

◆ 그림이 다시 그려진다는 것은 build 함수가 다시 실행된다는 의미

build 메서드를 다시 실행하기 위해서는 변수 변경 시에 특정 함수를 호출해줘야 합니다.

❸ setState 함수

setState 함수를 통해서 상태변수를 변경하게 되면 build 함수가 다시 실행됩니다. 즉 상태 변경이 일어날 때 마다 build 함수가 다시 실행되며 변경된 상태에 따라 그림이 다시 그려지게 됩니다.

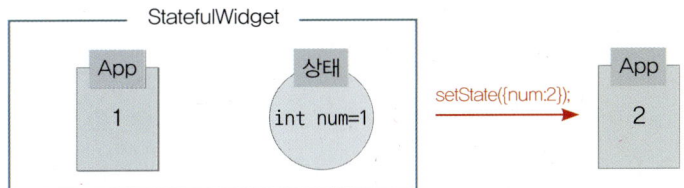

◆ setState() 함수로 상태를 변경해야 그림이 다시 그려진다

위젯 트리

플러터는 위젯 트리로 구성되어 있습니다.

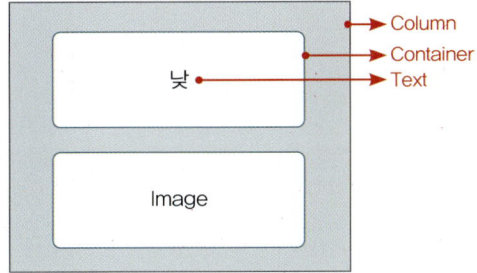

◆ 위젯 트리를 설명하기 위한 화면 구조

위와 같은 화면이 있을 때, 위젯 트리는 다음과 같이 구성이 됩니다.

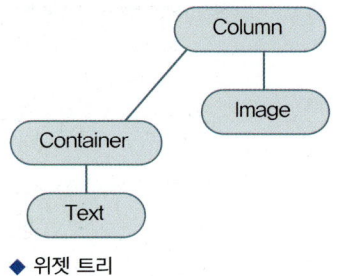

◆ 위젯 트리

StatefulWidget 빌드 흐름

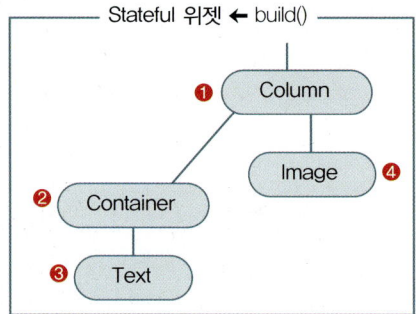

◆ StatefulWidget 빌드 흐름

앱이 실행되어 처음 화면이 나타날 때 StatefulWidget의 build() 함수가 호출되며 ❶, ❷, ❸, ❹ 순으로 그림이 그려지게 됩니다. 마찬가지로 StatelessWidget 또한 동일하게 작동합니다.

다른 점은 StatelessWidget은 build() 함수가 단 한 번만 호출될 수 있지만 StatefulWidget은 상태를 가지기 때문에 상태가 변경되게 되면 다음과 같이 build() 함수가 재실행되어 ❶, ❷, ❸, ❹를 다시 그립니다.

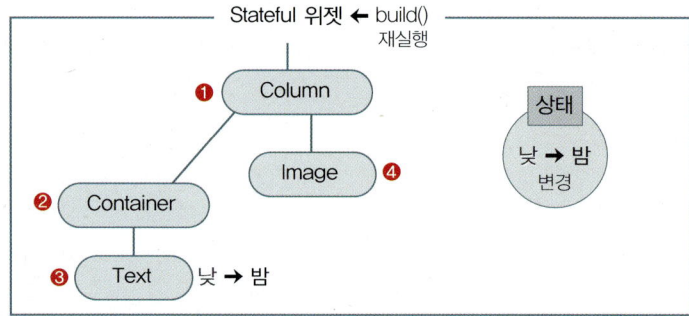

◆ StatefulWidget의 상태 변경 후 빌드 흐름

단점은 Text 위젯을 다시 그리기 위해서 Column, Container, Text, Image 위젯, 즉 모든 위젯이 다시 그려지는 일이 발생합니다. 그 이유는 플러터는 부모가 다시 그려지면 그 이하의 모든 자식들이 다시 그려지게 되기 때문입니다. 어떻게 하면 Text 위젯만 다시 그릴 수 있을까요?

BuildContext 분리하기

플러터는 그림을 그릴 때 어떤 위젯을 다시 그려야 할지 참조하기 위해 BuildContext를 가지고 있습니다. build 라는 뜻은 건물 등을 다시 짓다라는 뜻이 있습니다. context는 문맥, 전후사정이라는 뜻이 있습니다. 뜻을 풀이해보면 건물을 다시 짓기 위해 전후 흐름을 알고 있는 클래스가 바로 BuildContext 클래스입니다.

예를 들어 보겠습니다. 어제 1페이지부터 10페이지까지 플러터책을 썼습니다. 그리고 오늘 플러터 책을 이어서 써야 하는 상황입니다. 몇 페이지부터 쓰면 될까요? 당연히 11페이지부터 책을 이어 쓰면 됩니다. 플러터에서는 BuildContext가 11페이지부터 글을 다시 적어야 하는 것을 알고 있습니다. 플러터 책을 쓴다는 것은 build 한다는 뜻이고, 11페이지부터 적어야 한다는 것은 context를 알고 있다는 뜻입니다. 결국 BuildContext란 어느 위젯부터 그림을 다시 그려야 하는지를 알고 있는 클래스입니다.

우리는 무엇을 하면 될까요? 위젯 트리에서 build() 함수가 실행되는 시점을 변경하면 Text위젯만 다시 그릴 수 있습니다.

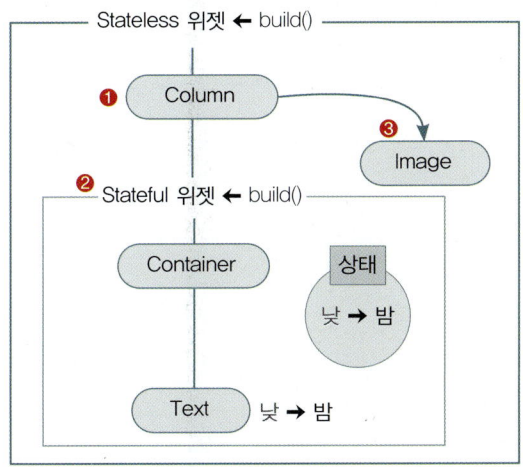

◆ Context가 분리된 StatefulWidget

위와 같이 build() 함수가 실행되는 시점을 변경하기 위해서는 새로운 위젯을 생성해야 하고 새로운 위젯을 생성하면 새로운 BuildContext가 생성되게 됩니다.

우선, 기존 위젯을 다시 Stateless 위젯으로 변경합니다. 왜냐하면 Column 위젯과 Image위젯은 상태가 없기 때문에 다시 그려질 필요가 없기 때문입니다. 그리고 상태가 있는 위젯을 새로운 위젯으로 변경하여 BuildContext를 분리하는 것입니다. BuildContext를 분리하는 순간 우리는 ②번만 다시 그릴 수 있습니다.

이것을 코드로 보면 아래와 같습니다. 개념만 알면 되기 때문에 코드를 따라 적을 필요는 없습니다.

```dart
import 'package:flutter/material.dart';

void main() {
  runApp(MyApp());
}

class MyApp extends StatelessWidget {
  @override
  Widget build(BuildContext context) {
    return MaterialApp(
      home: DayAndNight(),
    );
  }
}

class DayAndNight extends StatelessWidget {
  @override
  Widget build(BuildContext context) { // 1. 빌드 컨텍스트
    return Scaffold(
      body: Column(
        children: [
          Today(),
          Image.asset("assets/day.png"),
        ],
      ),
    );
  }
}

class Today extends StatefulWidget {
  @override
  _State createState() => _State();
}

class _State extends State<Today> {
  @override
  Widget build(BuildContext context) { // 2. 빌드 컨텍스트
    return Container(
      height: 400,
      child: Text("낮"),
    );
  }
}
```

08 _ 3 쇼핑카트 앱 뼈대 작성하기

프로젝트 구조 세팅하기

> 작업 순서

❶ 프로젝트 최상단에 assets 폴더 생성
❷ lib/components 패키지 생성
❸ lib/components/shoppingcart_header.dart 파일생성
❹ lib/components/shoppingcart_detail.dart 파일생성
❺ lib/constants.dart 파일 생성
❻ lib/theme.dart 파일 생성

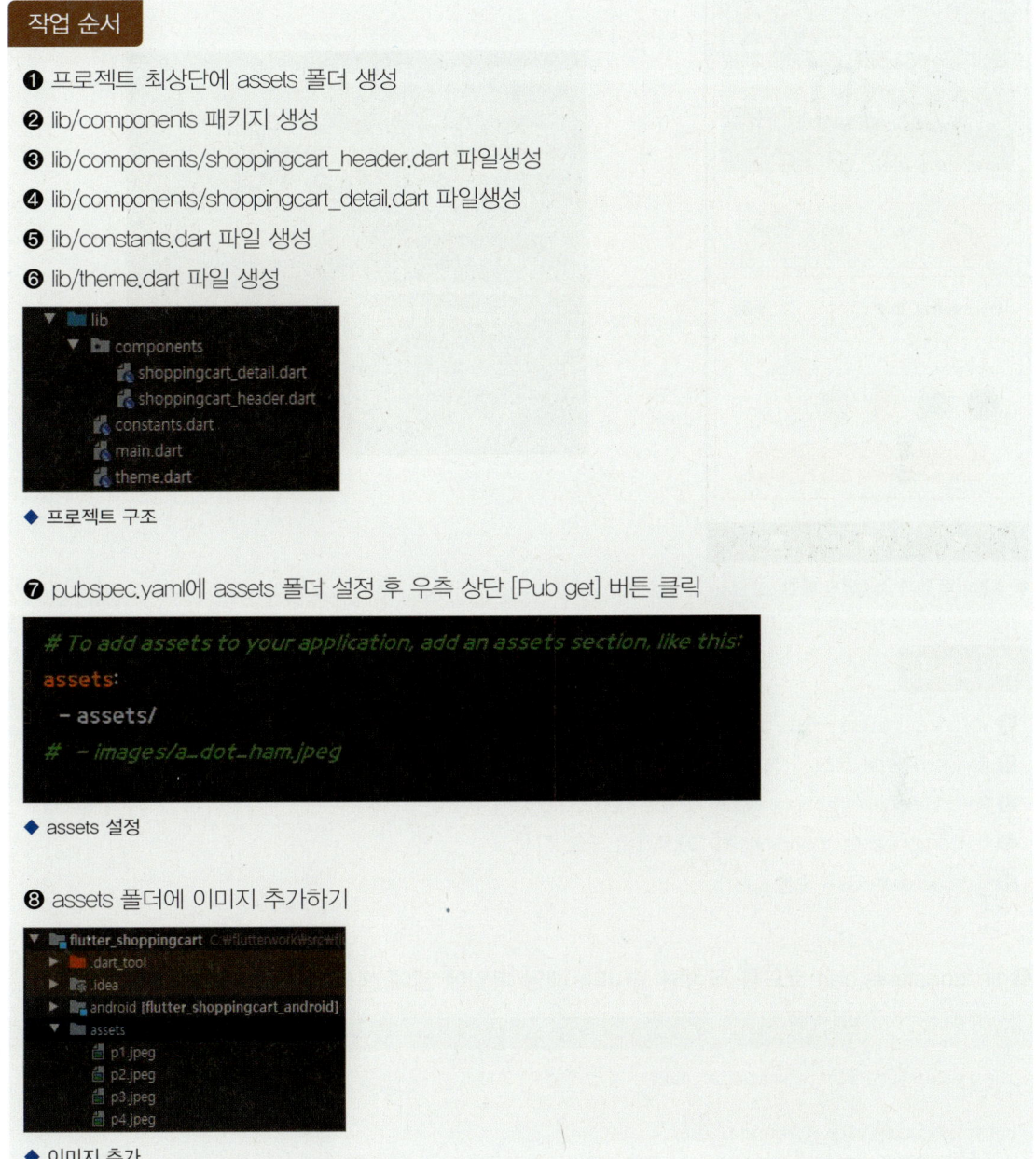

◆ 프로젝트 구조

❼ pubspec.yaml에 assets 폴더 설정 후 우측 상단 [Pub get] 버튼 클릭

```yaml
# To add assets to your application, add an assets section, like this:
assets:
 - assets/
#   - images/a_dot_ham.jpeg
```

◆ assets 설정

❽ assets 폴더에 이미지 추가하기

◆ 이미지 추가

기본 코드 작성하기

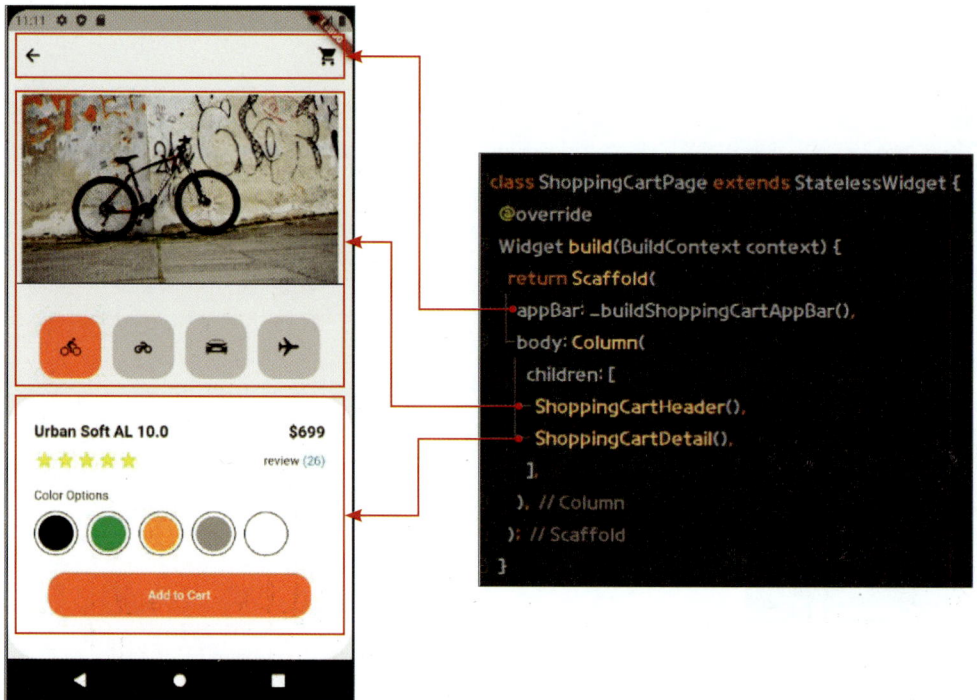

◆ 쇼핑카트 앱과 소스코드 매칭

작업 순서

❶ lib/constants.dart 코드 작성

❷ lib/theme.dart 코드 작성

❸ lib/components/shoppingcart_header.dart 코드 작성

❹ lib/components/shoppingcart_detail.dart 코드 작성

❺ lib/main.dart 코드 작성

❶ lib/constants.dart 코드를 작성해 봅니다. 해당 파일에 앱에 색상을 정의해 봅니다.

lib/constants.dart

```
import 'package:flutter/material.dart';

const kPrimaryColor = MaterialColor(
  0xFFeeeeee,
  <int, Color>{
    50: Color(0xFFeeeeee),
    100: Color(0xFFeeeeee),
    200: Color(0xFFeeeeee),
    300: Color(0xFFeeeeee),
    400: Color(0xFFeeeeee),
    500: Color(0xFFeeeeee),
```

```
      600: Color(0xFFeeeeee),
      700: Color(0xFFeeeeee),
      800: Color(0xFFeeeeee),
      900: Color(0xFFeeeeee),
    },
);
const kSecondaryColor = Color(0xFFc6c6c6);  // 기본 버튼 색
const kAccentColor = Color(0xFFff7643);  // 활성화 버튼 색
```

❷ lib/theme.dart 코드를 작성해 봅니다. theme를 만들게 되면 전체 앱에 적용이 됩니다.

lib/theme.dart

```
import 'package:flutter/material.dart';
import 'package:flutter_shoppingcart/constants.dart';

ThemeData theme() {
  return ThemeData(
    primarySwatch: kPrimaryColor,
    scaffoldBackgroundColor: kPrimaryColor,
  );
}
```

❸ lib/components/shoppingcart_header.dart 코드를 작성해봅니다. StatelessWidget이 아닌 StatefulWidget을 사용하였습니다. 그 이유는 해당 페이지는 상태가 있는 위젯이기 때문입니다. 앱이 실행된 후 상태를 통해 이미지를 변경할 것입니다.

◆ StatefulWidget 사용 이유

lib/components/shoppingcart_header.dart

```
import 'package:flutter/material.dart';

class ShoppingCartHeader extends StatefulWidget {
  @override
  _ShoppingCartHeaderState createState() => _ShoppingCartHeaderState();
}

class _ShoppingCartHeaderState extends State<ShoppingCartHeader> {
  int selectedId = 0;
```

```
  List<String> selectedPic = [
    "assets/p1.jpeg",
    "assets/p2.jpeg",
    "assets/p3.jpeg",
    "assets/p4.jpeg",
  ];

  @override
  Widget build(BuildContext context) {
    return SizedBox();
  }
}
```

❹ lib/components/shoppingcart_detail.dart 코드를 작성해봅니다.

lib/components/shoppingcart_detail.dart

```
import 'package:flutter/material.dart';

class ShoppingCartDetail extends StatelessWidget {
  @override
  Widget build(BuildContext context) {
    return SizedBox();
  }
}
```

❺ lib/main.dart 코드를 작성해봅니다. 전체 화면에 테마가 적용된 것을 확인할 수 있습니다.

◆ 기본 코드 완성 후 화면

lib/main.dart

```dart
import 'package:flutter/material.dart';
import 'package:flutter_shoppingcart/components/shoppingcart_detail.dart';
import 'package:flutter_shoppingcart/components/shoppingcart_header.dart';
import 'package:flutter_shoppingcart/theme.dart';

void main() {
  runApp(MyApp());
}

class MyApp extends StatelessWidget {
  @override
  Widget build(BuildContext context) {
    return MaterialApp(
      theme: theme(),
      home: ShoppingCartPage(),
    );
  }
}

class ShoppingCartPage extends StatelessWidget {
  @override
  Widget build(BuildContext context) {
    return Scaffold(
      appBar: _buildShoppingCartAppBar(),
      body: Column(
        children: [
          ShoppingCartHeader(),
          ShoppingCartDetail(), // 앱 완성후 세로 높이가 맞지 않으면 Expanded 위젯을 사용해주세요
        ],
      ),
    );
  }

  AppBar _buildShoppingCartAppBar() {
    return AppBar();
  }
}
```

08 _ 4 쇼핑카트 앱 만들어보기

작업 순서

❶ AppBar 만들기 _buildShoppingCartAppBar()
❷ 쇼핑카트 헤더 만들기 ShoppingCartHeader – setState() 함수
❸ 쇼핑카트 디테일 만들기 ShoppingCartDetail – Stack 위젯과 Positioned 위젯
❹ 쇼핑카트 디테일 만들기 ShoppingCartDetail – CupertinoAlertDialog 위젯

AppBar 만들기

◆ 완성 화면면

lib/main.dart

```
//...생략
AppBar _buildShoppingCartAppBar() {
  return AppBar(
    leading: IconButton(
      icon: Icon(Icons.arrow_back),
      onPressed: () {},
    ),
    actions: [
      IconButton(
        icon: Icon(Icons.shopping_cart),
```

```
        onPressed: () {},
      ),
      SizedBox(width: 16),
    ],
    elevation: 0.0,
  ); // end of AppBar
}
//...생략
```

쇼핑카트 헤더 만들기 - setState() 함수

setState() 함수를 이용하여 상태(변수값)를 변경하면 UI가 다시 그려집니다.

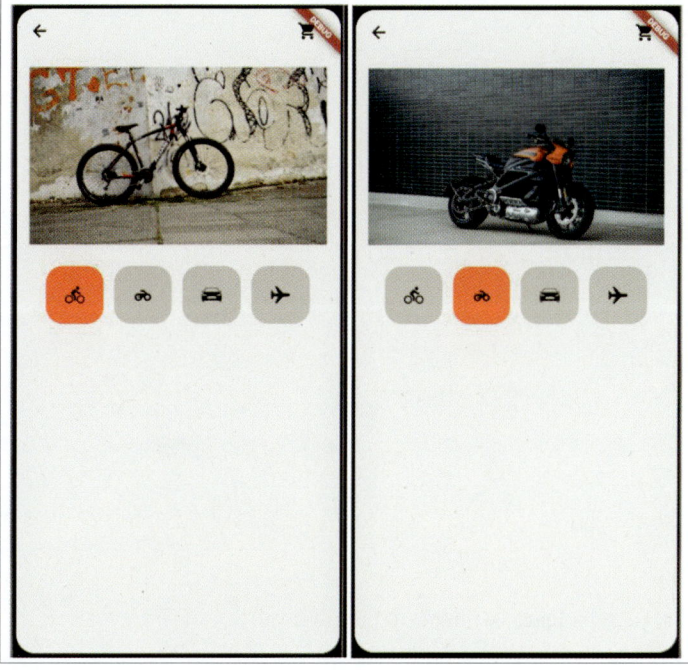

◆ 완성 화면

lib/components/shoppingcart_header.dart

```
import 'package:flutter/cupertino.dart';
import 'package:flutter/material.dart';
import 'package:flutter_shoppingcart/constants.dart';

class ShoppingCartHeader extends StatefulWidget {
  @override
  _ShoppingCartHeaderState createState() => _ShoppingCartHeaderState();
}

class _ShoppingCartHeaderState extends State<ShoppingCartHeader> {
```

```dart
  int selectedId = 0;

  List<String> selectedPic = [
    "assets/p1.jpeg",
    "assets/p2.jpeg",
    "assets/p3.jpeg",
    "assets/p4.jpeg",
  ];

  @override
  Widget build(BuildContext context) {
    return Column(
      children: [
        _buildHeaderPic(),
        _buildHeaderSelector(),
      ],
    ); // end of Column
  }

  Widget _buildHeaderPic() {
    return Padding(
      padding: const EdgeInsets.all(16.0),
      child: AspectRatio(
        aspectRatio: 5 / 3,
        child: Image.asset(
          selectedPic[selectedId],
          fit: BoxFit.cover,
        ),
      ),
    );
  }

  Widget _buildHeaderSelector() {
    return Padding(
      padding: const EdgeInsets.only(left: 30, right: 30, top: 10, bottom: 30),
      child: Row(
        mainAxisAlignment: MainAxisAlignment.spaceAround,
        children: [
          _buildHeaderSelectorButton(0, Icons.directions_bike),
          _buildHeaderSelectorButton(1, Icons.motorcycle),
          _buildHeaderSelectorButton(2, CupertinoIcons.car_detailed),
          _buildHeaderSelectorButton(3, CupertinoIcons.airplane),
        ],
      ),
    );
  }

  // 다른 화면에서도 재사용려면 공통 컴포넌트 위젯으로 관리하는 것이 좋다.
  // 하지만 지금은 해당 화면에서만 재사용하기 때문에 함수로 만들었다.
  Widget _buildHeaderSelectorButton(int id, IconData mIcon) {
```

```
    return Container(
      width: 70,
      height: 70,
      decoration: BoxDecoration(
        color: id == selectedId ? kAccentColor : kSecondaryColor,
        borderRadius: BorderRadius.circular(20),
      ),
      child: IconButton(
        icon: Icon(mIcon, color: Colors.black),
        onPressed: () {
          setState(() {
            selectedId = id;
          });
        },
      ),
    );
  }

} // end of _ShoppingCartHeaderState
```

쇼핑카트 디테일 만들기 - Stack 위젯과 Positioned 위젯

Stack 위젯은 여러 위젯을 겹치려는 경우에 사용합니다. Positioned 위젯은 여러 위젯이 겹쳐 있을 때 하위 위젯의 위치를 제어해야 하는 경우에 사용합니다. 즉 Positioned 위젯은 Stack 위젯과 함께 사용됩니다.

◆ 완성 화면

❶ 코드가 굉장히 길기 때문에 우선 뼈대를 작성해 봅니다.

lib/components/shoppingcart_detail.dart

```dart
lib/components/shoppingcart_detail.dart
import 'package:flutter/cupertino.dart';
import 'package:flutter/material.dart';
import 'package:flutter_shoppingcart/constants.dart';

class ShoppingCartDetail extends StatelessWidget {
  @override
  Widget build(BuildContext context) {
    return Container(
      decoration: BoxDecoration(
        color: Colors.white,
        borderRadius: BorderRadius.circular(40),
      ),
      child: Padding(
        padding: const EdgeInsets.all(30.0),
        child: Column(
          crossAxisAlignment: CrossAxisAlignment.start,
          children: [
            _buildDetailNameAndPrice(),
            _buildDetailRatingAndReviewCount(),
            _buildDetailColorOptions(),
            _buildDetailButton(context),
          ],
        ),
      ),
    ); // end of Container
  }

  Widget _buildDetailNameAndPrice() {
    return SizedBox();
  }

  Widget _buildDetailRatingAndReviewCount() {
    return SizedBox();
  }

  Widget _buildDetailColorOptions() {
    return SizedBox();
  }

  Widget _buildDetailIcon(IconData mIcon) {
    return SizedBox();
  }
```

```dart
  Widget _buildDetailButton(BuildContext context) {
    return SizedBox();
  }
}
```

❷ 코드를 완성시켜 봅니다.

lib/components/shoppingcart_detail.dart

```dart
import 'package:flutter/cupertino.dart';
import 'package:flutter/material.dart';
import 'package:flutter_shoppingcart/constants.dart';

class ShoppingCartDetail extends StatelessWidget {
  @override
  Widget build(BuildContext context) {
    return Container(
      decoration: BoxDecoration(
        color: Colors.white,
        borderRadius: BorderRadius.circular(40),
      ),
      child: Padding(
        padding: const EdgeInsets.all(30.0),
        child: Column(
          crossAxisAlignment: CrossAxisAlignment.start,
          children: [
            _buildDetailNameAndPrice(),
            _buildDetailRatingAndReviewCount(),
            _buildDetailColorOptions(),
            _buildDetailButton(context),
          ],
        ),
      ),
    );
  }

  Widget _buildDetailNameAndPrice() {
    return Padding(
      padding: EdgeInsets.only(bottom: 10),
      child: Row(
        // 1. spaceBetween 이 적용되면 양 끝으로 벌어진다.
        mainAxisAlignment: MainAxisAlignment.spaceBetween,
        children: [
          Text(
            "Urban Soft AL 10.0",
            style: TextStyle(
```

```
              fontSize: 18,
              fontWeight: FontWeight.bold,
            ),
          ),
          Text(
            "\$699",
            style: TextStyle(
              fontSize: 18,
              fontWeight: FontWeight.bold,
            ),
          )
        ],
      ),
    ); // end of Padding
}

Widget _buildDetailRatingAndReviewCount() {
  return Padding(
    padding: EdgeInsets.only(bottom: 20),
    child: Row(
      children: [
        Icon(Icons.star, color: Colors.yellow),
        Icon(Icons.star, color: Colors.yellow),
        Icon(Icons.star, color: Colors.yellow),
        Icon(Icons.star, color: Colors.yellow),
        Icon(Icons.star, color: Colors.yellow),
        // 2. Spacer()로 Icon위젯과 Text위젯을 양끝으로 벌릴 수 있다. spaceBetween과 동일
        Spacer(),
        Text("review "),
        Text("(26)", style: TextStyle(color: Colors.blue)),
      ],
    ),
  ); // end of Padding
}

Widget _buildDetailColorOptions() {
  return Padding(
    padding: EdgeInsets.only(bottom: 20),
    child: Column(
      crossAxisAlignment: CrossAxisAlignment.start,
      children: [
        Text("Color Options"),
        SizedBox(height: 10),
        Row(
          children: [
            // 3. 동일한 색상 아이콘을 재사용하기 위해 함수로 관리
```

```
            _buildDetailIcon(Colors.black),
            _buildDetailIcon(Colors.green),
            _buildDetailIcon(Colors.orange),
            _buildDetailIcon(Colors.grey),
            _buildDetailIcon(Colors.white),
          ],
        ),
      ],
    ),
  ); // end of Padding
}

// 4. 다른 화면에서도 재사용하면 공통 컴포넌트 위젯으로 관리하는 것이 좋다.
Widget _buildDetailIcon(Color mColor) {
  return Padding(
    padding: EdgeInsets.only(right: 10),
    // 5. Stack의 첫 번째 Container 위젯위에 Positioned 위젯이 올라가는 형태
    child: Stack(
      children: [
        Container(
          width: 50,
          height: 50,
          decoration: BoxDecoration(
            color: Colors.white,
            border: Border.all(),
            shape: BoxShape.circle,
          ),
        ),
        Positioned(
          left: 5,
          top: 5,
          child: ClipOval(
            child: Container(
              color: mColor,
              width: 40,
              height: 40,
            ),
          ),
        )
      ],
    ),
  ); // end of Padding
}

// 6. 다른 화면에서도 재사용하려면 함수가 아닌 공통 컴포넌트 위젯으로 관리하는 것이 좋다.
```

```
  Widget _buildDetailButton(BuildContext context) {
    return Align(
      child: TextButton(
        onPressed: () {},
        style: TextButton.styleFrom(
          backgroundColor: kAccentColor,
          minimumSize: Size(300, 50),
          shape: RoundedRectangleBorder(
            borderRadius: BorderRadius.circular(20),
          ),
        ),
        child: Text(
          "Add to Cart",
          style: TextStyle(color: Colors.white),
        ),
      ),
    ); // end of Align
  }
}
```

쇼핑카트 디테일 만들기 - CupertinoAlertDialog 위젯

iOS 스타일의 경고 대화 상자입니다.

◆ 완성 화면

```
lib/components/shoppingcart_detail.dart

Widget _buildDetailButton(BuildContext context) {
  return Align(
    child: TextButton(
      onPressed: () {
        showCupertinoDialog(
          context: context,
          builder: (context) => CupertinoAlertDialog(
            title: Text("장바구니에 담으시겠습니까?"),
            actions: [
              CupertinoDialogAction(
                child: Text("확인"),
                onPressed: () {
                  Navigator.pop(context);
                },
              ),
            ],
          ),
        ); // end of showCupertinoDialog
      },
//...생략
```

showCupertinoDialog는 함수입니다. 해당 함수를 호출하게 되면 CupertinoAlertDialog 위젯이 화면에 팝업됩니다. 플러터는 MaterialApp에서 iOS의 디자인을 그릴 수 있습니다. 그 이유는 1장에서도 설명했듯이 Skia 엔진 덕분입니다.

CupertinoAlertDialog 위젯이 ShoppingCartPage 위젯 위에 팝업되었기 때문에 결국 다음 그림과 같은 구조가 됩니다.

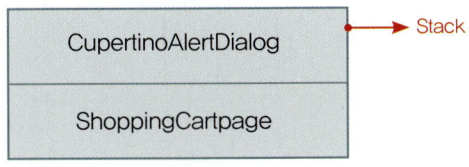

◆ Stack으로 쌓이는 Dialog

팝업을 사라지게 하려면 Navigator.pop() 함수를 이용하여 Stack에서 제거하면 됩니다.

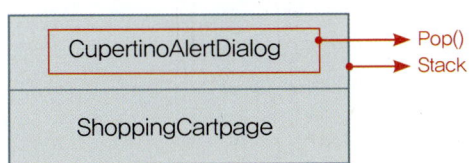

◆ Stack을 제거하는 pop() 함수

CHAPTER
09

모두의숙소 웹 만들기

이번 장에서는 플러터 웹에 대해서 배워보도록 하겠습니다.

09 _ 1 모두의숙소 웹 구조 살펴보기

모든 소스 코드는 https://github.com/flutter-coder/flutter-book에 공개되어 있습니다.

Chrome 브라우저

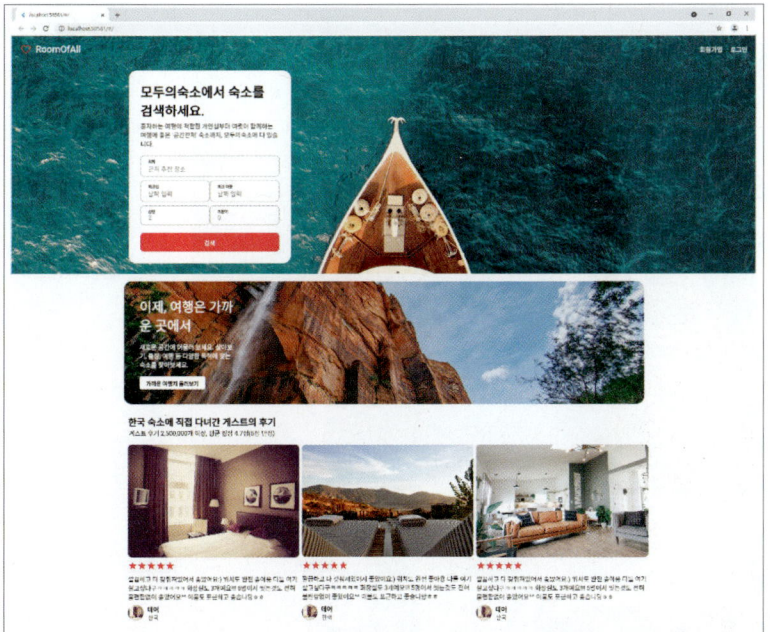

◆ 모두의숙소 웹 완성 화면 − Chrome 빌드

안드로이드 에뮬레이터

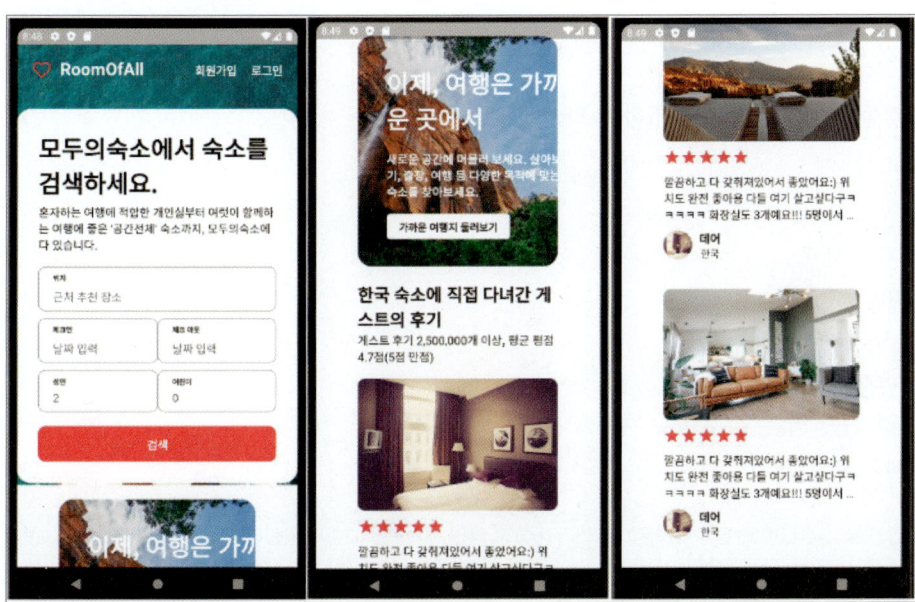

◆ 모두의숙소 웹 완성 화면 − Android 에뮬레이터 빌드

화면 구조보기

이번 장에서는 세부적인 위젯을 살펴보지는 않을 것입니다. 대신 어떤 컴포넌트가 어느 부분에 사용되는지에 대해서 살펴보도록 하겠습니다. 9.2절에서 앱 뼈대를 만들면서 사용된 컴포넌트들과 이 부분을 비교해보세요.

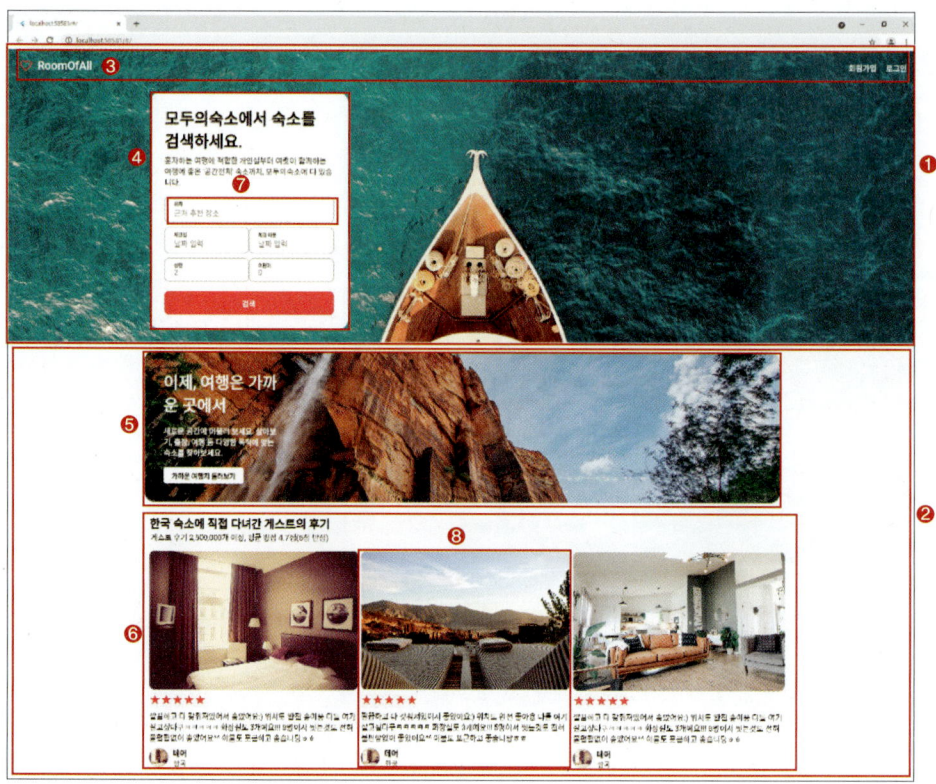

◆ 모두의숙소 전체화면 구조 나누기

이 장에서는 모든 것들을 컴포넌트로 분리하여 작업하게 됩니다.

❶ home_header.dart
❷ home_body.dart
❸ home_header_appbar.dart
❹ home_header_form.dart
❺ home_body_banner.dart
❻ home_body_popular.dart
❼ common_form_field.dart
❽ home_body_popular_item.dart

> 컴포넌트는 독립적인 모듈입니다. 예를 들어 휴대폰에 배터리가 고장 나면 배터리만 교환하면 됩니다. 하지만 배터리를 컴포넌트로 분리시켜 두지 않으면 배터리가 고장 났을 때 휴대폰 자체를 교환해야 하는 일이 발생할 수 있습니다. 제품을 만드는 과정만 놓고 본다면 잘 만든 컴포넌트를 다른 곳에서 재사용하여 사용할 수 있고, 제품을 수정해야 하는 일이 발생했을 때는 문제가 있는 컴포넌트만 교체할 수 있는 장점이 있습니다.

플러터 프로젝트 생성하기

프로젝트 이름을 flutter_airbnb 로 설정합니다.

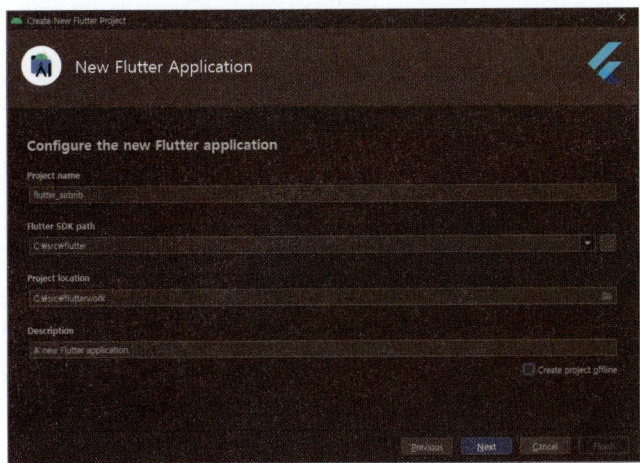

◆ Flutter 프로젝트 설정 화면

09 _ 2 모두의숙소 웹 뼈대 구성하기

웹 뼈대 구성하기에서는 아래의 작업 순서에 따라 프로젝트에 필요한 폴더와 파일을 생성하고 기본 프로젝트 설정을 해보겠습니다.

프로젝트 구조 세팅하기

작업 순서

❶ flutter_airbnb/assets 폴더 생성
❷ flutter_airbnb/assets 폴더에 이미지 추가
❸ lib/components 폴더 생성
❹ lib/components/common 폴더 생성
❺ lib/components/home 폴더 생성
❻ lib/components/home/home_header.dart 파일 추가
❼ lib/components/home/home_header_appbar.dart 파일 추가
❽ lib/components/home/home_header_form.dart 파일 추가
❾ lib/components/home/home_body.dart 파일 추가
❿ lib/components/home/home_body_banner.dart 파일 추가

⑪ lib/components/home/home_body_popular_item.dart 파일 추가
⑫ lib/components/home/home_body_popular.dart 파일 추가
⑬ lib/components/common/common_form_field.dart 파일 추가
⑭ lib/constants.dart 파일 추가
⑮ lib/size.dart 파일 추가
⑯ lib/styles.dart 파일 추가
⑰ lib/pages 폴더 생성
⑱ lib/pages/home_page.dart 파일 추가

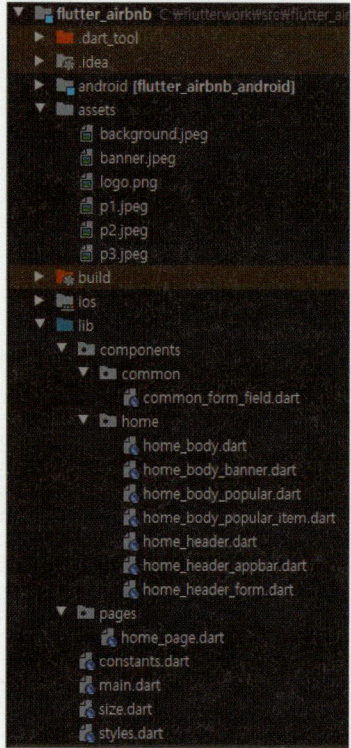

◆ 프로젝트 구조

⑲ pubspec.yaml에서 이미지 파일과 폰트 파일 인식을 위한 자원 폴더 위치 설정
⑳ [Pub get] 버튼을 클릭하여 적용

```
40      flutter:
41
42        # The following line ensures that the Material Icons font is
43        # included with your application, so that you can use the icons in
44        # the material Icons class.
45        uses-material-design: true
46
47        # To add assets to your application, add an assets section, like this:
48        assets:
49          - assets/
50        #   - images/a_dot_ham.jpeg
```

◆ assets 설정 및 적용

> 웹이나 앱에는 여러 페이지가 있을 수 있습니다. 하나의 페이지에 사용되는 컴포넌트도 있지만 여러 페이지에서 사용되는 공통적인 컴포넌트도 있습니다. common 폴더는 여러 페이지에서 사용되는 공통 컴포넌트를 관리하고 home 폴더는 HomePage에서만 사용되는 컴포넌트를 관리합니다.

> 하나의 화면을 screen이라고 하는 개발자도 있고, page라고 하는 개발자도 있습니다. 정답은 없습니다.

기본 코드 작성하기

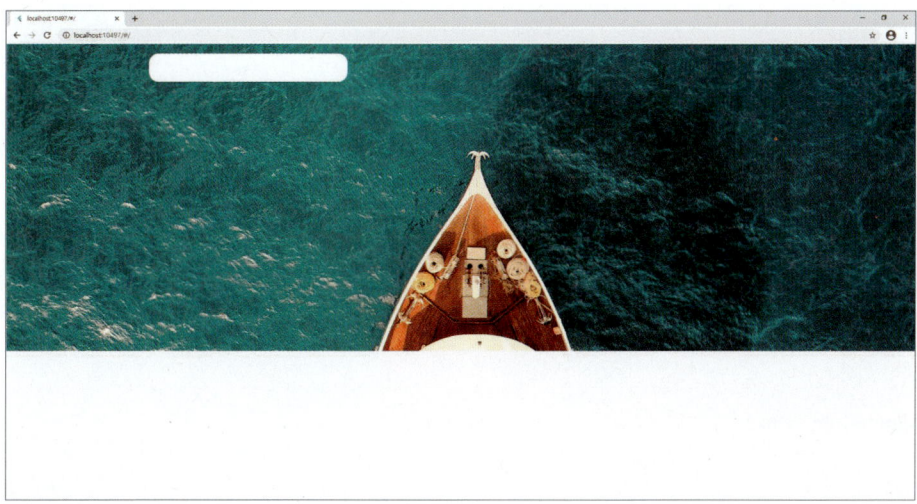

◆ 기본코드 완성 화면

작업 순서

❶ lib/constants.dart 파일 기본 코딩하기
❷ lib/size.dart 파일 기본 코딩하기
❸ lib/styles.dart 파일 기본 코딩하기
❹ lib/components/common/common_form_field.dart 파일 기본 코딩하기
❺ lib/components/home/home_header_appbar.dart 파일 기본 코딩하기
❻ lib/components/home/home_header_form.dart 파일 기본 코딩하기
❼ lib/components/home/home_header.dart 파일 기본 코딩하기
❽ lib/components/home/home_body_banner.dart 파일 기본 코딩하기
❾ lib/components/home/home_body_popular_item.dart 파일 기본 코딩하기
❿ lib/components/home/home_body_popular.dart 파일 기본 코딩하기
⓫ lib/components/home/home_body.dart 파일 기본 코딩하기
⓬ lib/pages/home_page.dart 파일 기본 코딩하기
⓭ lib/main.dart 파일 기본 코딩하기
⓮ Chrome 브라우저로 실행해보기

❶ lib/constants.dart 코드를 작성해봅시다.

lib/constants.dart

```
import 'package:flutter/material.dart';

// 색상을 정의합니다.
const kAccentColor = Color(0xFFFF385C);
```

❷ lib/size.dart 코드를 작성해봅시다.

lib/size.dart

```
import 'package:flutter/material.dart';

// 간격
const double gap_xl = 40;
const double gap_l = 30;
const double gap_m = 20;
const double gap_s = 10;
const double gap_xs = 5;

// 헤더 높이
const double header_height = 620;

// MediaQuery 클래스로 화면 사이즈를 받을 수 있다.
double getBodyWidth(BuildContext context) {
  return MediaQuery.of(context).size.width * 0.7;
}
```

❸ lib/styles.dart 코드를 작성해봅시다.

lib/styles.dart

```
import 'package:flutter/material.dart';

TextStyle h4({Color mColor = Colors.black}) {
  return TextStyle(fontSize: 34, fontWeight: FontWeight.bold, color: mColor);
}

TextStyle h5({Color mColor = Colors.black}) {
  return TextStyle(fontSize: 24, fontWeight: FontWeight.bold, color: mColor);
}

TextStyle subtitle1({Color mColor = Colors.black}) {
  return TextStyle(fontSize: 16, fontWeight: FontWeight.bold, color: mColor);
```

```
}

TextStyle subtitle2({Color mColor = Colors.black}) {
  return TextStyle(fontSize: 14, fontWeight: FontWeight.bold, color: mColor);
}

TextStyle overLine({Color mColor = Colors.black}) {
  return TextStyle(fontSize: 10, fontWeight: FontWeight.bold, color: mColor);
}

TextStyle body1({Color mColor = Colors.black}) {
  return TextStyle(fontSize: 16, color: mColor);
}
```

❹ lib/components/common/common_form_field.dart 코드를 작성해봅시다.

lib/components/common/common_form_field.dart
```
import 'package:flutter/material.dart';

class CommonFormField extends StatelessWidget {
  @override
  Widget build(BuildContext context) {
    return Container();
  }
}
```

❺ lib/components/home/home_header_appbar.dart 코드를 작성해봅시다.

lib/components/home/home_header_appbar.dart
```
import 'package:flutter/material.dart';
import 'package:flutter_airbnb/size.dart';

class HomeHeaderAppBar extends StatelessWidget {
  @override
  Widget build(BuildContext context) {
    return Padding(
      padding: const EdgeInsets.all(gap_m),
      child: Row(
        children: [
          _buildAppBarLogo(),
          Spacer(),
          _buildAppBarMenu(),
        ],
      ),
```

```dart
      );
    }

    Widget _buildAppBarLogo() {
      return SizedBox();
    }

    Widget _buildAppBarMenu() {
      return SizedBox();
    }
}
```

❻ lib/components/home/home_header_form.dart 코드를 작성해봅시다.

lib/components/home/home_header_form.dart
```dart
import 'package:flutter/material.dart';
import 'package:flutter_airbnb/size.dart';

class HomeHeaderForm extends StatelessWidget {
  @override
  Widget build(BuildContext context) {
    return Padding(
      padding: const EdgeInsets.only(top: gap_m), // 1. AppBar와 거리주기
      // 2. 정렬 위젯
      child: Align(
        // 3. -1.0 부터 1.0 까지 가로 범위에서 0.1의 값은 5%이다.
        alignment: Alignment(-0.6, 0),
        child: Container(
          width: 420,
          decoration: BoxDecoration(
            color: Colors.white,
            borderRadius: BorderRadius.circular(20),
          ),
          child: Form(
            child: Padding(
              padding: const EdgeInsets.all(gap_l), // 4. Form 내부 여백
              child: Column(
                children: [
                  _buildFormTitle(), // 5. Form 위젯 제목 영역
                  _buildFormField(), // 6. Form 위젯 Text 입력 양식 영역
                  _buildFormSubmit(), // 7. Form 위젯 전송 버튼 영역
                ],
              ),
            ),
          ),
        ),
      ),
    );
```

```dart
  }

  Widget _buildFormTitle() {
    return SizedBox();
  }

  Widget _buildFormField() {
    return SizedBox();
  }

  Widget _buildFormSubmit() {
    return SizedBox();
  }
}
```

❼ lib/components/home/home_header.dart 코드를 작성해봅시다.

lib/components/home/home_header.dart
```dart
import 'package:flutter/material.dart';
import 'package:flutter_airbnb/components/home/home_header_appbar.dart';
import 'package:flutter_airbnb/components/home/home_header_form.dart';
import 'package:flutter_airbnb/size.dart';

class HomeHeader extends StatelessWidget {
  @override
  Widget build(BuildContext context) {
    return SizedBox(
      width: double.infinity,
      height: header_height,
      child: Container(
        decoration: BoxDecoration(
          image: DecorationImage(
            image: AssetImage("assets/background.jpeg"),
            fit: BoxFit.cover,
          ),
        ),
        child: Column(
          children: [
            HomeHeaderAppBar(),
            HomeHeaderForm(),
          ],
        ),
      ),
    );
  }
}
```

❽ lib/components/home/home_body_banner.dart 코드를 작성해봅시다.

lib/components/home/home_body_banner.dart

```dart
import 'package:flutter/material.dart';
import 'package:flutter_airbnb/size.dart';

class HomeBodyBanner extends StatelessWidget {
  @override
  Widget build(BuildContext context) {
    return Padding(
      // 1. 상단에 마진을 준다.
      padding: const EdgeInsets.only(top: gap_m),
      // 2 이미지와 글자를 겹치게 하기 위해서 Stack 위젯을 사용한다.
      child: Stack(
        children: [
          _buildBannerImage(),
          _buiIdBannerCaption(),
        ],
      ),
    );
  }

  Widget _buildBannerImage() {
    return SizedBox();
  }

  Widget _buildBannerCaption() {
    return SizedBox();
  }
}
```

❾ lib/components/home/home_body_popular_item.dart 코드를 작성해봅시다.

lib/components/home/home_body_popular_item.dart

```dart
import 'package:flutter/material.dart';
import 'package:flutter_airbnb/size.dart';

class HomeBodyPopularItem extends StatelessWidget {
  final id;
  final popularList = [
    "p1.jpeg",
    "p2.jpeg",
    "p3.jpeg",
  ];
```

```
  HomeBodyPopularItem({required this.id});

  @override
  Widget build(BuildContext context) {
    // 1. 인기아이템은 전체화면의 70%의 1/3만큼의 사이즈의 -5 의 크기를 가진다.
    double popularItemWidth = getBodyWidth(context) / 3 - 5;

    return Padding(
      padding: const EdgeInsets.only(bottom: gap_xl),
      child: Container(
        // 2. 화면이 줄어들 때 너무 작게 줄어드는 것을 방지하기 위해 최소 제약조건을 잡아준다.
        constraints: BoxConstraints(
          minWidth: 320,
        ),
        child: SizedBox(
          width: popularItemWidth,
          child: Column(
            children: [
              _buildPopularItemImage(),
              _buildPopularItemStar(),
              _buildPopularItemComment(),
              _buildPopularItemUserInfo(),
            ],
          ),
        ),
      ),
    );
  }

  Widget _buildPopularItemImage() {
    return SizedBox();
  }

  Widget _buildPopularItemStar() {
    return SizedBox();
  }

  Widget _buildPopularItemComment() {
    return SizedBox();
  }

  Widget _buildPopularItemUserInfo() {
    return SizedBox();
  }
}
```

❿ lib/components/home/home_body_popular.dart 코드를 작성해봅시다.

lib/components/home/home_body_popular.dart

```dart
import 'package:flutter/material.dart';
import 'package:flutter_airbnb/components/home/home_body_popular_item.dart';
import 'package:flutter_airbnb/size.dart';

class HomeBodyPopular extends StatelessWidget {
  @override
  Widget build(BuildContext context) {
    return Padding(
      // 상단에 마진을 준다.
      padding: const EdgeInsets.only(top: gap_m),
      child: Column(
        crossAxisAlignment: CrossAxisAlignment.start,
        children: [
          _buildPopularTitle(),
          _buildPopularList(),
        ],
      ),
    );
  }

  Widget _buildPopularTitle() {
    return SizedBox();
  }

  Widget _buildPopularList() {
    // 1. 전체 화면사이즈를 1000이라고 가정하고 이해를 해보자.
    // 2. _buildPopularList의 넓이는 화면의 70%이니까 700이다.
    // 3. HomeBodyPopularItem의 넓이는 700의 1/3 인 233.33 - 5의 크기니까 총 228.33 이다.
    // 4. 228.33 의 인기 아이템이 3개가 배치되면 684.99 크기이고 남은 크기는 15.01이 남는다.
    // 5. 그래서 HomeBodyPopularItem 위젯 사이사이에 SizedBox를 7.5를 줄 수 있다.
    return Wrap(
      // 6. Wrap에 대한 설명은 아래 그림을 보세요.
      children: [
        HomeBodyPopularItem(id: 0), // 7. id 값은 사진을 선택하기 위해 필요하다.
        SizedBox(width: 7.5),
        HomeBodyPopularItem(id: 1),
        SizedBox(width: 7.5),
        HomeBodyPopularItem(id: 2),
      ],
    );
  }
}
```

TIP

Wrap은 공간이 충분하지 않은 경우에 남은 위젯이 교차(진행방향이 아닌) 축으로 정렬됩니다.

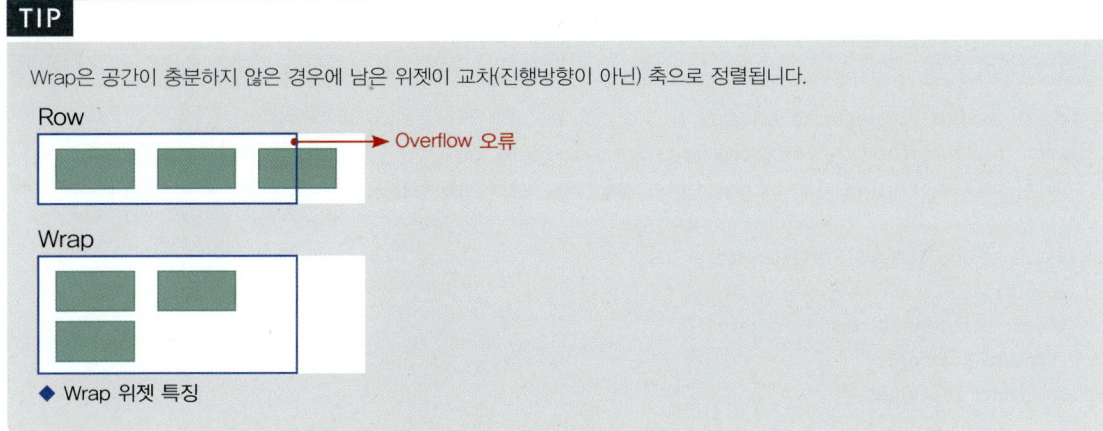

◆ Wrap 위젯 특징

❶ lib/components/home/home_body.dart 코드를 작성해봅시다.

lib/components/home/home_body.dart
```dart
import 'package:flutter/material.dart';
import 'package:flutter_airbnb/components/home/home_body_banner.dart';
import 'package:flutter_airbnb/components/home/home_body_popular.dart';
import 'package:flutter_airbnb/size.dart';

class HomeBody extends StatelessWidget {
  @override
  Widget build(BuildContext context) {
    double bodyWidth = getBodyWidth(context);
    // 1. SizedBox 위젯을 가운데 정렬하기 위해서 Align을 사용한다. Center 위젯도 가능함.
    return Align(
      child: SizedBox(
        width: bodyWidth, // 2. 화면의 70프로만 차지하게 하려고 Column의 영역을 강제시킴.
        child: Column(
          children: [
            HomeBodyBanner(),
            HomeBodyPopular(),
          ],
        ),
      ),
    );
  }
}
```

❷ lib/pages/home_page.dart 코드를 작성해봅시다.

lib/pages/home_page.dart

```dart
import 'package:flutter/material.dart';
import 'package:flutter_airbnb/components/home/home_body.dart';
import 'package:flutter_airbnb/components/home/home_header.dart';

class HomePage extends StatelessWidget {
  @override
  Widget build(BuildContext context) {
    return Scaffold(
      body: ListView(
        children: [
          HomeHeader(),
          HomeBody(),
        ],
      ),
    );
  }
}
```

❸ lib/main.dart 코드를 작성합니다.

lib/main.dart

```dart
import 'package:flutter/material.dart';
import 'package:flutter_airbnb/pages/home_page.dart';

void main() {
  runApp(MyApp());
}

class MyApp extends StatelessWidget {
  @override
  Widget build(BuildContext context) {
    return MaterialApp(
      debugShowCheckedModeBanner: false,
      home: HomePage(),
    );
  }
}
```

⓮ **Chrome 브라우저로 실행해보기**

❶ 첫 번째 방법 에뮬레이터로 실행하기 Chrome(web)으로 선택한 뒤 세모버튼을 클릭하여 실행합니다.

◆ Chrome(web)으로 실행하기

❷ 두 번째 방법 Terminal을 열어서 빌드 후 웹서버로 실행하기

첫째, 터미널을 열고 다음과 같이 빌드 명령어를 실행합니다.

`flutter build web`

◆ 터미널에서 web build하기

둘째, 빌드 된 폴더를 확인해봅니다.

`내 프로젝트 폴더 - build - web`

◆ build된 파일 확인해보기

셋째, index.html을 더블 클릭하면 실행이 되지 않습니다. Apache 같은 웹 서버를 설치해서 실행하면 잘 실행됩니다.

> 웹서버를 한 번도 사용해보지 않았다면 VScode 툴을 다운 받은 뒤 플러그인에서 live-server를 설치하고 실행할 수 있습니다.

09 _ 3 모두의숙소 웹 만들어보기

작업 순서

❶ 헤더에 AppBar 만들기
❷ 헤더에 Form에 추가할 CommonFormField 만들기
❸ 헤더에 Form 만들기
❹ 바디에 Banner 만들기
❺ 바디 Popular에 추가할 HomeBodyPopularItem 만들기
❻ 바디에 Popular 완성하기
❼ MediaQuery를 활용하여 HomeHeaderForm 가운데 정렬
❽ 안드로이드 에뮬레이터로 실행해보기

헤더에 AppBar 만들기

◆ 완성 화면

lib/components/home/home_header_appbar.dart

```
//...생략
Widget _buildAppBarLogo() {
  return Row(
    children: [
      Image.asset("assets/logo.png", width: 30, height: 30, color: kAccentColor),
      SizedBox(width: gap_s),
      Text("RoomOfAll", style: h5(mColor: Colors.white)),
    ],
  ); // end of Row
```

```
}

Widget _buildAppBarMenu() {
  return Row(
    children: [
      // 1. 클릭을 이벤트를 원하면 InkWell 이나 TextButton 위젯을 사용하면 됩니다.
      Text("회원가입", style: subtitle1(mColor: Colors.white)),
      SizedBox(width: gap_m),
      Text("로그인", style: subtitle1(mColor: Colors.white)),
    ],
  ); // end of Row
}
//...생략
```

헤더에 Form에 추가할 CommonFormField 만들기

해당 파일을 완성한 뒤 다음 절의 헤더에 Form 만들기를 완성해야 실행 및 확인이 가능합니다.

lib/components/common/common_form_field.dart

```
import 'package:flutter/material.dart';
import 'package:flutter_airbnb/styles.dart';

class CommonFormField extends StatelessWidget {
  final prefixText;
  final hintText;

  // required 키워드는 선택적 매개변수 {} 안에서 꼭 받아야 하는 값을 설정할 수 있습니다.
  const CommonFormField({required this.prefixText, required this.hintText});

  @override
  Widget build(BuildContext context) {
    return Stack(
      children: [
        TextFormField(
          textAlignVertical: TextAlignVertical.bottom, // 2. TextFormField 내부 세로 정렬
          decoration: InputDecoration(
            // 3. TextFormField 내부에 패딩을 줄 수 있습니다.
            contentPadding: EdgeInsets.only(top: 30, left: 20, bottom: 10),
            hintText: hintText,
            border: OutlineInputBorder(
              borderRadius: BorderRadius.circular(10),
            ),
            focusedBorder: OutlineInputBorder(
              borderRadius: BorderRadius.circular(10),
              borderSide: BorderSide(
                color: Colors.black,
                width: 2,
```

```
        ),
      ),
    ),
  ),
  // 4. Positioned를 사용한 이유는 TextFormField 공간에 글자를 삽입하기 위해서 입니다.
  Positioned(
    top: 8,
    left: 20,
    child: Text(
      prefixText,
      style: overLine(),
    ),
  ),
  ],
 );
 }
}
```

헤더에 Form 만들기

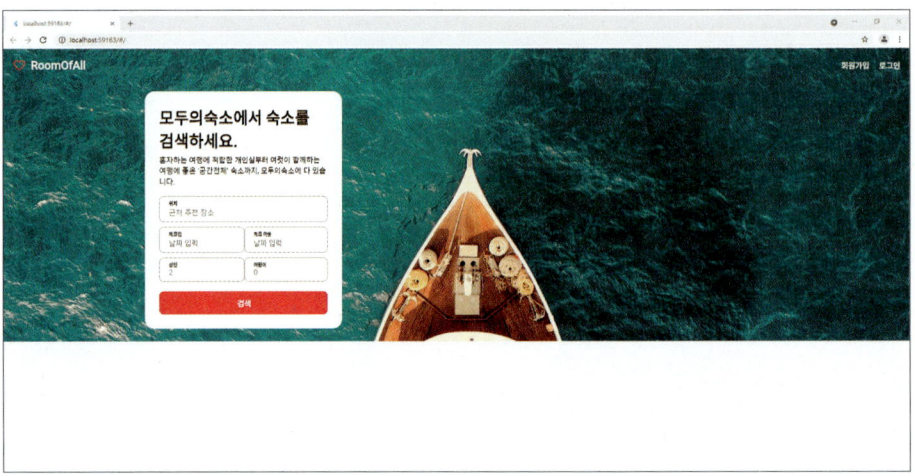

◆ 완성 화면

❶ _buildFormTitle() 만들기

◆ _buildFormTitle() 완성 화면

```
lib/components/home/home_header_form.dart
```
```
//...생략
Widget _buildFormTitle() {
  return Column(
    children: [
      Text(
        "모두의숙소에서 숙소를 검색하세요.",
        style: h4(),
      ),
      SizedBox(height: gap_xs),
      Text(
        "혼자하는 여행에 적합한 개인실부터 여럿이 함께하는 여행에 좋은 '공간전체' 숙소까지, 모두의숙소에 다 있습니다.",
        style: body1(),
      ),
      SizedBox(height: gap_m),
    ],
  ); // end of Column
}
//...생략
```

❷ _buildFormField() 만들기

◆ _buildFormField() 완성 화면

```
lib/components/home/home_header_form.dart
```
```
//...생략
Widget _buildFormField() {
  return Column(
    children: [
      CommonFormField(
        prefixText: "위치",
        hintText: "근처 추천 장소",
      ),
      SizedBox(height: gap_s),
      Row(
```

```
        children: [
          Expanded(
              child: CommonFormField(
            prefixText: "체크인",
            hintText: "날짜 입력",
          )),
          Expanded(
              child: CommonFormField(
            prefixText: "체크 아웃",
            hintText: "날짜 입력",
          )),
        ],
      ),
      SizedBox(height: gap_s),
      Row(
        children: [
          Expanded(
              child: CommonFormField(
            prefixText: "성인",
            hintText: "2",
          )),
          Expanded(
              child: CommonFormField(
            prefixText: "어린이",
            hintText: "0",
          )),
        ],
      ),
      SizedBox(height: gap_m),
    ],
  ); // end of Column
}
```

❸ _buildFormSubmit() 만들기

◆ _buildFormSubmit() 완성 화면

lib/components/home/home_header_form.dart

```dart
//...생략
Widget _buildFormSubmit() {
  return SizedBox(
    width: double.infinity,
    height: 50,
    child: TextButton(
      style: TextButton.styleFrom(
          backgroundColor: kAccentColor,
          shape: RoundedRectangleBorder(
            borderRadius: BorderRadius.circular(10),
          )),
      onPressed: () {
        print("서브밋 클릭됨");
      },
      child: Text(
        "검색",
        style: subtitle1(mColor: Colors.white),
      ),
    ),
  ); // end of SizedBox
}
//...생략
```

바디에 Banner 만들기

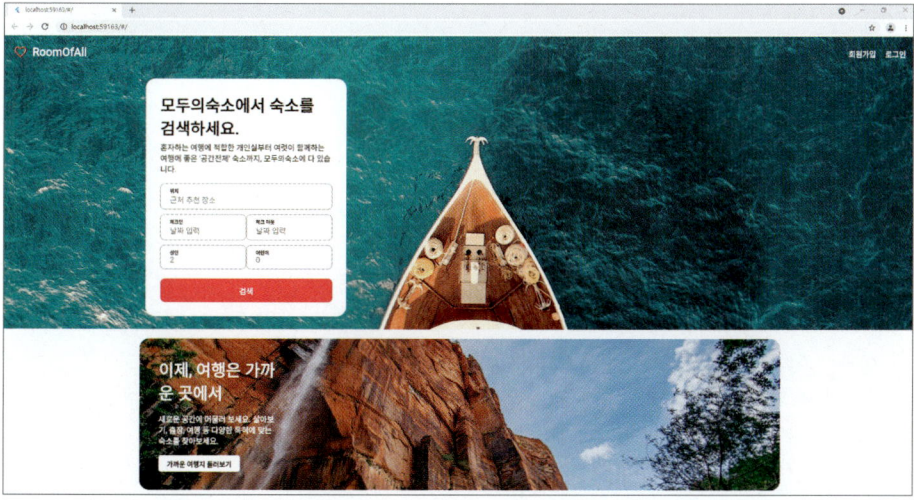

◆ 완성 화면

lib/components/home/home_body_banner.dart

```dart
import 'package:flutter/material.dart';
import 'package:flutter_airbnb/size.dart';
import 'package:flutter_airbnb/styles.dart';

class HomeBodyBanner extends StatelessWidget {
```

```dart
@override
Widget build(BuildContext context) {
  return Padding(
    // 1. 상단에 마진을 준다.
    padding: const EdgeInsets.only(top: gap_m),
    // 2 이미지와 글자를 겹치게 하기 위해서 Stack 위젯을 사용한다.
    child: Stack(
      children: [
        _buildBannerImage(),
        _buildBannerCaption(),
      ],
    ),
  );
}

Widget _buildBannerImage() {
  return ClipRRect( // 3. 이미지 모서리 둥글게
    borderRadius: BorderRadius.circular(20),
    child: Image.asset(
      "assets/banner.jpg",
      fit: BoxFit.cover,
      width: double.infinity,
      height: 320,
    ),
  ); // end of ClipRRect
}

Widget _buildBannerCaption() {
  return Positioned( // 4. Stack 위젯 내부에 위치 설정을 위해
    top: 40,
    left: 40,
    child: Column(
      crossAxisAlignment: CrossAxisAlignment.start,
      children: [
        Container(
          constraints: BoxConstraints( // 5. 글자 범위 최대 제약 조건 주기
            maxWidth: 250,
          ),
          child: Text(
            "이제, 여행은 가까운 곳에서",
            style: h4(mColor: Colors.white),
          ),
        ),
        SizedBox(height: gap_m),
        Container(
          constraints: BoxConstraints(
            maxWidth: 250,
          ),
          child: Text(
            "새로운 공간에 머물러 보세요. 살아보기, 출장, 여행 등 다양한 목적에 맞는 숙소를 찾아보세요.",
```

```
                    style: subtitle1(mColor: Colors.white),
                  ),
                ),
                SizedBox(height: gap_m),
                SizedBox(
                  height: 35,
                  width: 170,
                  child: TextButton(
                    style: TextButton.styleFrom(
                      backgroundColor: Colors.white,
                      shape: RoundedRectangleBorder(
                        borderRadius: BorderRadius.circular(5),
                      ),
                    ),
                    onPressed: () {},
                    child: Text(
                      "가까운 여행지 둘러보기",
                      style: subtitle2(),
                    ),
                  ),
                ),
              ],
            ),
          ); // end of Positioned
        }
      }
```

바디 Popular에 추가할 HomeBodyPopularItem 만들기

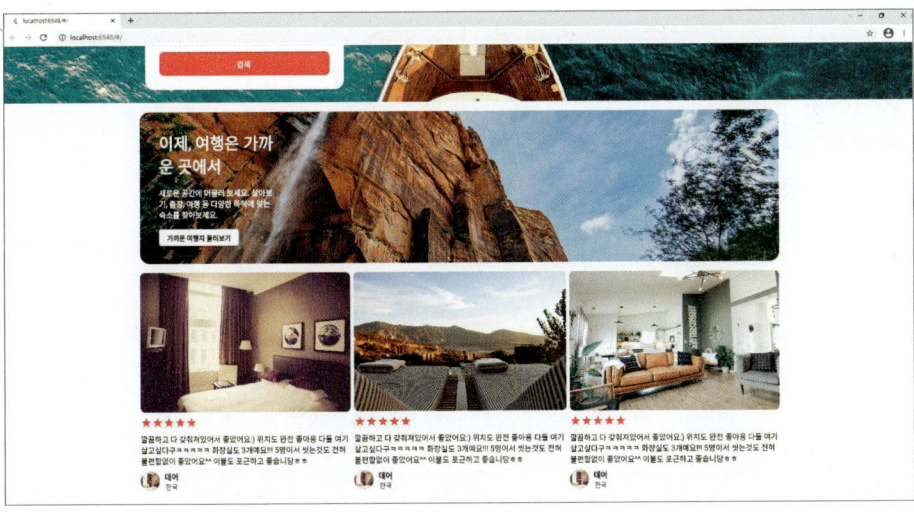

◆ 완성 화면

❶ _buildPopularItemImage() 만들기

인기 아이템의 사진이 전체 화면 영역의 70프로에서 1/3씩 차지하고 있습니다.

◆ 인기 아이템 하나의 영역 = (전체화면넓이*0.7)/3

웹 브라우저의 넓이를 작게 해보겠습니다. Wrap 위젯 덕분에 인기 아이템이 아래로 정렬되는 것을 볼 수 있습니다.

◆ Wrap 위젯을 사용하면 아래로 정렬됨

lib/components/home/home_body_popular_item.dart

```
//...생략
Widget _buildPopularItemImage() {
  return Column(
    children: [
      ClipRRect(
        borderRadius: BorderRadius.circular(10),
        child: Image.asset("assets/${popularList[id]}", fit: BoxFit.cover),
      ),
```

```
        SizedBox(height: gap_s),
      ],
    ); // end of Column
}
//...생략
```

❷ _buildPopularItemStar() 만들기

◆ _buildPopularItemStar() 완성 화면

lib/components/home/home_body_popular_item.dart

```
import 'package:flutter_airbnb/constants.dart';
//...생략
Widget _buildPopularItemStar() {
  return Column(
    children: [
      Row(
        children: [
          Icon(Icons.star, color: kAccentColor),
          Icon(Icons.star, color: kAccentColor),
          Icon(Icons.star, color: kAccentColor),
          Icon(Icons.star, color: kAccentColor),
          Icon(Icons.star, color: kAccentColor),
        ],
      ),
      SizedBox(height: gap_s),
    ],
  ); // end of Column
}
//...생략
```

❸ _buildPopularItemComment() 만들기

◆ _buildPopularItemComment() 완성 화면

```
lib/components/home/home_body_popular_item.dart
```

```dart
import 'package:flutter_airbnb/styles.dart';
//...생략
Widget _buildPopularItemComment() {
  return Column(
    children: [
      Text(
        "깔끔하고 다 갖춰져있어서 좋았어요:) 위치도 완전 좋아용 다들 여기 살고싶다구ㅋㅋㅋㅋㅋ 화장실도 3개예요!!! 5명이서 씻는것도 전혀 불편함없이 좋았어요^^ 이불도 포근하고 좋습니당ㅎㅎ",
        style: body1(),
        maxLines: 3, // 2. 글자 라인을 제한할 수 있다.
        overflow: TextOverflow.ellipsis, // 3. 글자가 3 라인을 벗어나면 ... 처리된다.
      ),
      SizedBox(height: gap_s),
    ],
  ); // end of Column
}
//...생략
```

❹ _buildPopularItemUserInfo() 만들기

◆ _buildPopularItemUserInfo() 완성 화면

lib/components/home/home_body_popular_item.dart

```dart
//...생략
Widget _buildPopularItemUserInfo() {
  return Row(
    children: [
      CircleAvatar(
        backgroundImage: AssetImage("assets/p1.jpeg"),
      ),
      SizedBox(width: gap_s),
      Column(
        children: [
          Text(
            "데어",
            style: subtitle1(),
          ),
          Text("한국"),
        ],
      )
    ],
  ); // end of Row
}
//...생략
```

바디에 Popular 완성하기

◆ 완성 화면 – Popular 영역에 제목과 부제목

lib/components/home/home_body_popular.dart

```dart
//...생략
Widget _buildPopularTitle() {
  return Column(
    children: [
      Text(
        "한국 숙소에 직접 다녀간 게스트의 후기",
        style: h5(),
      ),
      Text(
        "게스트 후기 2,500,000개 이상, 평균 평점 4.7점(5점 만점)",
        style: body1(),
      ),
      SizedBox(height: gap_m),
    ],
  ); // end of Column
}
//...생략
```

MediaQuery를 활용하여 HomeHeaderForm 가운데 정렬

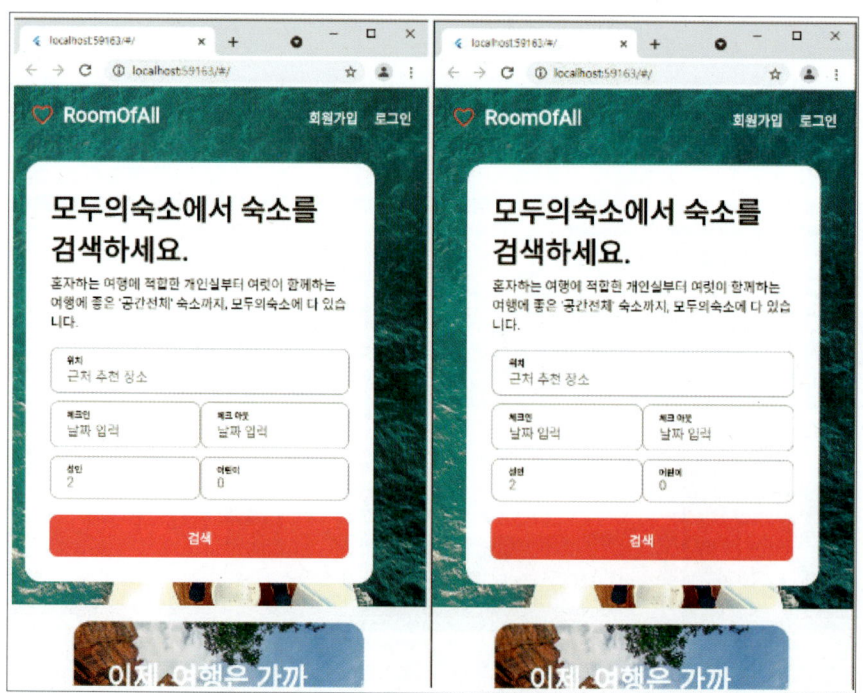

◆ MediaQuery를 활용한 반응형 웹

lib/components/home/home_header_form.dart

```dart
//...생략
class HomeHeaderForm extends StatelessWidget {
  @override
  Widget build(BuildContext context) {
    double screenWidth = MediaQuery.of(context).size.width;
    return Padding(
      padding: const EdgeInsets.only(top: gap_m),
      child: Align(
        alignment: screenWidth < 520 ? Alignment(0, 0) : Alignment(-0.6, 0),
        child: Container(
          width: 420,
          decoration: BoxDecoration(
            color: Colors.white,
            borderRadius: BorderRadius.circular(20),
          ),
          child: Form(
//...생략
```

안드로이드 에뮬레이터로 실행해보기

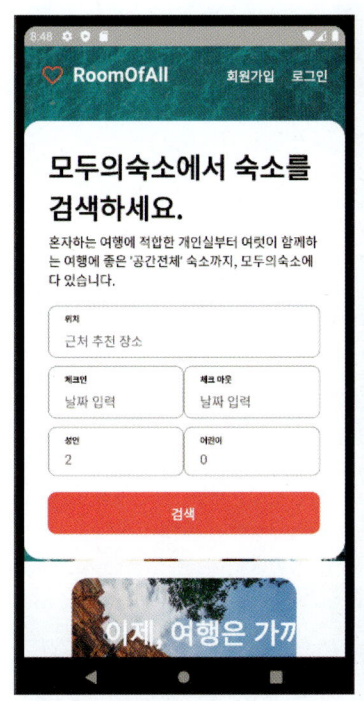

◆ Android 에뮬레이터로 실행

◆ Android 에뮬레이터로 실행

◆ Android 에뮬레이터로 실행

CHAPTER 10

모두의마켓 앱 만들기

모두의마켓은 중고거래 모바일 서비스 앱입니다. 모두의마켓 UI 만들어보기는 실제 많은 사람이 사용하고 있는 앱을 벤치마킹하여 직접 개발해보면서 짧은 예제 학습만으로 부족했던 자신감과 실력을 가장 빨리 키울 수 있는 전략입니다. 특히 application 개발을 잘하기 위해서는 먼저 UI를 손쉽게 잘 만드는 것이 필승패턴 중 하나입니다. 하지만 처음부터 너무 어려운 UI를 도전해 보는 것은 부담이 될 수 있습니다. Flutter를 보다 효과적으로 정복하기 위해서 단계적으로 필수적인 개념들을 직접 구현해 보면서 자신감과 실력을 키울 수 있도록 합시다.

모두의마켓 앱 구조 살펴보기

모든 소스 코드는 https://github.com/flutter-coder/flutter-book에 공개되어 있습니다.

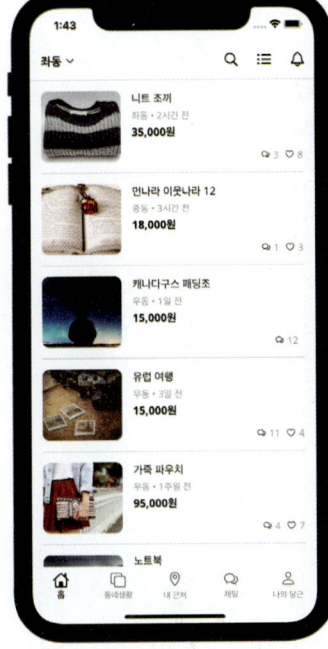

◆ 홈 완성화면

◆ 나의 당근 완성화면

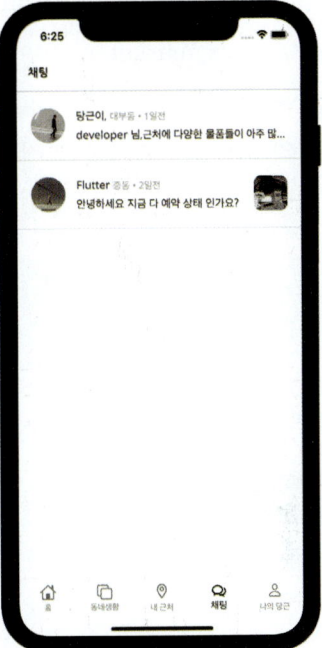

◆ 채팅 완성화면

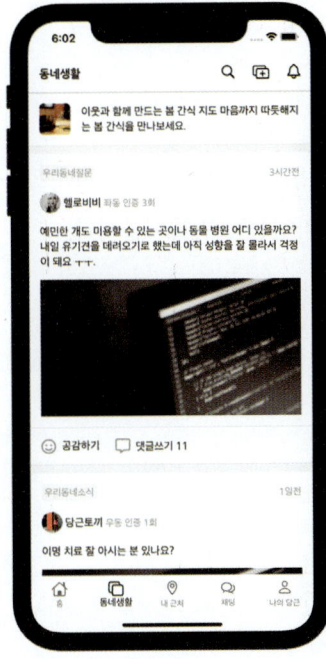

◆ 동네생활 완성화면

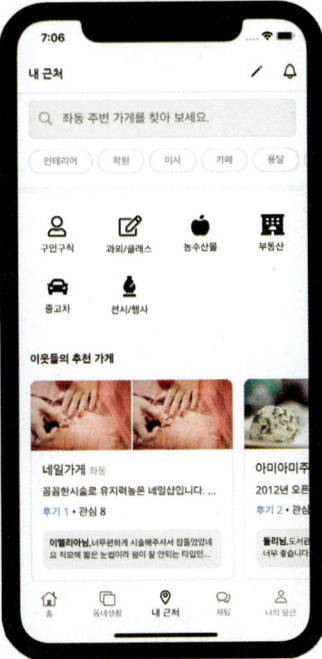

◆ 내 근처 완성화면

Chapter 10 • 모두의마켓 앱 만들기 225

10 _ 1 앱 뼈대 만들기

해당 소스 코드는 https://github.com/flutter-coder/flutter-book/tree/master/flutter_market/carrot_market_ui_01에 공개되어 있습니다.

Flutter로 앱을 처음 만들면 어디서부터 작업을 시작해야 할지 막막할 수 있습니다. 그래서 앱을 만드는 작업 순서를 나열하고 그 작업 순서에 맞게 UI를 만들어보겠습니다. 우리가 해야 할 첫 번째 작업은 앱의 뼈대를 만드는 것입니다.

> Android Studio와 Flutter를 설치하지 않았다면 아래 주소를 참고해주세요.
> Flutter 설치 방법 : https://blog.naver.com/getinthere/222324876638

프로젝트를 만들어 주세요. 이름은 carrot_market_ui 로 하겠습니다.

작업 순서
1. 폴더 및 파일 만들기
2. pubspec.yaml 파일 설정하기
3. main_screens.dart에 기본 코드 입력하기
4. 앱 테마 설정하기
5. main.dart 파일 완성하기

> 각 장마다 작업 순서를 명시 했습니다. 그 이유는 복잡한 UI를 구성하기 위해서 전체적인 구조를 보고 학습할 수 있게 도움을 주고 싶었습니다. 작업 순서는 여러분이 교재를 학습하기 위한 알고리즘이라고 생각하면 됩니다.

폴더 및 파일 만들기

코드를 한곳에 모두 작성하는 것은 좋은 방법이 아닙니다. 가독성 및 재사용을 위해 위젯이나 코드들을 별도의 폴더와 파일로 나누는 것이 좋습니다. 아래와 같은 구조로 폴더와 파일들을 만들어봅시다.

```
lib
- models // 화면에 필요한 샘플 데이터와 데이터 모델 클래스 관리 폴더
- screens // 5개의 화면 파일이 모여 있는 폴더
      - chatting // 채팅 화면에 사용될 위젯 모음 폴더
      - components // 여러 화면에서 공통으로 사용될 위젯 모음 폴더
      - home // 홈 화면에 사용될 위젯 모음 폴더
      - my_carrot // 나의 당근 화면에 사용될 위젯 모음 폴더
      - near_me // 내 근처 화면에 사용될 위젯 모음 폴더
      - neighborhood_life // 동네생활 화면에 사용될 위젯 모음 폴더
      main_screens.dart // IndexedStack, BottomNavigation 위젯을 가지는 파일
main.dart
theme.dart // 앱 테마 관리 파일
```

◆ 기본 폴더 구조

pubspec.yaml 파일 설정하기

pubspec.yaml 파일은 간단하게 프로젝트를 정의하는 파일입니다. 프로젝트의 이름, 버전, 개발 환경 등을 정의하고 앱 개발에 필요한 폰트, 아이콘 및 편리한 기능들을 가져와서 사용할 수 있게 도와주는 파일입니다. pubspec.yaml 파일을 열고 다음과 같이 작성을 해 봅시다.

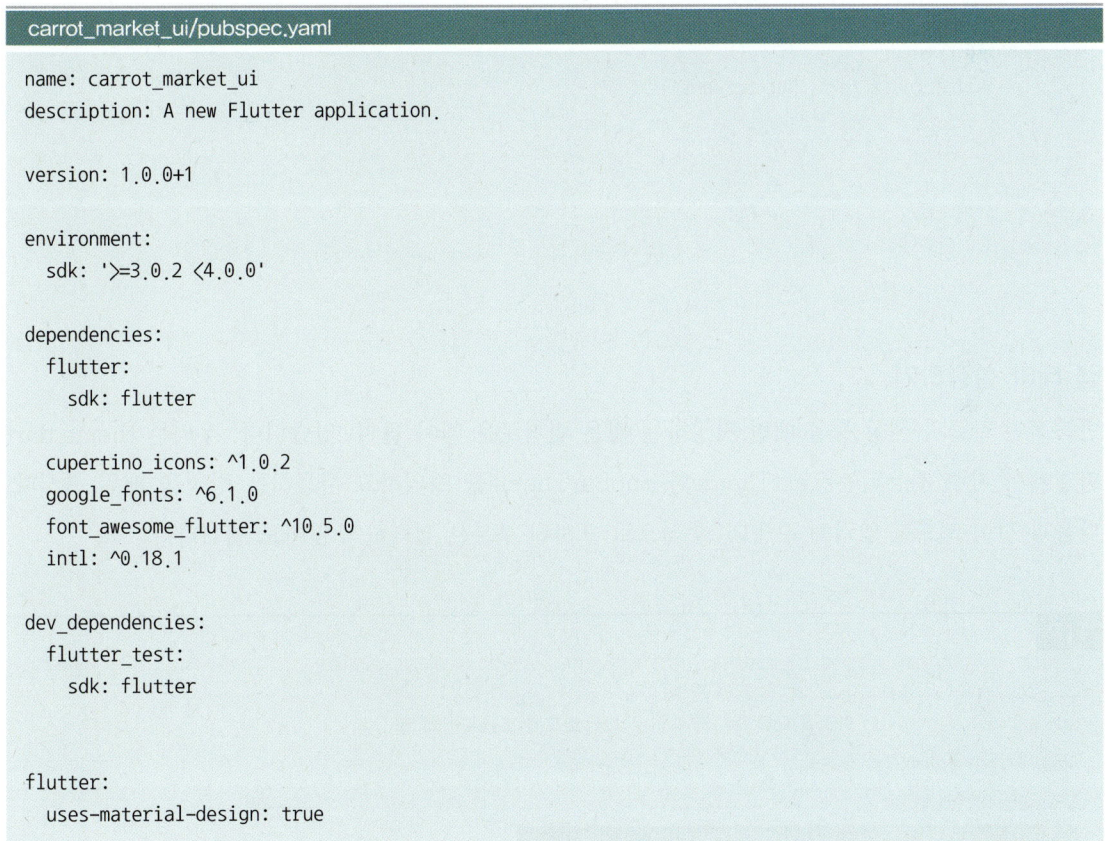

```
carrot_market_ui/pubspec.yaml

name: carrot_market_ui
description: A new Flutter application.

version: 1.0.0+1

environment:
  sdk: '>=3.0.2 <4.0.0'

dependencies:
  flutter:
    sdk: flutter

  cupertino_icons: ^1.0.2
  google_fonts: ^6.1.0
  font_awesome_flutter: ^10.5.0
  intl: ^0.18.1

dev_dependencies:
  flutter_test:
    sdk: flutter


flutter:
  uses-material-design: true
```

main_screens.dart 기본 코드 작성

이 앱의 메인 화면이 될 파일입니다. 앞서 만들었던 lib / screens 폴더 아래 main_screens.dart 파일을 열고 기본 코드를 입력해 봅시다. Android Studio에서 "stf"를 입력하고 자동완성 기능을 이용하면 더욱 편리합니다.

```dart
// lib / screens / main_screens.dart
import 'package:flutter/material.dart';

class MainScreens extends StatefulWidget {
  @override
  _MainScreensState createState() => _MainScreensState();
}

class _MainScreensState extends State<MainScreens> {
  @override
  Widget build(BuildContext context) {
    return Container(
      child: Center(
        child: const Text('MainScreens'),
      ),
    );
  }
}
```

앱 테마 설정하기

반복적인 글꼴과 색상 등을 매번 지정하는 것은 번거로운 일이 될 수 있습니다. 우리는 theme.dart 파일에서 자주 사용되는 TextTheme와 appBarTheme를 정의하고 사용하는 방법을 배워 봅시다. 다음과 같이 코드를 입력해 주세요. 주석으로 표시된 부분은 입력하지 않아도 됩니다.

TIP

pubspec.yaml 파일에서 띄어쓰기를 잘 지켜주세요.
pub get 실행 후 main.dart 파일에 오류 표시가 확인된다면 코드를 조금 수정해 봅시다.

파일 위치: lib / main.dart

코드 라인 31번째 줄

```dart
class MyHomePage extends StatefulWidget {
  MyHomePage({Key key, this.title}) : super(key: key);
```

코드를 다음과 같이 수정해 주세요.

```dart
class MyHomePage extends StatefulWidget {
  MyHomePage({Key? key, required this.title}) : super(key: key);
```

lib / theme.dart

```dart
import 'package:flutter/material.dart';
// 1
import 'package:google_fonts/google_fonts.dart';

// 2
TextTheme textTheme() {
  return TextTheme(
    displayLarge: GoogleFonts.openSans(fontSize: 18.0, color: Colors.black),
    displayMedium: GoogleFonts.openSans(fontSize: 16.0, color: Colors.black, fontWeight: FontWeight.bold),
    bodyLarge: GoogleFonts.openSans(fontSize: 16.0, color: Colors.black),
    bodyMedium: GoogleFonts.openSans(fontSize: 14.0, color: Colors.grey),
    titleMedium: GoogleFonts.openSans(fontSize: 15.0, color: Colors.black),
  );
}

// 3
IconThemeData iconTheme() {
  return const IconThemeData(
    color: Colors.black,
  );
}

// 4
AppBarTheme appBarTheme() {
  return AppBarTheme(
    centerTitle: false,
    color: Colors.white,
    elevation: 0.0,
    iconTheme: iconTheme(),
    titleTextStyle: GoogleFonts.nanumGothic(
      fontSize: 16,
      fontWeight: FontWeight.bold,
      color: Colors.black,
    ),
  );
}

// 5
BottomNavigationBarThemeData bottomNavigatorTheme() {
  return const BottomNavigationBarThemeData(
    selectedItemColor: Colors.orange,
    unselectedItemColor: Colors.black54,
    showUnselectedLabels: true,
  );
}

// 6
ThemeData theme() {
```

```
  return ThemeData(
    scaffoldBackgroundColor: Colors.white,
    textTheme: textTheme(),
    appBarTheme: appBarTheme(),
    bottomNavigationBarTheme: bottomNavigatorTheme(),
    primarySwatch: Colors.orange,
  );
}
```

❶ pubspec.yaml 파일에 등록했던 폰트 관련 패키지를 import 합니다.
❷ Fluter에서 기본적으로 정의되어 있는 textTheme의 속성들을 우리가 사용할 스타일로 재정의합니다. google_font 패키지에 폰트의 종류는 약 970개입니다. 그 중 openSans 폰트를 사용해 크기와 색상을 지정해 놓겠습니다
❸ 아이콘에 기본적으로 적용될 스타일을 미리 정의합니다. 이 챕터에서는 Appbar에 사용될 아이콘의 스타일을 정의합니다.
❹ Appbar에 사용될 스타일을 미리 정의합니다.
❺ BottomNavigationBar에 사용될 스타일을 미리 정의합니다.
❻ ThemeData 위젯은 우리가 방금 만든 TextTheme와 AppbarTheme를 정의할 수 있는 속성들을 가지고 있습니다.Scaffold 폴더의 배경 색상을 지정하고 thextTheme 속성과 appBarTheme 속성에 우리가 만든 전역 함수들을 지정해줍시다.

이 프로젝트 앱의 기본적인 디자인 시스템은 Material Design type을 사용합니다. 다음에 나오는 표를 확인해 봅시다.

◆ Material 기본 글자 크기

Flutter에서 MaterialApp을 사용한다면 헤드라인, 자막, 본문 및 캡션에 Roboto 서체를 사용하게 됩니다. 예를 들어 Text 위젯의 style을 선언하지 않는다면 표에 나와 있는 기본 스타일이 적용됩니다.

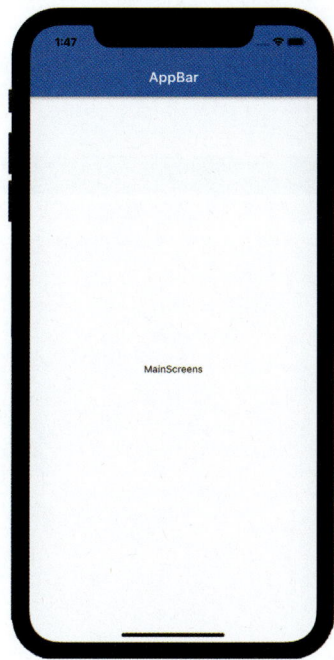

◆ Flutter 기본 스타일

- Appbar의 titile 속성의 Text 위젯 style : Flutter 기본 스타일이 적용
- body 영역에서 Text 위젯 style : Flutter 기본 스타일이 적용

◆ 스타일 적용

- Appbar의 titile 속성의 Text 위젯 style : theme.dart 파일에 정의한 스타일이 적용
- body 영역에서 Text 위젯 style : theme.dart 파일에 정의한 스타일이 적용

main.dart 파일 완성하기

Flutter에서 새로운 프로젝트를 만들면 main.dart 파일에서 샘플 코드를 확인할 수 있습니다. 불필요한 코드를 다 제거하고 다음과 같이 코드를 작성해 봅시다.

```
lib / main.dart
```

```dart
import 'package:carrot_market_ui/screens/main_screens.dart';
import 'package:carrot_market_ui/theme.dart';
import 'package:flutter/material.dart';

void main() {
  // ❶
  runApp(CarrotMarketUI());
}

class CarrotMarketUI extends StatelessWidget {
  @override
  Widget build(BuildContext context) {
    // ❷
    return MaterialApp(
      title: 'carrot_market_ui',
      debugShowCheckedModeBanner: false,
      // ❸
      home: MainScreens(),
      // ❹
      theme: theme(),
    );
  }
}
```

❶ main() 함수는 앱이 시작될 때 코드의 진입점입니다. runApp() Flutter에게 앱의 최상위 위젯이 무엇인지 알려 줍니다.
❷ 일반적으로 앱을 만들 때 필요한 Material Design type의 여러 편의 위젯들을 제공합니다.
❸ MaterialApp의 home 속성은 애플리케이션이 정상적으로 시작될 때 처음 표시되는 경로(화면)를 Flutter에게 알립니다. lib / screens / main_screens.dart 파일에 정의한 MainScreens 위젯으로 지정하였습니다.
❹ theme 속성에 theme.dart 파일에서 작업한 전역 함수 theme() 함수를 연결합니다. MaterialApp에서 기본적으로 정의되어 있는 스타일에서 우리가 새롭게 정의한 스타일을 사용하게 됩니다.

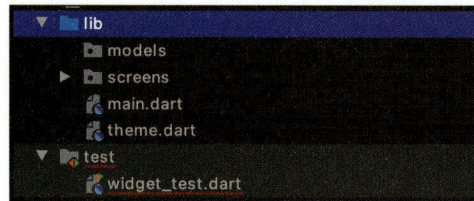

◆ widget_text 파일 삭제

> main.dart 파일을 수정하면 test / widget.dart 파일에 빨간색 표시(오류)가 생깁니다. 해당 파일은 코드를 테스트할 때 사용하는 파일입니다. 우리 교재에서는 테스트 파일이 필요 하지 않기 때문에 파일을 삭제해 주세요.

10 _ 2 메인화면 만들기

해당 소스 코드는 https://github.com/flutter-coder/flutter-book/tree/master/flutter_market/carrot_market_ui_02에 공개되어 있습니다.

◆ 메인 기본 화면

메인 화면에는 IndexedStack와 bottomNavigationBar를 함께 사용하는 방법과 동작 방식을 알아보겠습니다.

화면을 만들 때 매우 인기 있는 위젯 구성 방식이기 때문에 작업 순서에 맞춰 학습해 보겠습니다.

> **작업 순서**
>
> ❶ MainScreens 위젯 기본 코드 작성하기
> ❷ IndexedStack의 하위 위젯 만들기
> ❸ MainScreens 위젯 완성하기

MainScreens 위젯 기본 코드 작성하기

◆ IndexedStack 1   ◆ IndexedStack 2

먼저 이번 프로젝트 앱의 메인 화면의 동작 방식을 알아 둘 필요가 있습니다. 그중 가장 핵심이 되는 위젯은 IndexedStack 위젯과 BottomNavigationBar 위젯입니다. 이 두 위젯을 활용해서 사용자가 하단 아이콘 버튼을 눌렀을 때 위젯들의 상태가 변경되는 화면을 만들 수 있습니다. 앱 뼈대 만들기에서 작업했던 main_screens.dart 파일을 열고 다음과 같이 코드를 작성해 봅시다.

lib / screens / main_screens.dart

```
import 'package:flutter/cupertino.dart';
import 'package:flutter/material.dart';

class MainScreens extends StatefulWidget {
  @override
  _MainScreensState createState() => _MainScreensState();
}

class _MainScreensState extends State<MainScreens> {
  // ❶
  int _selectedIndex = 0;

  @override
  Widget build(BuildContext context) {
    // ❷
    return Scaffold(
      // ❸
      body: IndexedStack(
        index: _selectedIndex,
```

```
      children: [
        Container(  // index 0
          color: Colors.orange[100],
          child: Center(
            child: Text(
              'IndexedStack 1',
              style: TextStyle(fontSize: 20, color: Colors.black),
            ),
          ),
        ),
        Container(  // index 1
          color: Colors.redAccent[100],
          child: Center(
            child: Text(
              'IndexedStack 2',
              style: TextStyle(fontSize: 20, color: Colors.black),
            ),
          ),
        ),
      ],
    ),
    // ❹
    bottomNavigationBar: BottomNavigationBar(
      items: [
        BottomNavigationBarItem(
          label: '홈',
          icon: Icon(
            CupertinoIcons.home,
          ),
        ),
        BottomNavigationBarItem(
          label: '채팅',
          icon: Icon(
            CupertinoIcons.chat_bubble,
          ),
        ),
      ],
      // ❺
      onTap: (index) {
        setState(
          () {
            _selectedIndex = index;
          },
        );
      },
      // ❻
      currentIndex: _selectedIndex,
    ),
  );
  }
}
```

❶ 사용자가 하단 아이콘 버튼을 눌렀을 때 위젯의 index 값을 저장하는 변수입니다.
❷ Scaffold 위젯은 기본적인 시각적 레이아웃 구조를 간편하게 만들 수 있게 도와주는 위젯입니다. AppBar, BottomSheet, BottomNavigationBar, Drawer, Body, FloatingActionButton, SnackBar 등을 편리하게 사용할 수 있게 합니다.
❸ IndexdStack은 한 번에 하위 항목 하나만을 보여주는 스택 위젯입니다. index 속성을 사용하여 현재 보여줘야 할 위젯을 선택합니다.
❹ 일반적으로 세 개에서 다섯 개 사이의 앱의 최상위 화면을 빠르게 탐색할 수 있게 하는 하단에 표시되는 material 위젯입니다.
❺ 사용자가 하단 아이콘 버튼을 눌렀을 때 index 값을 반환하는 메서드입니다. 우리는 setState 함수를 사용해서 멤버 변수 _selectedIndex 변수에 값을 변경할 수 있습니다.
❻ currentIndex 속성은 현재 선택된 BottomNavigationBarItem 항목에 대한 인덱스입니다. 이 속성을 설정해야 BottomNavigationBarItem의 활성화된 상태를 표시합니다.

IndexedStack의 하위 위젯 만들기

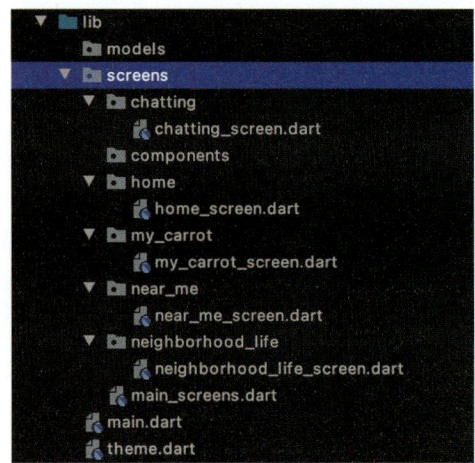

◆ 파일 생성

메인 화면을 구성하기 위해 IndexedStack 위젯의 하위 항목으로 구성될 다섯 개의 화면 위젯이 필요합니다. 앱 뼈대 만들기에서 작업했던 screens 폴더 내부에 파일을 만들고 기본 코드를 작성해 보겠습니다.

❶ chatting_screen.dart 파일 만들기

하단 BottomNavigationBarItem의 채팅 아이콘 버튼을 눌렀을 때 사용하게 될 위젯입니다.
lib / screens / chatting 폴더에 chatting_screen.dart 파일을 만들어 주세요.

```
lib / screens / chatting / chatting_screen.dart
```
```dart
import 'package:flutter/material.dart';

class ChattingScreen extends StatelessWidget {
  @override
  Widget build(BuildContext context) {
    return Center(
      child: Text('chattingScreen'),
    );
  }
}
```

❷ home_screen.dart 파일 만들기

하단 BottomNavigationBarItem의 홈 아이콘 버튼을 눌렀을 때 사용하게 될 위젯입니다.

lib / screens / home 폴더에 home_screen.dart 파일을 만들어 주세요.

```
lib / screens / home / home_screen.dart
```
```dart
import 'package:flutter/material.dart';

class HomeScreen extends StatelessWidget {
  @override
  Widget build(BuildContext context) {
    return Center(
      child: Text('homeScreen'),
    );
  }
}
```

❸ my_carrot_screen.dart 파일 만들기

하단 BottomNavigationBarItem의 나의당근 아이콘 버튼을 눌렀을 때 사용하게 될 위젯입니다.

lib / screens / my_carrot 폴더에 my_carrot_screen.dart 파일을 만들어 주세요.

```
lib / screens / my_carrot / my_carrot_screen.dart
```
```dart
import 'package:flutter/material.dart';

class MyCarrotScreen extends StatelessWidget {
  @override
  Widget build(BuildContext context) {
    return Center(
      child: Text('myCarrotScreen'),
    );
  }
}
```

❹ near_me_screen.dart 파일 만들기

하단 BottomNavigationBarItem의 내 근처 아이콘 버튼을 눌렀을 때 사용하게 될 위젯입니다. lib / screens / near_me 폴더에 near_me_screen.dart 파일을 만들어 주세요.

```
lib / screens / near_me / near_me_screen.dart

import 'package:flutter/material.dart';

class NearMeScreen extends StatelessWidget {
  @override
  Widget build(BuildContext context) {
    return Center(
      child: Text('nearMeScreen'),
    );
  }
}
```

❺ neighborhood_life_screen.dart 파일 만들기

하단 BottomNavigationBarItem의 동네생활 아이콘 버튼을 눌렀을 때 사용하게 될 위젯입니다. lib / screens / neighborhood_life 폴더에 neighborhood_life_screen.dart 파일을 만들어 주세요.

```
lib / screens / neighborhood_life / neighborhood_life_screen.dart

import 'package:flutter/material.dart';

class NeighborhoodLifeScreen extends StatelessWidget {
  @override
  Widget build(BuildContext context) {
    return Center(
      child: Text('neighborhoodLifeScreen'),
    );
  }
}
```

MainScreens 위젯 완성하기

main_screens.dart 파일을 완성해 봅시다. 다음과 같이 코드를 수정해주세요.

```
lib / screens / main_screens.dart

class MainScreens extends StatefulWidget {
  @override
  _MainScreensState createState() => _MainScreensState();
}
```

```
class _MainScreensState extends State<MainScreens> {
  int _selectedIndex = 0;

  @override
  Widget build(BuildContext context) {
    return Scaffold(
      body: IndexedStack(
        index: _selectedIndex,
        // ❶
        children: [
          HomeScreen(),
          NeighborhoodLifeScreen(),
          NearMeScreen(),
          ChattingScreen(),
          MyCarrotScreen()
        ],
      ),
      bottomNavigationBar: BottomNavigationBar(
        // ❷
        backgroundColor: Colors.white,
        // ❸
        type: BottomNavigationBarType.fixed,
        currentIndex: _selectedIndex,
        onTap: (index) {
          setState(() {
            _selectedIndex = index;
          });
        },
        // ❹
        items: [
          const BottomNavigationBarItem(
              label: '홈', icon: Icon(CupertinoIcons.home)),
          const BottomNavigationBarItem(
              label: '동네생활', icon: Icon(CupertinoIcons.square_on_square)),
          const BottomNavigationBarItem(
              label: '내 근처', icon: Icon(CupertinoIcons.placemark)),
          const BottomNavigationBarItem(
              label: '채팅', icon: Icon(CupertinoIcons.chat_bubble_2)),
          const BottomNavigationBarItem(
              label: '나의 당근', icon: Icon(CupertinoIcons.person)),
        ],
      ),
    );
  }
}
```

❶ IndexedStack 위젯의 하위 항목에 우리가 만든 위젯을 넣어 주세요. import 구문은 자동완성 기능으로 만들어 주면 편리합니다.

❷ bottomNavigationBar 배경색을 white로 지정했습니다.

❸ BottomNavigationBarType.fixed는 3개 이상의 아이템을 표시할 때 설정을 해줍니다.

❹ BottomNavigationBarItem 앞에 const 선언하는 이유는 Flutter에게 변하지 않는 위젯임을 알려 줍니다. 그럼 Flutter는 컴파일 시점에서 미리 위젯을 만들어 두기 때문에 앱이 실행되는 런타임 시점에서 위젯을 만들어 줄 필요가 없어 성능에 있어 도움이 됩니다.

```
import 'package:flutter/cupertino.dart';
import 'package:flutter/material.dart';
import 'chatting/chatting_screen.dart';
import 'home/home_screen.dart';
import 'my_carrot/my_carrot_screen.dart';
import 'near_me/near_me_screen.dart';
import 'neighborhood_life/neighborhood_life_screen.dart';
```

◆ import 구문 확인

> **TIP** MainScreens 위젯에서 import 구문 확인하기
>
> 다른 파일들에 있는 코드들을 현재 파일에서 사용하고 싶다면 import 구문을 작성하고 파일의 경로를 작성해 주면 됩니다. 하지만 매번 작성하게 된다면 번거로운 작업이 될 수 있습니다. IDE(개발 환경 도구)에 자동완성 기능을 이용해 import 구문을 완성하면 편리합니다.

◆ 경고 문구 없애기

> **TIP** cupertino 경고 문구 없애기
>
> 위 사진 cupertino.dart 문구 아래 경고 표시가 확인됩니다. 커서를 문구 가운데에 놔두면 왼쪽 상단에 표시되는 전구 모양을 눌러 주세요.
> Save 'cupertino' to perject-level dictionary를 선택하면 'cupertino'에 대한 경고 표시가 사라지게 됩니다.

10 _ 3 홈 화면 만들기

해당 소스 코드는 https://github.com/flutter-coder/flutter-book/tree/master/flutter_market/carrot_market_ui_03에 공개되어 있습니다.

이번 장을 완료하면 아래와 같은 화면을 만들 수 있습니다.

◆ 홈 완성화면

스크롤 가능한 콘텐츠를 만드는 것은 UI 개발에 필수적인 부분입니다. 이 장에서는 스크롤 가능한 ListView.separated 위젯을 이용해서 스크롤 가능한 콘텐츠를 만들어봅시다.

> **작업 순서**
>
> ❶ HomeScreen 위젯 기본 코드 입력하기
> ❷ AppBar 만들기
> ❸ 화면에 사용할 샘플 데이터 만들기
> ❹ 독립된 파일로 위젯 만들기
> ❺ HomeScreen 위젯 완성하기

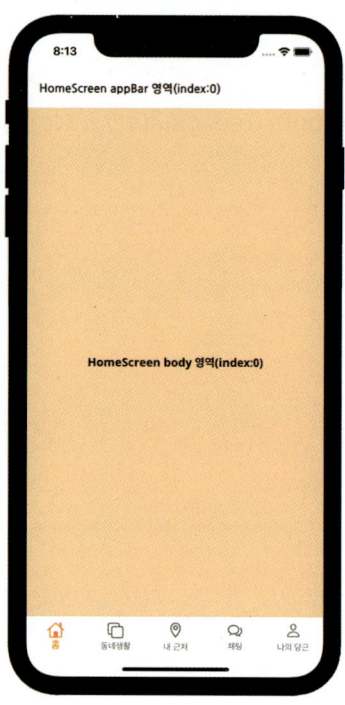

◆ 홈 기본 코드 입력

HomeScreen 위젯은 부모 위젯 IndexedStack(메인화면) 위젯의 index 0번째 하위 항목입니다. 앱 뼈대 만들기에서 작업했던 lib / screens / home 폴더에 home_screen.dart 파일을 열고 코드를 입력해 봅시다.

```dart
lib / screens / home / home_screen.dart

class HomeScreen extends StatelessWidget {
  @override
  Widget build(BuildContext context) {
    // ❶
    return Scaffold(
      appBar: AppBar(
        title: Text('HomeScreen appBar 영역(index:0)'),
      ),
      // ❷
      body: Container(
        color: Colors.orange[100],
        child: Center(
          // ❸
          child: Text(
            'HomeScreen body 영역(index:0)',
            style: textTheme().displayMedium,
          ),
        ),
      ),
    );
  }
}
```

❶ appBar 와 body 영역을 나눌 수 있게 Scaffold 위젯을 사용합니다.
❷ 위젯의 영역을 표시하기 위해 Container 위젯의 color 속성을 사용합니다. 잠시 후에 스크롤이 가능한 위젯으로 교체할 예정입니다.
❸ theme.dart 파일에서 만들었던 textTheme 메서드를 사용해서 Text 스타일을 지정했습니다.

> **TIP**
>
> ```
> import 'package:carrot_market_ui/theme.dart';
> import 'package:flutter/cupertino.dart';
> import 'package:flutter/material.dart';
> ```
>
> import 구문도 잊지 말고 완성해 주세요. 가능한 지면 활용과 편의상 import 구문을 표시하지 않습니다. 자동완성 기능을 사용해서 완성해 봅시다.

AppBar 만들기

◆ AppBar 위젯

이 프로젝트 앱에서 AppBar는 화면마다 각각 따로 만들어서 학습하겠습니다. Flutter의 AppBar 위젯을 만드는 방법에 익숙해져 봅시다.

lib / screens / home / home_screen.dart

```dart
class HomeScreen extends StatelessWidget {
  @override
  Widget build(BuildContext context) {
    return Scaffold(
      appBar: AppBar(
        // ❶
        title: Row(
          children: [
            const Text('좌동'),
            const SizedBox(width: 4.0),
            const Icon(
              CupertinoIcons.chevron_down,
              size: 15.0,
            ),
          ],
        ),
        // ❷
        actions: [
          IconButton(icon: const Icon(CupertinoIcons.search), onPressed: () {}),
          IconButton(
              icon: const Icon(CupertinoIcons.list_dash), onPressed: () {}),
          IconButton(icon: const Icon(CupertinoIcons.bell), onPressed: () {})
        ],
        // ❸
        bottom: const PreferredSize(
          preferredSize: Size.fromHeight(0.5),
          child: Divider(thickness: 0.5, height: 0.5, color: Colors.grey),
        ),
      ),
      // ❹
      body: Container(),
    );
  }
}
```

❶ title 속성에 Text 위젯만이 아닌 여러 위젯을 활용해서 만들 수 있습니다.
❷ actions 속성은 title 위젯 다음 행에 표시할 위젯 목록입니다.
❸ AppBar 하단에 라인을 표시하기 위해 bottom 속성을 사용합니다.
❹ body 영역에 기본 코드로 입력했던 부분을 제거합니다.

> **TIP** AppBar에 자동으로 스타일이 적용된 이유는?
>
> **lib / main.dart**
> ```
> //...생략
> class CarrotMarketUI extends StatelessWidget {
>   @override
>   Widget build(BuildContext context) {
>     return MaterialApp(
>       title: 'carrot_market_ui',
>       debugShowCheckedModeBanner: false,
>       home: MainScreens(),
>       // ❶
>       theme: theme(),
>     );
>   }
> }
> ```
>
> ❶ MaterialApp의 theme 속성에 우리가 만든 lib / theme.dart 파일의 theme() 메서드를 사용했기 때문입니다.

화면에 사용할 샘플 데이터 만들기

HomeScreen 위젯을 완성하기 위해서 우리는 Scaffold의 body에 사용자가 스크롤 할 수 있는 리스트가 필요합니다. 그러기 위해 ListView 위젯에 사용할 데이터를 만드는 방법부터 배워 봅시다.

❶ Product 모델 클래스 만들기

모든 기능을 갖춘 앱에서는 웹서버에서 JSON 기반 API를 호출하여 데이터를 로드 합니다. 그리고 JSON 기반의 문자열 데이터를 해당 언어의 오브젝트(클래스)로 변환하는데 이때 필요한 클래스를 모델 클래스라고 합니다.

> 데이터를 Object로 변환하는 과정을 JSON Parsing이라고 합니다. Parsing은 구문을 분석한다는 뜻입니다. 즉 JSON 데이터를 분석하여 Dart Object로 변환합니다. Dart Object로 변환하는 이유는 Dart 프로그래밍을 할 때 활용하기 편하기 때문입니다. JSON은 단순 하나의 문자열이기 때문에 다루기가 불편하고 어렵습니다.

우리는 통신을 할 웹서버가 없기 때문에 임시 데이터를 만들어 학습합니다. Product 클래스를 만들어봅시다. lib / models 폴더에 product.dart 파일을 만들고 다음과 같이 코드를 입력해 주세요.

```
lib / models / product.dart
```
```dart
class Product {
  String title;
  String author;
  String address;
  String urlToImage;
  String publishedAt;
  String price;
  int heartCount;
  int commentsCount;

  Product({
    required this.title,
    required this.author,
    required this.address,
    required this.urlToImage,
    required this.publishedAt,
    required this.price,
    required this.heartCount,
    required this.commentsCount,
  });
}
```

❷ Product 모델 클래스 샘플 데이터 만들기

스크롤을 사용할 수 있을 만큼에 데이터가 필요합니다. 코드 양이 많다면 github에서 받은 소스코드에서 carrot_market_ui_03에 product.dart 파일의 코드를 복사해서 사용할 수 있습니다.

```
lib / models / product.dart
```
```dart
//...생략
// 샘플 데이터
List<Product> productList = [
  Product(
      title: '니트 조끼',
      author: 'author_1',
      urlToImage:
          'https://github.com/flutter-coder/ui_images/blob/master/carrot_product_7.jpg?raw=true',
      publishedAt: '2시간 전',
      heartCount: 8,
      price: '35000',
      address: '좌동',
      commentsCount: 3),
  Product(
      title: '먼나라 이웃나라 12',
      author: 'author_2',
```

```
      urlToImage:
          'https://github.com/flutter-coder/ui_images/blob/master/carrot_product_6.jpg?raw=true',
      publishedAt: '3시간 전',
      heartCount: 3,
      address: '중동',
      price: '18000',
      commentsCount: 1),
  Product(
    title: '캐나다구스 패딩조',
    author: 'author_3',
    address: '우동',
    urlToImage:
        'https://github.com/flutter-coder/ui_images/blob/master/carrot_product_5.jpg?raw=true',
    publishedAt: '1일 전',
    heartCount: 0,
    price: '15000',
    commentsCount: 12,
  ),
  Product(
    title: '유럽 여행',
    author: 'author_4',
    address: '우동',
    urlToImage:
        'https://github.com/flutter-coder/ui_images/blob/master/carrot_product_4.jpg?raw=true',
    publishedAt: '3일 전',
    heartCount: 4,
    price: '15000',
    commentsCount: 11,
  ),
  Product(
    title: '가죽 파우치 ',
    author: 'author_5',
    address: '우동',
    urlToImage:
        'https://github.com/flutter-coder/ui_images/blob/master/carrot_product_3.jpg?raw=true',
    publishedAt: '1주일 전',
    heartCount: 7,
    price: '95000',
    commentsCount: 4,
  ),
  Product(
    title: '노트북',
    author: 'author_6',
    address: '좌동',
    urlToImage:
        'https://github.com/flutter-coder/ui_images/blob/master/carrot_product_2.jpg?raw=true',
    publishedAt: '5일 전',
```

```
      heartCount: 4,
      price: '115000',
      commentsCount: 0,
    ),
    Product(
      title: '미개봉 아이패드',
      author: 'author_7',
      address: '좌동',
      urlToImage:
          'https://github.com/flutter-coder/ui_images/blob/master/carrot_product_1.jpg?raw=true',
      publishedAt: '5일 전',
      heartCount: 8,
      price: '85000',
      commentsCount: 3,
    ),
  ];
```

독립된 파일로 위젯 만들기

필요에 따라서 위젯을 별도에 파일로 만들어 둘 수 있습니다. 성능에 있어 고려할 사항도 있지만 유지 보수 및 가독성 있어 좋은 점이 많습니다. 우리가 만들 위젯을 별도에 파일로 만들어서 사용하는 연습을 해 봅시다.

◆ ProductItem 위젯

❶ ProductItem 위젯 만들기

먼저 lib / screens / home 폴더에 components 폴더를 만들어 주세요. 그리고 components 폴더에 product_item.dart 파일을 생성하고 다음과 같이 코드를 작성해 주세요.

lib / screens / home / components / product_item.dart

```dart
class ProductItem extends StatelessWidget {
  // ❶
  final Product product;
  // ❷
  ProductItem({required this.product});

  @override
  Widget build(BuildContext context) {
    // ❸
    return Container(
      height: 135.0,
      padding: const EdgeInsets.all(16.0),
      child: Row(
        children: [
          // ❹
          ClipRRect(
            borderRadius: BorderRadius.circular(10.0),
            child: Image.network(
              product.urlToImage,
              width: 115,
              height: 115,
              fit: BoxFit.cover,
            ),
          ),
          const SizedBox(width: 16.0),
          // ❺
          // ProductDetail(product: product)
        ],
      ),
    );
  }
}
```

❶ 모델 클래스 Product 타입의 변수를 선언합니다.
❷ 생성자입니다. 이 위젯을 생성할 때 Product 타입의 객체를 사용한다고 명시합니다.
❸ ProductItem 위젯의 전체 세로 크기를 Container 위젯의 height 속성을 사용해서 명시합니다.
❹ 이미지의 모서리에 곡선 효과를 주기 위해 사용합니다.
❺ Row 위젯의 두 번째 항목이 될 위젯도 별도의 파일로 만들어서 사용합니다. 다음 차례에서 ProductDetail 위젯을 완성하고 주석을 풀어 주세요.

❷ ProductDetail 위젯 만들기

◆ ProductDetail 위젯

lib / screens / home / components 폴더에 product_detail.dart 파일을 생성하고 다음과 같이 코드를 입력해 주세요.

lib / screens / home / components / product_detail.dart

```
class ProductDetail extends StatelessWidget {
  final Product product;

  const ProductDetail({required this.product});

  @override
  Widget build(BuildContext context) {
    // ❶
    return Expanded(
      child: Column(
        crossAxisAlignment: CrossAxisAlignment.start,
        children: [
          Text(product.title, style: textTheme().bodyLarge),
          const SizedBox(height: 4.0),
          Text('${product.address} • ${product.publishedAt}'),
          const SizedBox(height: 4.0),
          // ❷
          Text(
            '${numberFormat(product.price)}원',
```

```
              style: textTheme().displayMedium,
            ),
            const Spacer(),
            Row(
              mainAxisAlignment: MainAxisAlignment.end,
              children: [
                // ❸
                Visibility(
                  visible: product.commentsCount > 0,
                  child: _buildIcons(
                    product.commentsCount,
                    CupertinoIcons.chat_bubble_2,
                  ),
                ),
                const SizedBox(width: 8.0),
                Visibility(
                  visible: product.heartCount > 0,
                  child: _buildIcons(
                    product.heartCount,
                    CupertinoIcons.heart,
                  ),
                ),
              ],
            )
          ],
        ),
      );
    }
    // ❹
    String numberFormat(String price) {
      final formatter = NumberFormat('#,###');
      return formatter.format(int.parse(price));
    }
    // ❺
    Widget _buildIcons(int count, IconData iconData) {
      return Row(
        children: [
          Icon(iconData, size: 14.0),
          const SizedBox(width: 4.0),
          Text('$count'),
        ],
      );
    }
  }
```

❶ Expanded의 부모 위젯은 ProductItem의 Row 위젯입니다. 가로 방향으로 최대 확장 가능한 넓이만큼 늘어납니다.
❷ numberFormat 함수를 사용해서 숫자에 콤마(,)를 추가하였습니다.
❸ 데이터 상태에 따라 위젯을 감추거나 보여줘야 할 때 활용할 수 있는 위젯입니다.
❹ pubspec.yaml 파일에서 추가한 intl: 라이브러리를 사용해서 NumberFormat 기능을 만들어 줍니다.
❺ 반복적인 작업을 메서드화 시켰습니다.

> 잠시후 HomeScreen 위젯과 연결하면 화면에 위젯들이 표시 됩니다. 계속 진행해 주세요.

HomeScreen 위젯 완성하기

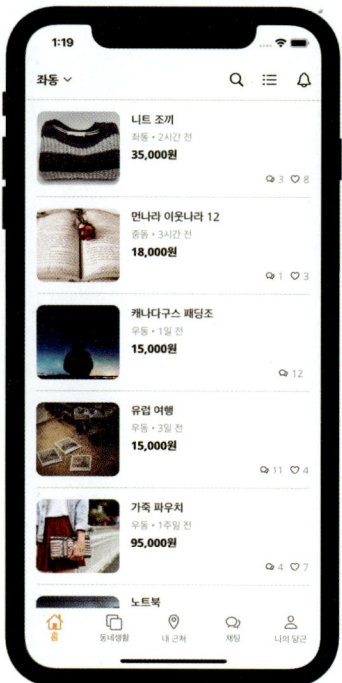

◆ 홈 body

lib / screens / home / home_screen.dart

```
class HomeScreen extends StatelessWidget {
  @override
  Widget build(BuildContext context) {
    return Scaffold(
      appBar: AppBar(
        title: Row(
          children: [
            const Text('좌동'),
            const SizedBox(width: 4.0),
            const Icon(
              CupertinoIcons.chevron_down,
              size: 15.0,
            ),
          ],
        ),
        actions: [
          IconButton(icon: const Icon(CupertinoIcons.search), onPressed: () {}),
          IconButton(
              icon: const Icon(CupertinoIcons.list_dash), onPressed: () {}),
          IconButton(icon: const Icon(CupertinoIcons.bell), onPressed: () {})
        ],
        bottom: const PreferredSize(
```

```
          preferredSize: Size.fromHeight(0.5),
          child: Divider(thickness: 0.5, height: 0.5, color: Colors.grey),
        ),
      ),
      // ❶
      body: ListView.separated(
        separatorBuilder: (context, index) => const Divider(
          height: 0,
          indent: 16,
          endIndent: 16,
          color: Colors.grey,
        ),
        itemBuilder: (context, index) {
          // ❷
          return ProductItem(
            product: productList[index],
          );
        },
        // ❸
        itemCount: productList.length,
      ), // end of ListView.separated
    );
  }
}
```

❶ 하단에 구분선이 있는 리스트 위젯을 만들 때 사용할 수 있는 위젯입니다. Divider 위젯의 indent, endIndent 속성을 이용해서 선의 시작과 끝을 설정할 수 있습니다.
❷ 독립된 파일로 분리한 ProductItem 위젯을 사용합니다. 오류 표시가 나온다면 product_item.dart 파일을 import 해주세요.
❸ 리스트에 표시할 데이터의 개수를 알려 줍니다.

10 _ 4 나의 당근 화면 만들기

해당 소스 코드는 https://github.com/flutter-coder/flutter-book/tree/master/flutter_market/carrot_market_ui_04 에 공개되어 있습니다.

이번 장을 완료하면 아래와 같은 화면을 만들 수 있습니다.

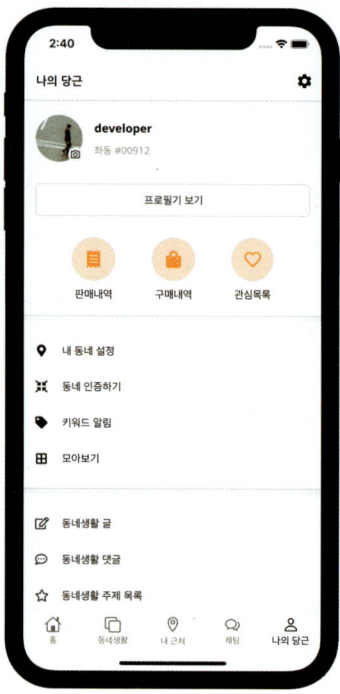

◆ 나의 당근

앱 프로파일 화면은 대부분의 앱에서 거의 필수적인 요소입니다. 이 장에서는 Card 위젯을 사용해 콘텐츠를 만들면서 학습해 보겠습니다.

> **작업 순서**
>
> ❶ MyCarrotScreen 위젯 기본 코드 입력하기
> ❷ 나의당근 화면 Header 위젯 만들기
> ❸ 모델 클래스 만들기
> ❹ 하단 Card 메뉴 위젯 위젯 만들기
> ❺ MyCarrotScreen 위젯 완성하기

나의 당근 화면 기본 코드 입력하기

◆ 나의 당근 기본 화면

MyCarrotScreen 위젯은 부모 위젯 IndexedStack(메인화면) 위젯의 index 4번째 하위 항목입니다. IndexedStack 하위 항목을 만드는 순서는 학습에 있어 효율적인 차례로 진행하겠습니다. 앱 뼈대 만들기에서 작업했던 lib / screens / my_carrot 폴더에 my_carrot_screen.dart 파일을 열고 코드를 입력해 봅시다.

```
lib / screens / my_carrot / my_carrot_screen.dart

class MyCarrotScreen extends StatelessWidget {
  @override
  Widget build(BuildContext context) {
    return Scaffold(
      // ❶
      backgroundColor: Colors.grey[100],
      appBar: AppBar(
        title: const Text('나의 당근'),
        actions: [
          IconButton(icon: const Icon(Icons.settings), onPressed: () {}),
        ],
        bottom: const PreferredSize(
          preferredSize: Size.fromHeight(0.5),
          child: Divider(thickness: 0.5, height: 0.5, color: Colors.grey),
        ),
      ),
```

```
      body: ListView(
        children: [
          // ❷
          //MyCarrotHeader(),
          const SizedBox(height: 8.0),
          // ❸
          //CardIconMenu(iconMenuList: iconMenu1),
          const SizedBox(height: 8.0),
          // ❹
          //CardIconMenu(iconMenuList: iconMenu2),
          const SizedBox(height: 8.0),
          // ❺
          //CardIconMenu(iconMenuList: iconMenu3),
        ],
      ),
    );
  }
}
```

❶ Scaffold를 기본 배경색을 white로 지정했었습니다. 하지만 개별적으로 색상을 지정해서 사용할 수 있습니다.
❷ 나의 당근 화면 상단 부분을 별도의 파일로 분리해서 위젯을 만들겠습니다. 기본적인 위젯의 코드만 작성하고 주석을 풀어 실제 위젯을 보면서 작업해 주세요.
❸ ❹ ❺번과 함께 Card 위젯을 사용해서 화면 하단 부분을 별도의 파일로 분리해서 위젯을 만들겠습니다.

나의 당근 화면 Header 위젯 만들기

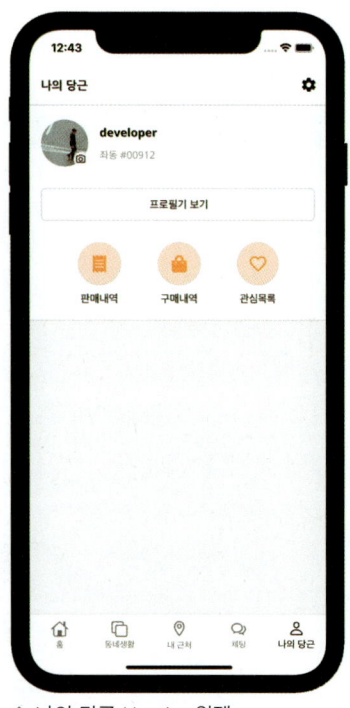

◆ 나의 당근 Header 위젯

lib / screens / my_carrot 폴더에 components 폴더를 생성하고 my_carrot_header.dart 파일을 만들어 주세요.

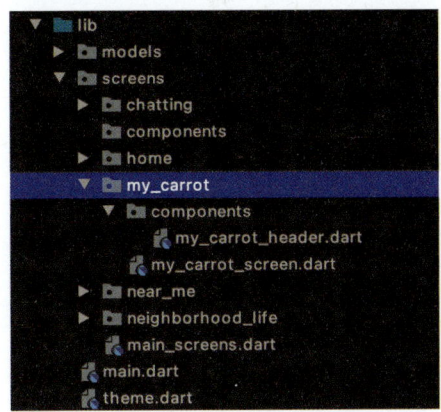

◆ 나의 당근 폴더 및 파일 생성

❶ MyCarrotHeader 기본 코드 만들기

◆ 기본 레이아웃 구성

단계를 나누어서 작업해 봅시다. 나의당근 화면 Header 위젯 만들기에서 위젯의 완성된 사진을 보고 대략적인 레이아웃 구조를 먼저 만들어봅시다.

`ib / screens / my_carrot / components / my_carrot_header.dart`

```dart
class MyCarrotHeader extends StatelessWidget {
  @override
  Widget build(BuildContext context) {
    // ❶
    return Card(
      elevation: 0.5,
      margin: EdgeInsets.zero,
      // ❷
      shape: RoundedRectangleBorder(borderRadius: BorderRadius.circular(0.0)),
      // ❸
      child: Padding(
        padding: const EdgeInsets.symmetric(vertical: 20, horizontal: 16),
        // ❹
        child: Column(
          children: [
            // ❺
            _buildProfileRow(),
            const SizedBox(height: 30),
            // ❻
            _buildProfileButton(),
            const SizedBox(height: 30),
            // ❼
            Row(
              mainAxisAlignment: MainAxisAlignment.spaceEvenly,
              children: [
                _buildRoundTextButton('판매내역', FontAwesomeIcons.receipt),
                _buildRoundTextButton('구매내역', FontAwesomeIcons.shoppingBag),
                _buildRoundTextButton('관심목록', FontAwesomeIcons.heart),
              ],
            )
          ],
        ),
      ),
    );
  }
  // ❺
  Widget _buildProfileRow() {
    return Container(color: Colors.redAccent[100], height: 60);
  }
  // ❻
  Widget _buildProfileButton() {
    return Container(color: Colors.blue[100], height: 45);
  }
  // ❼
  Widget _buildRoundTextButton(String title, IconData iconData) {
    return Container(color: Colors.orange[100], height: 60, width: 60);
  }
}
```

❶ Card 위젯은 입체감과 모서리에 곡선이 필요한 위젯을 만들 때 사용하는 위젯입니다. Card 위젯 자체에는 크기를 지정할 수 없고 부모 위젯의 제약과 자식 위젯의 크기에 따라 크기가 결정됩니다. Card 위젯은 기본적으로 margin을 가지고 있습니다. margin 값은 여기에서는 필요가 없기 때문에 EdgeInsets.zero를 설정해 줍니다.
❷ Card 위젯의 모서리 곡선을 없애기 위해 사용합니다.
❸ Card 위젯 세로와 가로의 패딩 값을 설정합니다.
❹ Card 위젯의 내부 콘텐츠의 레이아웃 구조를 Column으로 만들어 줍니다.
❺ Container로 레이아웃을 먼저 그려 줬습니다. 잠시 후에 Row 위젯 와 그 자식 위젯들로 교체합니다.
❻ 잠시 후에 InkWell 위젯으로 감싸고 위젯을 완성합니다.
❼ 잠시 후에 Column 위젯으로 교체 위젯들을 완성해 봅시다.

❷ _buildProfileRow 메서드 완성하기

◆ _buildProfileRow 위젯

StatelessWidget 안에서 반복적인 작업이나 가독성을 위해 위젯을 메서드로 분리해서 사용할 수 있습니다. MyCarrotHeader 기본 코드 만들기 5번에서 정의했던 _buildProfileRow 메서드를 완성해 봅시다.

lib / screens / my_carrot / components / my_carrot_header.dart

```dart
//... 생략
  Widget _buildProfileRow() {
    return Row(
      children: [
        // ❶
        Stack(
          children: [
            SizedBox(
              width: 65,
              height: 65,
              child: ClipRRect(
                borderRadius: BorderRadius.circular(32.5),
                child: Image.network(
                  'https://picsum.photos/200/100',
                  fit: BoxFit.cover,
                ),
              ),
            ),
            Positioned(
              bottom: 0,
              right: 0,
              child: Container(
                width: 20,
                height: 20,
                decoration: BoxDecoration(
                  borderRadius: BorderRadius.circular(15),
                  color: Colors.grey[100]),
                child: Icon(
                  Icons.camera_alt_outlined,
                  size: 15,
                ),
              ),
            ),
          ],
        ),
        SizedBox(width: 16),
        Column(
          crossAxisAlignment: CrossAxisAlignment.start,
          children: [
            Text('developer', style: textTheme().displayMedium),
            SizedBox(height: 10),
            Text('좌동 #00912'),
          ],
        )
      ],
    );
  }
//...생략
```

❶ Stack 위젯과 Positioned 위젯을 활용해서 이미지 위에 다른 위젯을 쌓고 꾸며 줄 수 있습니다.

❸ _buildProfileButton 메서드 완성하기

◆ _buildProfileButton 위젯

Flutter에서는 버튼 위젯을 다양하게 지원 하지만 Container와 BoxDecoration 위젯을 사용해서 우리가 원하는 모양의 버튼을 만들어 줄 수 있습니다. _buildProfileButton 메서드를 완성해 봅시다.

```
ib / screens / my_carrot / components / my_carrot_header.dart
```

```dart
Widget _buildProfileButton() {
  // ❶
  return InkWell(
    onTap: () {},
    child: Container(
      decoration: BoxDecoration(
        border: Border.all(
          color: Color(0xFFD4D5DD),
          width: 1.0,
        ),
        borderRadius: BorderRadius.circular(6.0),
      ),
      height: 45,
      child: Center(
        child: Text(
          '프로필 보기',
          style: textTheme().titleMedium,
        ),
      ),
    ),
  );
}
```

❶ InkWell 위젯을 활용해서 onTap 기능을 만들어 줄 수 있습니다.

❹ _buildRoundTextButton 메서드 완성하기

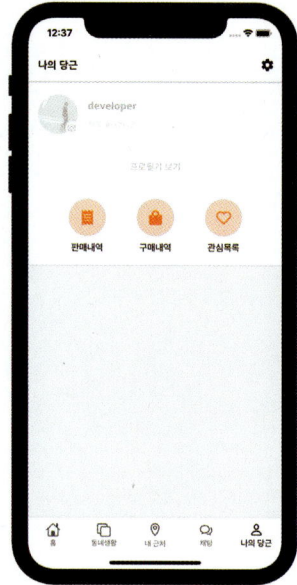

◆ _buildRoundTextButton 위젯

lib / screens / my_carrot / components / my_carrot_header.dart

```dart
Widget _buildRoundTextButton(String title, IconData iconData) {
  return Column(
    children: [
      Container(
        width: 60,
        height: 60,
        decoration: BoxDecoration(
            borderRadius: BorderRadius.circular(30.0),
            color: Color.fromRGBO(255, 226, 208, 1),
            border: Border.all(color: Color(0xFFD4D5DD), width: 0.5)),
        child: Icon(
          iconData,
          color: Colors.orange,
        ),
      ),
      SizedBox(height: 10),
      Text(
        title,
        style: textTheme().titleMedium,
      )
    ],
  );
}
```

모델 클래스 만들기

나의 당근 화면에서 사용할 샘플 데이터를 만들어 봅시다. lib / models 폴더에 icon_menu.dart 파일을 만들어 주세요.

```dart
// lib / models / icon_menu.dart
class IconMenu {
  // ❶
  final String title;
  // ❷
  final IconData iconData;

  IconMenu({required this.title, required this.iconData});
}
// 화면에 사용할 데이터
final List<IconMenu> iconMenu1 = [
  IconMenu(title: '내 동네 설정', iconData: FontAwesomeIcons.mapMarkerAlt),
  IconMenu(title: '동네 인증하기', iconData: FontAwesomeIcons.compressArrowsAlt),
  IconMenu(title: '키워드 알림', iconData: FontAwesomeIcons.tag),
  IconMenu(title: '모아보기', iconData: FontAwesomeIcons.borderAll)
];

final List<IconMenu> iconMenu2 = [
  IconMenu(title: '동네생활 글', iconData: FontAwesomeIcons.edit),
  IconMenu(title: '동네생활 댓글', iconData: FontAwesomeIcons.commentDots),
  IconMenu(title: '동네생활 주제 목록', iconData: FontAwesomeIcons.star)
];

final List<IconMenu> iconMenu3 = [
  IconMenu(title: '비즈프로필 관리', iconData: FontAwesomeIcons.store),
  IconMenu(title: '지역광고', iconData: FontAwesomeIcons.bullhorn)
];
```

❶ 메뉴 위젯으로 만들 title로 사용합니다.
❷ 메뉴 위젯을 만들 Icon으로 사용합니다.

하단 Card 메뉴 위젯 만들기

◆ Card 메뉴 위젯

lib / screens / my_carrot / components 폴더에 card_icon_menu.dart 파일을 만들어 주세요.

```
lib / screens / my_carrot / components / card_icon_menu.dart
```

```dart
class CardIconMenu extends StatelessWidget {
  // ❶
  final List<IconMenu> iconMenuList;

  CardIconMenu({required this.iconMenuList});

  @override
  Widget build(BuildContext context) {
    // ❷
    return Card(
      elevation: 0.5,
      margin: EdgeInsets.zero,
      shape: RoundedRectangleBorder(borderRadius: BorderRadius.circular(0.0)),
      child: Padding(
        padding: const EdgeInsets.all(16.0),
        child: Column(
          // ❸
          children: List.generate(
            iconMenuList.length,
            (index) => _buildRowIconItem(
                iconMenuList[index].title, iconMenuList[index].iconData),
          ),
        ),
```

```
      ),
    );
  }

  Widget _buildRowIconItem(String title, IconData iconData) {
    return Container(
      height: 50,
      child: Row(
        children: [
          Icon(iconData, size: 17),
          const SizedBox(width: 20),
          Text(title, style: textTheme().titleMedium)
        ],
      ),
    );
  }
}
```

❶ List〈IconMenu〉 타입을 가진 멤버 변수에 선언합니다.
❷ Card 위젯을 활용하고 둥근 모서리 효과를 없애 줍니다.
❸ List.generate()는 리스트를 만들어 주는 생성자입니다. length의 길이만큼 0부터 index −1까지 범위의 각 인덱스를 오름차순으로 호출하여 만든 값으로 리스트 생성합니다. 멤버 변수 iconMenuList에 들어오는 값으로 _buildRowIconItem 메서드를 호출시켜 위젯을 만들어 줍니다.

MyCarrotScreen 위젯 완성하기

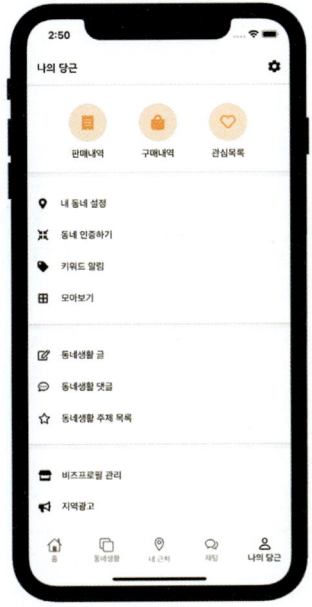

◆ MyCarrotScreen 위젯

my_carrot_screen.dart 파일을 열고 주석 해제 후 import 구문도 완성해 주세요.

lib / screens / my_carrot / my_carrot_screen.dart

```dart
class MyCarrotScreen extends StatelessWidget {
  @override
  Widget build(BuildContext context) {
    return Scaffold(
      backgroundColor: Colors.grey[100],
      appBar: AppBar(
        title: const Text('나의 당근'),
        actions: [
          IconButton(icon: const Icon(Icons.settings), onPressed: () {}),
        ],
        bottom: const PreferredSize(
          preferredSize: Size.fromHeight(0.5),
          child: Divider(thickness: 0.5, height: 0.5, color: Colors.grey),
        ),
      ),
      body: ListView(
        children: [
          MyCarrotHeader(),
          const SizedBox(height: 8.0),
          // ❶
          CardIconMenu(iconMenuList: iconMenu1),
          const SizedBox(height: 8.0),
          // ❷
          CardIconMenu(iconMenuList: iconMenu2),
          const SizedBox(height: 8.0),
          // ❸
          CardIconMenu(iconMenuList: iconMenu3),
        ],
      ),
    );
  }
}
```

❶ 우리가 만든 CardIconMenu 위젯을 사용합니다. 모델 클래스 만들에서 작업했던 List〈IconMenu〉 타입의 iconMenu1로 선언한 리스트 데이터를 넣어 주세요.
❷ List〈IconMenu〉 타입의 iconMenu2로 선언한 리스트 데이터를 넣어 줍니다.
❸ List〈IconMenu〉 타입의 iconMenu3로 선언한 리스트 데이터를 넣어 줍니다.

10 _ 5 채팅화면 만들기

해당 소스 코드는 https://github.com/flutter-coder/flutter-book/tree/master/flutter_market/carrot_market_ui_05에 공개되어 있습니다.

이번 장을 완료하면 아래와 같은 화면을 만들 수 있습니다.

◆ 채팅화면

작업 순서

❶ 모델 클래스 및 샘플 데이터 만들기
❷ 재사용 위젯 만들기
❸ CarttingScreen 위젯 기본 코드 입력하기
❹ ChatContainer 위젯 만들기
❺ CarttingScreen 위젯 완성하기

모델 클래스 및 샘플 데이터 만들기

lib / models / chat_message.dart

```dart
class ChatMessage {
  final String sender;
  final String profileImage;
  final String location;
  final String sendDate;
  final String message;
  final String? imageUri;

  ChatMessage({
    required this.sender,
    required this.profileImage,
    required this.location,
    required this.sendDate,
    required this.message,
    this.imageUri,
  });
}
// 샘플 데이터
List<ChatMessage> chatMessageList = [
  ChatMessage(
    sender: '당근이, ',
    profileImage: 'https://picsum.photos/id/870/200/100?grayscale',
    location: '대부동',
    sendDate: '1일전',
    message: 'developer 님,근처에 다양한 물품들이 아주 많이있습니다.',
  ),
  ChatMessage(
      sender: 'Flutter ',
      profileImage: 'https://picsum.photos/id/880/200/100?grayscale',
      location: '중동',
      sendDate: '2일전',
      message: '안녕하세요 지금 다 예약 상태 인가요?',
      imageUri: 'https://picsum.photos/id/890/200/100?grayscale')
];
```

재사용 위젯 만들기

앱 뼈대 만들기에서 lib / screens / components 폴더를 만들었습니다. 이 폴더에는 하나의 화면에서만 사용하는 위젯이 아닌 여러 화면에서 사용하는 위젯들을 관리하는 폴더입니다. 여기서는 두 개의 재사용 가능한 위젯을 만들어보고 사용해 봅시다.

먼저 lib / screens / components 폴더에 appbar_prefreed_size.dart 파일과 image_container.dart 파일을 만들어 주세요.

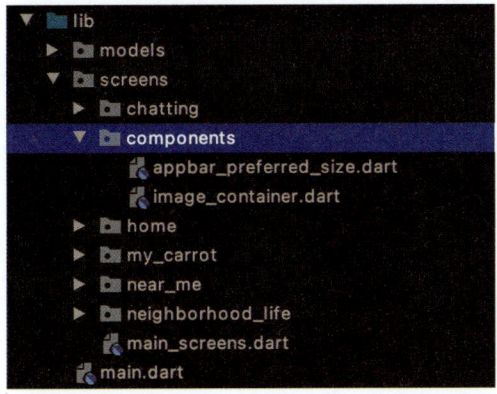

◆ 폴더 및 파일 만들기

❶ appBarBottomLine 메서드 만들기

우리는 반복적으로 사용할 수 있는 위젯들은 StatelessWidget 또는 StatefulWidget을 상속받은 class로 만들어 별도의 파일로 만드는 방법을 배웠습니다. 하지만 꼭 Class 위젯으로 만들지 않고 별도의 파일에 전역 메서드를 만들어서 사용할 수 있습니다.

이번 앱 예제에서는 각각의 화면마다 Appbar의 bottom 속성을 사용해 구분선을 만들어 주고 있습니다. 반복적인 작업이니 이 부분도 별도에 파일로 만들어서 사용해 봅시다. appbar_preferred_size.dart 파일 열고 다음과 같이 작업해 봅시다.

```dart
// lib / screens / components / appbar_preferred_size.dart
import 'package:flutter/material.dart';

PreferredSize appBarBottomLine() {
  var height = 0.5;
  // ❶
  return PreferredSize(
    preferredSize: Size.fromHeight(height),
    child: Divider(
      thickness: height,
      height: height,
      color: Colors.grey,
    ),
  );
}
```

❶ Appbar의 bottom 속성에는 PreferredSize 위젯을 사용해야 합니다. PreferredSize 위젯은 자식 위젯에게 어떤 제약도 부과하지 않고 부모 위젯에게 공간을 차지하는 크기만을 알려주는 위젯입니다.

❷ ImageContainer 위젯 만들기

이미지를 그려주는 위젯도 별로의 파일로 분리해서 만들어봅시다. image_container.dart 파일을 만들고 다음과 같이 코딩해 주세요.

lib / screens / components / image_container.dart

```dart
import 'package:flutter/material.dart';

class ImageContainer extends StatelessWidget {
  final double borderRadius;
  final String imageUrl;
  final double width;
  final double height;

  const ImageContainer({
    Key? key,
    required this.borderRadius,
    required this.imageUrl,
    required this.width,
    required this.height,
  }) : super(key: key);

  @override
  Widget build(BuildContext context) {
    return ClipRRect(
      borderRadius: BorderRadius.circular(borderRadius),
      child: Image.network(
        imageUrl,
        width: width,
        height: height,
        fit: BoxFit.cover,
      ),
    );
  }
}
```

CarttingScreen 위젯 기본 코드 입력하기

◆ 채팅 기본 화면

lib / screens / chatting / chatting_screen.dart

```dart
class ChattingScreen extends StatelessWidget {
  @override
  Widget build(BuildContext context) {
    return Scaffold(
      appBar: AppBar(
        title: Text('채팅'),
        // ❶
        bottom: appBarBottomLine(),
      ),
      // ❷
      body: ListView(
        children: List.generate(
          chatMessageList.length,
          // ❸
          (index) => Container(),
        ),
      ),
    );
  }
}
```

❶ Appbar의 bottom 속성에 우리가 만든 appBarBottomLine 메서드를 사용합니다.
❷ 앞서 홈 화면 만들기에서 ListView.separated 위젯을 사용해서 리스트 항목을 만들고 하단에 Divider 위젯을 활용해서 구분선을 만드는 방법을 배웠습니다. 이번에는 ListView 위젯을 사용해서 만드는 방법을 배워 보겠습니다.
❸ Container 위젯은 잠시 후에 다른 위젯으로 교체될 예정입니다.

ChatContainer 위젯 만들기

◆ ChatContainer 위젯

lib / screens / chatting에 components 폴더를 생성하고 chat_container.dart 파일을 만들어 주세요. 재사용 위젯 만들기에서 작업했던 ImageConatiner 위젯도 활용해 봅시다.

lib / screens / chatting / components / chat_container.dart

```
class ChatContainer extends StatelessWidget {
  const ChatContainer({
    Key? key,
    required this.chatMessage,
  }) : super(key: key);
  // ❶
  final ChatMessage chatMessage;

  @override
  Widget build(BuildContext context) {
    return Container(
      // ❷
      decoration: const BoxDecoration(
        border: Border(bottom: BorderSide(color: Colors.grey, width: 0.5)),
      ),
      height: 100,
      child: Padding(
        padding: const EdgeInsets.all(20),
        child: Row(
```

```
children: [
  // ❸
  ImageContainer(
    width: 50,
    height: 50,
    borderRadius: 25,
    imageUrl: chatMessage.profileImage,
  ),
  const SizedBox(width: 16),
  Expanded(
    child: Column(
      crossAxisAlignment: CrossAxisAlignment.start,
      children: [
        const Spacer(),
        // ❹
        Text.rich(
          TextSpan(children: [
            TextSpan(
              text: chatMessage.sender,
              style: textTheme().bodyLarge),
            TextSpan(text: chatMessage.location),
            TextSpan(text: ' · ${chatMessage.sendDate}'),
          ]),
        ),
        const Spacer(),
        Text(
          chatMessage.message,
          style: textTheme().bodyLarge,
          overflow: TextOverflow.ellipsis,
        ),
        const Spacer(),
      ],
    ),
  ),
  Visibility(
    // ❺
    visible: chatMessage.imageUri != null,
    child: Padding(
      padding: const EdgeInsets.only(left: 8.0),
      child: ClipRRect(
        borderRadius: BorderRadius.circular(10),
        child: ImageContainer(
          width: 50,
          height: 50,
          borderRadius: 8,
          imageUrl: chatMessage.imageUri ?? '',
```

```
            ),
          ),
        ),
      )
    ],
  ),
  ),
 );
 }
}
```

❶ ChatContainer 위젯을 생성할 때 우리가 만든 모델 클래스 ChatMessage 객체를 넘겨받습니다.
❷ Container의 하단 부분에 decoraion 속성을 사용해서 구분 선을 만들어 줄 수 있습니다. 부모 위젯에서 ListView. separated 위젯을 사용해서 만들 수 있지만 다양한 방법을 학습해 보는 게 좋습니다.
❸ 재사용 위젯 만들기에서 작업했던 ImageContainer 위젯을 사용합니다.
❹ Text.rich 위젯은 문단 단위로 텍스트를 꾸며 줄 수 있습니다.
❺ Visibility 위젯을 활용해 chatMessage.imageUri가 null 아닐 경우 위젯을 보여줍니다.

CarttingScreen 위젯 완성하기

lib / screens / chatting / chatting_screen.dart
```
class ChattingScreen extends StatelessWidget {
  @override
  Widget build(BuildContext context) {
    return Scaffold(
      appBar: AppBar(
        title: Text('채팅'),
        bottom: appBarBottomLine(),
      ),
      body: ListView(
        children: List.generate(
          chatMessageList.length,
          // ❶
          (index) => ChatContainer(chatMessage: chatMessageList[index]),
        ),
      ),
    );
  }
}
```

❶ lib / models / chat_message.dart 파일에서 만든 데이터와 ChatContainer을 사용해서 위젯을 완성합니다.

10 _ 6 동네생활 화면 만들기

해당 소스 코드는 https://github.com/flutter-coder/flutter-book/tree/master/flutter_market/carrot_market_ui_06에 공개되어 있습니다.

이번 장을 완료하면 만들 수 있는 화면입니다.

◆ 동네생활 화면

이번 장에서는 스프레드 연산자(spread operator)와 List.generate 생성자를 활용해서 위젯을 만드는 방법을 배워 보겠습니다.

작업 순서

❶ 모델 클래스 및 샘플 데이터 만들기
❷ NeighborhoodLifeScreen 기본 코드 입력하기
❸ Header 위젯 만들기
❹ Body 위젯 만들기
❺ NeighborhoodLifeScreen 위젯 완성하기

모델 클래스 및 샘플 데이터 만들기

동네생활 화면에 사용할 모델 클래스를 만들어 봅시다.

lib / models 폴더에 neighborhood_life.dart 파일을 만들어 주세요.

❶ 모델 클래스 만들기

```
lib / models / neighborhood_life.dart
```

```dart
class NeighborhoodLife {
  final String category;
  final String profileImgUri;
  final String userName;
  final String location;
  final String content;
  final String contentImgUri;
  final int commentCount;
  final int authCount;
  final String date;

  NeighborhoodLife({
    required this.category,
    required this.profileImgUri,
    required this.userName,
    required this.location,
    required this.content,
    required this.contentImgUri,
    required this.commentCount,
    required this.authCount,
    required this.date,
  });
}
```

❷ 샘플 데이터 만들기

github에서 받은 소스 코드에서 carrot_market_ui_06에 neighborhood_life.dart 파일의 코드를 복사해서 사용해도 됩니다.

```
lib / models / neighborhood_life.dart
```
```dart
class NeighborhoodLife {
  final String category;
  final String profileImgUri;
  final String userName;
  final String location;
  final String content;
  final String contentImgUri;
  final int commentCount;
  final int authCount;
  final String date;

  NeighborhoodLife({
    required this.category,
    required this.profileImgUri,
    required this.userName,
    required this.location,
    required this.content,
    required this.contentImgUri,
    required this.commentCount,
    required this.authCount,
    required this.date,
  });
}

// 샘플 데이터 1
String lifeTitle = '이웃과 함께 만드는 봄 간식 지도 마음까지 따듯해지는 봄 간식을 만나보세요.';

// 샘플 데이터 2
List<NeighborhoodLife> neighborhoodLifeList = [
  NeighborhoodLife(
    category: '우리동네질문',
    profileImgUri: 'https://picsum.photos/id/871/200/300?grayscale', // TODO 06 수정
    userName: '헬로비비',
    location: '좌동',
    content: '예민한 개도 미용할 수 있는 곳이나 동물 병원 어디 있을까요?\n'
        '내일 유기견을 데려오기로 했는데 아직 성향을 잘 몰라서 걱정이 돼요 ㅜㅜ.',
    contentImgUri: 'https://picsum.photos/id/872/200/300?grayscale',
    commentCount: 11,
    authCount: 3,
    date: '3시간전',
  ),
  NeighborhoodLife(
    category: '우리동네소식',
    profileImgUri: 'https://picsum.photos/id/873/200/100?grayscale',
    userName: '당근토끼',
```

```
      location: '우동',
      content: '이명 치료 잘 아시는 분 있나요?',
      contentImgUri: 'https://picsum.photos/id/874/200/100?grayscale',
      commentCount: 2,
      authCount: 1,
      date: '1일전',
    ),
    NeighborhoodLife(
      category: '분실',
      profileImgUri: 'https://picsum.photos/id/875/200/100?grayscale',
      userName: 'flutter',
      location: '중동',
      content: '롯데캐슬 방향으로 재래시장 앞쪽 지나 혹시 에어팟 오른쪽 주우신 분 있나요ㅜㅜ',
      contentImgUri: '',
      commentCount: 11,
      authCount: 8,
      date: '1일전',
    ),
    NeighborhoodLife(
      category: '우리동네질문',
      profileImgUri: 'https://picsum.photos/id/880/200/100',
      userName: '구름나드리',
      location: '우동',
      content: '밤부터 새벽까지 하던 토스트 아저씨 언제 다시 오나요ㅜㅠ',
      contentImgUri: '',
      commentCount: 0,
      authCount: 7,
      date: '3일전',
    ),
    NeighborhoodLife(
      category: '우리동네질문',
      profileImgUri: 'https://picsum.photos/id/730/200/100?grayscale',
      userName: '아는형',
      location: '만덕동',
      content: '아니 이 시간에 마이크 들고 노래하는 사람은 정상인가요?',
      contentImgUri: 'https://picsum.photos/id/885/200/100',
      commentCount: 11,
      authCount: 2,
      date: '5일전',
    ),
  ];
```

NeighborhoodLifeScreen 위젯 기본 코드 입력하기

◆ 동네생활 기본 화면

앱 뼈대 만들기에서 작업했던 neighborhood_life_screen.dart 파일을 열고 기본 코드를 입력해 봅시다.

lib / screens / neighborhood_life / neighborhood_life_screens.dart

```
class NeighborhoodLifeScreen extends StatelessWidget {
  @override
  Widget build(BuildContext context) {
    return Scaffold(
      backgroundColor: Colors.grey[100],
      appBar: AppBar(
        title: Text('동네생활'),
        actions: [
          IconButton(icon: Icon(CupertinoIcons.search), onPressed: () {}),
          IconButton(
              icon: Icon(CupertinoIcons.plus_rectangle_on_rectangle),
              onPressed: () {}),
          IconButton(icon: Icon(CupertinoIcons.bell), onPressed: () {}),
        ],
        bottom: appBarBottomLine(),
      ),
      body: ListView(
        children: [
          // ❶
```

```
              // LifeHeader(),
              // ❷
              // Padding(
              //   padding: const EdgeInsets.only(bottom: 12.0),
              //   child: LifeBody(
              //     neighborhoodLife: neighborhoodLifeList[0],
              //   ),
              // )
            ],
          ),
        );
      }
    }
```

❶ 잠시 후에 상단 부분 LifeHeader 위젯을 만들어 봅니다. 기본 코드 작성 후 주석을 해제할 예정입니다.
❷ 잠시 후에 만들 LifeBody 위젯입니다. 기본 코드 작성 후 주석을 해제할 예정입니다.

LifeHeader 위젯 만들기

◆ LifeHeader 위젯

동네생활 상단 부분 위젯을 만들어봅시다. 먼저 lib / screens / neighborhood_life에 components 폴더를 생성하고 life_header.dart 파일을 만들어 주세요.

lib / screens / neighborhood_life / components / life_header.dart

```dart
class LifeHeader extends StatelessWidget {
  @override
  Widget build(BuildContext context) {
    return Card(
      margin: EdgeInsets.only(bottom: 12.0),
      elevation: 0.5,
      // ❶
      shape: RoundedRectangleBorder(borderRadius: BorderRadius.circular(0.0)),
      child: Padding(
        padding: const EdgeInsets.all(16.0),
        child: Row(
          children: [
            // ❷
            ImageContainer(
                borderRadius: 6.0,
                imageUrl: 'https://picsum.photos/id/780/200/100',
                width: 45.0,
                height: 45.0),
            const SizedBox(width: 16.0),
            // ❸
            Expanded(
              child: Text(
                lifeTitle,
                style: textTheme().bodyLarge,
                maxLines: 2,
                overflow: TextOverflow.ellipsis,
              ),
            )
          ],
        ),
      ),
    );
  }
}
```

❶ Card 위젯을 활용해서 만들고 하단에 둥근 모서리 효과를 제거합니다.
❷ 재사용 위젯으로 만들었던 ImageContainer 위젯을 활용합니다.
❸ 부모 위젯인 Row 위젯의 ImageContainer 위젯을 제외한 남는 공간을 확장합니다. NeighborhoodLifeScreen 위젯 기본 코드 입력하기 예제에서 // ❶ 주석을 풀고 life_header.dart 파일을 import 해주세요.

LifeBody 위젯 만들기

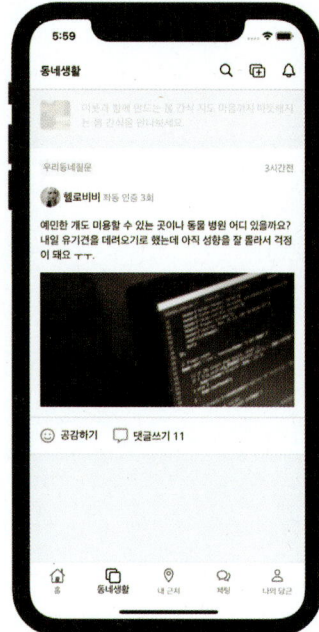

◆ LifeBody위젯

동네생활 중간 부분의 위젯을 만들어 봅시다. components 폴더에 life_body.dart 파일을 만들어 주세요.

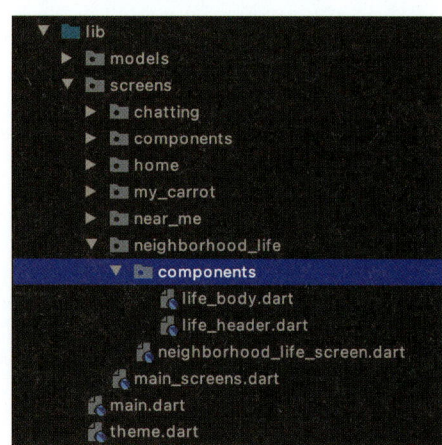

◆ 동네생활 폴더 및 파일

❶ LifeBody 기본 코드 만들기

◆ LifeBody 기본 위젯

위젯 구조가 조금 복잡할 수 있습니다. 전체적인 레이아웃 먼저 그려주고 작업을 진행하겠습니다.

```
lib / screens / neighborhood_life / components / life_body.dart
```
```
class LifeBody extends StatelessWidget {
  // ❶
  final NeighborhoodLife neighborhoodLife;

  const LifeBody({Key? key, required this.neighborhoodLife}) : super(key: key);

  @override
  Widget build(BuildContext context) {
    return Container(
      decoration: BoxDecoration(
        color: Colors.white,
        // ❷
        border: Border(
          bottom: BorderSide(width: 0.5, color: Color(0xFFD4D5DD)),
        ),
      ),
      child: Column(
        children: [
          _buildTop(),
          _buildWriter(),
          _buildWriting(),
          _buildImage(),
          // ❸
          Divider(
            height: 1,
```

```
            thickness: 1,
            color: Colors.grey[300],
          ),
          // ❹
          _buildTail(neighborhoodLife.commentCount)
        ],
      ),
    );
  }

  Padding _buildTop() {
    return Padding(
      padding: const EdgeInsets.symmetric(
        vertical: 16,
        horizontal: 16,
      ),
      child: Container(color: Colors.orange[100], height: 30),
    );
  }

  Padding _buildWriter() {
    return Padding(
      padding: const EdgeInsets.symmetric(horizontal: 16),
      child: Container(color: Colors.red[100], height: 30),
    );
  }

  Padding _buildWriting() {
    return Padding(
      padding: const EdgeInsets.symmetric(horizontal: 16, vertical: 16),
      child: Container(color: Colors.blue[100], height: 50),
    );
  }

  _buildImage() {
    return Padding(
      padding: const EdgeInsets.only(left: 16, right: 16, bottom: 16),
      child: Container(color: Colors.black, height: 150),
    );
  }

  Padding _buildTail(int commentCount) {
    return Padding(
      padding: const EdgeInsets.all(16),
      child: Container(color: Colors.lime[100], height: 50),
    );
  }
}
```

❶ lib / models / neighborhood_life.dart 파일에 만든 NeighborhoodLife 클래스를 선언합니다.
❷ LifeBody 위젯의 최상위 위젯은 Container 위젯으로 하고 하단에 border 속성을 사용하여 구분선을 그려줍니다.
❸ Divider 위젯에 양쪽 끝에 패딩을 주지 않습니다.
❹ NeighborhoodLife 객체에 넘겨받는 commentCount 값을 메서드 인자 값으로 넣어 줍니다. 잠시 후에 사용하게 됩니다.
NeighborhoodLifeScreen 위젯 기본 코드 입력하기 예제에서 // 2 주석을 풀고 life_body.dart 파일을 import 해주세요.

❷ _buildTop 위젯 만들기

◆ _buildTop 위젯

_buildTop 메서드를 다음과 같이 수정해 주세요.

lib / screens / neighborhood_life / components / life_body.dart

```
Padding _buildTop() {
  return Padding(
    padding: const EdgeInsets.symmetric(
      vertical: 16,
      horizontal: 16,
    ),
    child: Row(
      // ❶
      mainAxisAlignment: MainAxisAlignment.spaceBetween,
      children: [
        Container(
          padding: EdgeInsets.all(4),
          decoration: BoxDecoration(
            // ❷
            shape: BoxShape.rectangle,
            borderRadius: BorderRadius.all(Radius.circular(4)),
            color: Color.fromRGBO(247, 247, 247, 1),
          ),
          child:
              Text(neighborhoodLife.category, style: textTheme().bodyMedium),
        ),
        Text(
          neighborhoodLife.date,
          style: textTheme().bodyMedium,
        ),
      ],
    ),
  );
}
```

❶ 자식 위젯을 시작과 끝에 배치합니다. 시작과 끝 사이의 위젯의 나머지 공간은 모두 균일하게 배분합니다.
❷ Box의 모양을 직사각형으로 만들어 줍니다.

❸ _buildWriter 위젯 만들기

◆ _buildWriter 위젯

_buildWriter 메서드를 다음과 같이 수정해 주세요.

lib / screens / neighborhood_life / components / life_body.dart

```
Padding _buildWriter() {
  return Padding(
    padding: const EdgeInsets.symmetric(horizontal: 16),
    child: Row(
      children: [
        ImageContainer(
          width: 30,
          height: 30,
          borderRadius: 15,
          imageUrl: neighborhoodLife.profileImgUri,
        ),
        Text.rich(
          TextSpan(
            children: [
              TextSpan(
                  text: ' ${neighborhoodLife.userName}',
                  style: textTheme().bodyText1),
              // ❶
              TextSpan(text: ' ${neighborhoodLife.location}'),
              TextSpan(text: ' 인증 ${neighborhoodLife.authCount}회')
            ],
          ),
        )
      ],
    ),
  );
}
```

❹ _buildWriting 위젯 만들기

◆ _buildWriter 위젯

_buildWriting 메서드를 다음과 같이 수정해주세요.

lib / screens / neighborhood_life / components / life_body.dart

```
Padding _buildWriting() {
  return Padding(
    padding: const EdgeInsets.symmetric(horizontal: 16, vertical: 16),
    // ❶
    child: Align(
      alignment: Alignment.centerLeft,
      child: Text(
        neighborhoodLife.content,
        style: textTheme().bodyLarge,
        maxLines: 3,
        overflow: TextOverflow.ellipsis,
        textAlign: TextAlign.start,
      ),
    ),
  );
}
```

❶ Text 위젯을 centerLeft로 정렬하기 위해 사용합니다.

❺ _buildImage 위젯 만들기

◆ _buildImage 위젯

_buildImage 메서드를 다음과 같이 수정해주세요.

lib / screens / neighborhood_life / components / life_body.dart

```
Visibility _buildImage() {
  return Visibility(
    // ❶
    visible: neighborhoodLife.contentImgUri != '',
    child: Padding(
      padding: EdgeInsets.only(left: 16, right: 16, bottom: 16),
      child: Image.network(
        neighborhoodLife.contentImgUri,
        height: 200,
        width: double.infinity,
        fit: BoxFit.cover,
      ),
    ),
  );
}
```

❶ 넘겨받는 객체(NeighborhoodLife)에 contentImgUri에 값이 있다면 위젯을 표시합니다.

❻ _buildTail 위젯 만들기

◆ _buildTail 위젯

_buildTail() 메서드를 다음과 같이 수정해주세요.

lib / screens / neighborhood_life / components / life_body.dart

```
Padding _buildTail(int commentCount) {
  return Padding(
    padding: const EdgeInsets.all(16),
    child: Row(
      children: [
        Icon(
          FontAwesomeIcons.smile,
          color: Colors.grey,
          size: 22,
        ),
        SizedBox(width: 8),
        Text(
          '공감하기',
          style: TextStyle(fontSize: 16, color: Colors.black),
        ),
        SizedBox(width: 22),
        Icon(
          FontAwesomeIcons.commentAlt,
          color: Colors.grey,
          size: 22,
```

```
              Icon(
                FontAwesomeIcons.commentAlt,
                color: Colors.grey,
                size: 22,
              ),
              SizedBox(width: 8),
              Text(
                "${"댓글쓰기"} $commentCount",
                style: TextStyle(fontSize: 16, color: Colors.black),
              ),
            ],
          ),
        );
    }
```

NeighborhoodLifeScreen 위젯 완성하기

◆ 동네생활 위젯 완성

ListView 위젯 안에 스프레드 연산자와 Name 생성자(이름을 지정해준 생성자)를 사용해서 우리가 만든 LifeBody 위젯을 사용해 봅시다. neighborhood_life_screens.dart 파일을 열고 다음과 같이 코드를 수정해주세요.

lib / screens / neighborhood_life / neighborhood_life_screen.dart

```dart
class NeighborhoodLifeScreen extends StatelessWidget {
  @override
  Widget build(BuildContext context) {
    return Scaffold(
      backgroundColor: Colors.grey[100],
      appBar: AppBar(
        title: Text('동네생활'),
        actions: [
          IconButton(icon: Icon(CupertinoIcons.search), onPressed: () {}),
          IconButton(
              icon: Icon(CupertinoIcons.plus_rectangle_on_rectangle),
              onPressed: () {}),
          IconButton(icon: Icon(CupertinoIcons.bell), onPressed: () {}),
        ],
        bottom: appBarBottomLine(),
      ),
      body: ListView(
        children: [
          LifeHeader(),
          // ❶
          ...List.generate(
            neighborhoodLifeList.length,
            (index) => Padding(
              padding: const EdgeInsets.only(bottom: 8.0),
              child: LifeBody(
                neighborhoodLife: neighborhoodLifeList[index],
              ),
            ),
          )
        ],
      ),
    );
  }
}
```

❶ List.generate 생성자는 neighborhoodLifeList.length 길이만큼 반복문을 돌면서 데이터의 집합(Collection) 중 하나인 List(데이터의 순서가 있고 중복 허용) 형의 자료구조를 생성합니다. 즉 LifeBody 자식 위젯을 가지는 Padding 위젯을 List(자료구조)로 만들어 줍니다. 그리고 우리는 스프레드 연산자를 사용해서 만들어진 위젯을 하나씩 꺼내면서 List를 흩뿌려줍니다.

10 _ 7 내 근처 화면 만들기

해당 소스 코드는 https://github.com/flutter-coder/flutter-book/tree/master/flutter_market/carrot_market_ui_07에 공개되어 있습니다.

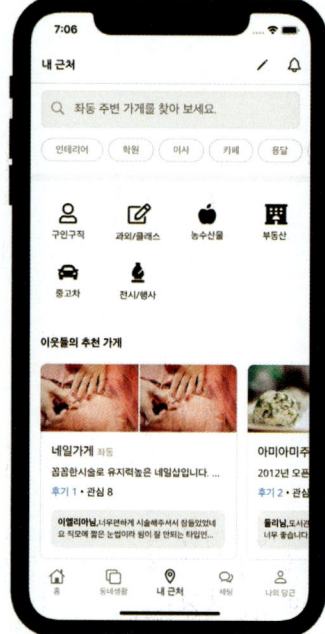

◆ 내 근처 화면

이번 프로젝트 앱의 마지막 화면입니다. 이번 장에서는 TextField 위젯을 만드는 방법을 알아보고 Wrap 위젯과 수평 방향으로 스크롤 되는 위젯을 사용해서 콘텐츠를 만들어봅시다.

> **작업 순서**
>
> ❶ 모델 클래스 및 샘플 데이터 만들기
> ❷ NearMeScreen 위젯 기본 코드 입력하기
> ❸ TextFileld 위젯 만들기
> ❹ 수평 방향으로 스크롤 되는 위젯 만들기
> ❺ Wrap 위젯 사용해 보기
> ❻ StoreItem 위젯 만들기
> ❼ NearMeScreen 위젯 완성하기

모델 클래스 및 샘플 데이터 만들기

내 근처 화면에 사용할 모델 클래스와 샘플 데이터들을 만들어 봅시다. lib / models 폴더에 recommend_store.dart 파일을 만들어 주세요.

❶ 모델 클래스 만들기

lib / models / recommend_store.dart

```dart
class RecommendStore {
  String storeName;
  String location;
  String description;
  int commentCount;
  int likeCount;
  String comment;
  String commentUser;
  List storeImages;

  RecommendStore({
    required this.storeName,
    required this.location,
    required this.description,
    required this.commentCount,
    required this.likeCount,
    required this.comment,
    required this.commentUser,
    required this.storeImages,
  });
}
```

❷ 샘플 데이터 만들기

github에서 받은 소스코드에서 carrot_market_ui_07에 recommend_store.dart 파일의 코드를 복사해서 사용할 수 있습니다.

lib / models / recommend_store.dart

```dart
//... 생략
// 샘플데이터
final List searchKeyword = ['인테리어', '학원', '이사', '카페', '용달', '네일', '에어콘'];
// 샘플데이터
List<RecommendStore> recommendStoreList = [
  RecommendStore(
      storeName: '네일가게',
      location: '좌동',
      description: '꼼꼼한시술로 유지력높은 네일샵입니다. 좌동에 위치하고 있습니다.',
      commentCount: 1,
      likeCount: 8,
      commentUser: '이엘리아님',
```

```
        comment: '너무편하게 시술해주셔서 잠들었었네요 직모에 짧은 눈썹이라 펌이 잘 안되는 타입인데 너
무 이쁘게 됐네요',
        storeImages: [
            'https://github.com/flutter-coder/ui_images/blob/master/carrot_store_1_1.jpg?raw=true',
            'https://github.com/flutter-coder/ui_images/blob/master/carrot_store_1_2.jpg?raw=true',
        ]),
    RecommendStore(
        storeName: '아미아미주먹밥',
        location: '우동',
        description: '2012년 오픈한 해운대도서관 분관쪽에 위치하고 있습니다.',
        commentCount: 2,
        likeCount: 2,
        commentUser: '둘리님',
        comment: '도서관이 근처라 시험기간마다 이용하는데 너무 좋습니다.',
        storeImages: [
            'https://github.com/flutter-coder/ui_images/blob/master/carrot_store_2_1.jpg?raw=true',
            'https://github.com/flutter-coder/ui_images/blob/master/carrot_store_2_2.jpg?raw=true',
        ]),
    RecommendStore(
        storeName: '영어원어민 논술',
        location: '중동',
        description: '원어민 영어 고급논술&디베이트&스피치 전문',
        commentCount: 7,
        likeCount: 1,
        commentUser: 'kkglo님',
        comment: '저희 아들은 학원 주입식이 아닌 살아있는 영어 수업을 할 수 있어서 너무 좋네요',
        storeImages: [
            'https://github.com/flutter-coder/ui_images/blob/master/carrot_store_3_1.jpg?raw=true',
            'https://github.com/flutter-coder/ui_images/blob/master/carrot_store_3_2.jpg?raw=true',
        ]),
    RecommendStore(
        storeName: '삘레빙/코인워시 우동점',
        location: '우동',
        description: '빨래방 / 크린토비아 코인워시 우동점 신설했습니다. 많은 이용 바랍니다.',
        commentCount: 11,
        likeCount: 5,
        commentUser: '코인님',
        comment: '처음 방문때 건조기 무료로 서비스 해주셔서 너무 감사 하네요. 앞으로 자주 이용 합니다.',
        storeImages: [
            'https://github.com/flutter-coder/ui_images/blob/master/carrot_store_4_1.jpg?raw=true',
            'https://github.com/flutter-coder/ui_images/blob/master/carrot_store_4_2.jpg?raw=true',
        ])
];
```

NearMeScreen 위젯 기본 코드 입력하기

내 근처 화면은 부모 위젯(main_screens.dart) IndexedStack 위젯의 자식 항목의 index 2번째 항목입니다.

앱 뼈대 만들기에서 작업했던 near_me_screen.dart 파일을 열고 기본 코드를 입력해 봅시다.

lib / screens / near_me / near_me_screen.dart

```dart
class NearMeScreen extends StatelessWidget {
  @override
  Widget build(BuildContext context) {
    return Scaffold(
      appBar: AppBar(
        title: Text('내 근처'),
        actions: [
          IconButton(icon: const Icon(CupertinoIcons.pencil), onPressed: () {}),
          IconButton(icon: const Icon(CupertinoIcons.bell), onPressed: () {}),
        ],
        bottom: appBarBottomLine(),
      ),
      body: ListView(
        children: [
          const SizedBox(height: 10),
          // ❶ ...
        ],
      ),
    );
  }
}
```

❶ 앞으로 만들게 될 위젯들을 해당 자리에 추가할 예정입니다.

TextFileld 위젯 만들기

◆ TextField 위젯

lib / screens / near_me 폴더에 components 폴더를 생성하고 search_text_field.dart 파일을 만들어 주세요.

lib / screens / near_me / components / search_text_field.dart

```dart
class SearchTextField extends StatelessWidget {
  @override
  Widget build(BuildContext context) {
    return Container(
      child: TextField(
        cursorColor: Colors.grey,
        // ❶
        decoration: InputDecoration(
          // ❷
          disabledBorder: _buildOutLineInputBorder(),
          // ❸
          enabledBorder: _buildOutLineInputBorder(),
          // ❹
          focusedBorder: _buildOutLineInputBorder(),
          filled: true,
          fillColor: Colors.grey[200],
          // ❺
          prefixIcon: Icon(
            CupertinoIcons.search,
            color: Colors.grey,
          ),
          // ❻
          contentPadding:
              const EdgeInsets.only(left: 0, bottom: 15, top: 15, right: 0),
          hintText: '좌동 주변 가게를 찾아 보세요.',
          hintStyle: TextStyle(fontSize: 18),
        ),
      ),
    );
  }

  OutlineInputBorder _buildOutLineInputBorder() {
    return OutlineInputBorder(
      // ❼
      borderSide: const BorderSide(width: 0.5, color: Color(0xFFD4D5DD)),
      // ❽
      borderRadius: BorderRadius.circular(8.0),
```

❶ 텍스트 필드의 장식하는 속성입니다. decoration 속성의 데이터 타입은 테두리, 레이블, 아이콘 및 스타일을 설정할 수 있는 InputDecoration 객체를 사용합니다.

❷ TextField를 비 활성 상태, enable 속성을 false로 설정했을 때의 border 스타일을 지정하는 속성입니다.

❸ TextField의 enable 속성을 true로 설정했을 때의 border 스타일을 지정하는 속성입니다.

❹ TextField에 포커스가 왔을 때 border 스타일을 지정합니다.
❺ 글이 입력되는 content 영역 앞에 Icon 위젯을 사용하기 위해 지정합니다.
❻ 글 입력 영역을 감싸고 있는 container의 padding 값을 지정합니다.
❼ BorderSide 객체를 이용해 border의 색상과 두께를 설정합니다.
❽ TextField Border 영역에 곡선을 주기 위해 사용합니다.

완성한 SearchTextField 위젯을 NearMeScreen 위젯의 Listview 안에 넣어 줍니다.

lib / screens / near_me / near_me_screen.dart
```
    //...생략
    body: ListView(
      children: [
        const SizedBox(height: 10),
        // ❶
        Padding(
          padding: const EdgeInsets.symmetric(horizontal: 16),
          child: SearchTextField(),
        )
      ],
    ),
    //...생략
```

❶ Padding 위젯을 추가하고 child 속성에 SearchTextField 추가해 주세요.

수평 방향으로 스크롤 되는 위젯 만들기

◆ 수평 스크롤 위젯

수평 스크롤 위젯의 부모 위젯은 수직 방향으로 스크롤 되는 ListView입니다. ListView는 수직으로 스크롤 될 때 해당 Axis(방향)으로 나열되는 위젯 각 각의 높이를 자식 위젯에게 위임하는 특성이 있습니다. 그렇기 때문에 수평 방향 ListView에 높이를 주지 않으면 높이가 0이기 때문에 화면에 보이지 않습니다. 수평 방향 ListView에 꼭 고정 height 값을 지정해야 합니다. 그럼 다음과 같이 작업을 진행해 봅시다.

❶ RoundBorderText 위젯 만들기

◆ RoundBorderText 위젯

수평 스크롤 영역 안에 들어갈 위젯을 만들어봅시다.

components 폴더에 round_border_text.dart 파일을 만들어 주세요.

```
lib / screens / near_me / components / round_border_text.dart
class RoundBorderText extends StatelessWidget {
  RoundBorderText({Key? key, required this.title, required this.position})
      : super(key: key);
  // ❶
  final String title;
  // ❷
  final int position;

  @override
  Widget build(BuildContext context) {
```

```
    // ❸
    var paddingValue = position == 0 ? 16.0 : 8.0;
    return Padding(
      padding: EdgeInsets.only(left: paddingValue),
      child: Container(
        // ❹
        padding: const EdgeInsets.symmetric(horizontal: 20.0, vertical: 8.0),
        // ❺
        decoration: BoxDecoration(
          borderRadius: BorderRadius.circular(18.0),
          border: Border.all(width: 0.5, color: Colors.grey),
        ),
        child: Text(title,
            textAlign: TextAlign.center,
            style: TextStyle(fontSize: 14, fontWeight: FontWeight.bold)),
      ),
    );
  }
}
```

❶ 위젯의 title로 사용할 String 타입의 값을 넘겨받습니다.
❷ 위젯의 position 값을 넘겨받게 합니다.
❸ 위젯의 위치가 0번째일 경우 왼쪽 padding 값을 16.0 아닐 경우 8.0으로 설정합니다. 우리가 만든 SearchTextField 위 젯과 왼쪽 정렬을 맞추기 위해 사용합니다.
❹ Container와 Text 위젯 사이의 padding 값을 설정합니다.
❺ Container의 border 속성과 borderRadius 속성을 사용해서 위젯을 꾸며 줍니다.

❷ 수평 방향으로 스크롤 되는 위젯 완성하기

◆ 수평 스크롤 위젯

near_me_screen.dart 파일에서 ListView.builder를 활용하여 수평으로 스크롤 되는 위젯들을 나열해 봅니다. 파일을 열고 다음과 같이 코드를 추가해 주세요.

lib / screens / near_me / near_me_screen.dart

```dart
//... 생략
// ❶
Padding(
  padding: const EdgeInsets.symmetric(horizontal: 16),
  child: SearchTextField(),
),
// ❷
SizedBox(
  height: 66,
  child: ListView.builder(
    // ❸
    scrollDirection: Axis.horizontal,
    itemCount: searchKeyword.length,
    itemBuilder: (context, index) {
      return Center(
        child: RoundBorderText(
          title: searchKeyword[index],
          // ❹
          position: index,
        ),
      );
    },
  ),
),
// ❺
Divider(
  color: Colors.grey[100],
  thickness: 10.0,
),
// ❻
//... 생략
```

❶ 우리가 만든 SearchTextField 위젯입니다. 코드 위치를 알리기 위해 표시하였습니다.
❷ SizedBox 위젯을 활용해서 수평 스크롤 되는 영역의 높이 값을 지정해 주어야 합니다.
❸ 스크롤 방향 scrollDirection: Axis.horizontal 사용해서 방향을 지정합니다.
❹ index 값을 넘겨줍니다. 0번째 위젯임을 알리기 위해 사용합니다. 수평 스크롤 영역(SizedBox) 밖에서 Padding을 사용하게 되면 스크롤 영역이 잘리게 되므로 자연스럽지 못한 UI가 만들어집니다.
❺ Divider를 사용해 색상과 굵기 설정을 합니다.
❻ 잠시 후 만들게 될 Wrap 위젯의 위치입니다.

Wrap 위젯 사용해 보기

배치하고자 하는 방향에 공간이 부족할 때는 Wrap을 활용할 수 있습니다. Wrap 위젯은 자식을 Row나 Column으로 배치할 수 있고 배치할 공간이 부족해지면 자식 위젯을 다음 줄에 배치합니다. 반응형 웹을 만들 때도 활용할 수 있습니다.

❶ BottomTitleIcon 위젯 만들기

◆ BottomTitleIcon 위젯

Wrap 위젯 안에 사용될 위젯을 만들어봅시다. lib / screens / near_me / components 폴더에 bottom_title_icon.dart 파일을 만들어 주세요.

```
lib / screens / near_me / components / bottom_title_icon.dart

class BottomTitleIcon extends StatelessWidget {
  final IconData iconData;
  final String title;

  const BottomTitleIcon(
      {Key? key, required this.iconData, required this.title})
      : super(key: key);

  @override
  Widget build(BuildContext context) {
    return Container(
      width: 80,
      child: Column(
```

```
          children: [
            Icon(iconData, size: 30),
            Padding(
              padding: const EdgeInsets.only(top: 8),
              child: Text(
                title,
                style: TextStyle(fontSize: 14, color: Colors.black),
              ),
            ),
          ],
        ),
      );
    }
  }
```

❷ Wrap 위젯 완성하기

◆ Wrap 위젯

near_me_screen.dart 파일에서 작업합니다. 파일을 열고 다음과 같이 코드를 추가해 주세요.

lib / screens / near_me / near_me_screen.dart

```
            //...생략
            // ❻
            Padding(
              padding: const EdgeInsets.only(left: 16, top: 30),
              child: Wrap(
                alignment: WrapAlignment.start,
                spacing: 22.0,
```

```
            runSpacing: 30,
            children: [
              const BottomTitleIcon(
                  title: '구인구직', iconData: FontAwesomeIcons.user),
              const BottomTitleIcon(
                  title: '과외/클래스', iconData: FontAwesomeIcons.edit),
              const BottomTitleIcon(
                  title: '농수산물', iconData: FontAwesomeIcons.appleAlt),
              const BottomTitleIcon(
                  title: '부동산', iconData: FontAwesomeIcons.hotel),
              const BottomTitleIcon(
                  title: '중고차', iconData: FontAwesomeIcons.car),
              const BottomTitleIcon(
                  title: '전시/행사', iconData: FontAwesomeIcons.chessBishop)
            ],
          ),
        ),
        const SizedBox(height: 50),
        //... 생략
```

❻ Wrap 위젯의 왼쪽과 상단에 padding 값을 사용하고 속성 alignment를 사용하여 정렬을 시작 위치로 설정합니다. spacing 속성은 다음 위젯과의 공간을 띄우고 runSpacing 속성은 다음 줄부터 시작하는 공간을 설정할 수 있습니다.

StoreItem 위젯 만들기

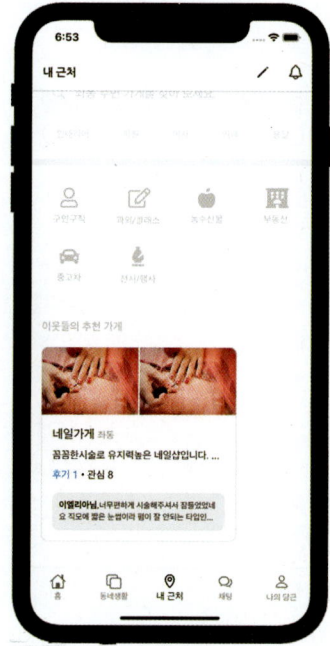

◆ StoreItem 위젯

components 폴더에 store_item.dart 파일을 만들어 주세요.

lib / screens / near_me / components / store_item.dart

```dart
class StoreItem extends StatelessWidget {
  final RecommendStore recommendStore;

  const StoreItem({Key? key, required this.recommendStore}) : super(key: key);

  @override
  Widget build(BuildContext context) {
    return Container(
      decoration: BoxDecoration(
          borderRadius: BorderRadius.circular(10),
          border: Border.all(width: 0.3, color: Colors.grey)),
      width: 289,
      child: Column(
        crossAxisAlignment: CrossAxisAlignment.start,
        children: [
          Row(
            children: [
              buildClipRRect(topLeft: 10), // ❶
              const SizedBox(width: 2),
              buildClipRRect(topRight: 10), // ❷
            ],
          ),
          Padding(
            padding: const EdgeInsets.all(16),
            child: Column(
              crossAxisAlignment: CrossAxisAlignment.start,
              children: [
                Text.rich(
                  TextSpan(
                    children: [
                      TextSpan(
                        text: '${recommendStore.storeName} ',
                        style: textTheme().displayLarge),
                      TextSpan(text: '${recommendStore.location}'),
                    ],
                  ),
                ),
                const SizedBox(height: 8),
                Text(
                  '${recommendStore.description}',
                  maxLines: 1,
                  overflow: TextOverflow.ellipsis,
                  style: textTheme().titleMedium,
```

```dart
              ),
              const SizedBox(height: 8),
              Text.rich(
                TextSpan(
                  children: [
                    TextSpan(
                        text: '후기 ${recommendStore.commentCount}',
                        style: TextStyle(fontSize: 15, color: Colors.blue)),
                    TextSpan(
                      text: ' • 관심 ${recommendStore.likeCount}',
                      style: textTheme().titleMedium,
                    ),
                  ],
                ),
              )
            ],
          ),
        ),
        Expanded(
          child: Container(
            margin: const EdgeInsets.only(left: 16, right: 16, bottom: 16),
            padding: const EdgeInsets.all(10),
            decoration: BoxDecoration(
                color: Colors.grey[200],
                borderRadius: BorderRadius.circular(10)),
            child: Text.rich(
              TextSpan(
                children: [
                  TextSpan(
                      text: '${recommendStore.commentUser},',
                      style: TextStyle(
                          fontSize: 13,
                          color: Colors.black,
                          fontWeight: FontWeight.bold)),
                  TextSpan(
                      text: '${recommendStore.comment}',
                      style: TextStyle(fontSize: 12, color: Colors.black)),
                ],
              ),
              maxLines: 2,
              overflow: TextOverflow.ellipsis,
            ),
          ),
        )
      ],
```

```
      ),
    );
  }

  ClipRRect buildClipRRect({double topLeft = 0, double topRight = 0}) {
    return ClipRRect(
      borderRadius: BorderRadius.only(
          topLeft: Radius.circular(topLeft),
          topRight: Radius.circular(topRight)),
      child: Image.network(
        recommendStore.storeImages[0],
        width: 143,
        height: 100,
        fit: BoxFit.cover,
      ),
    );
  }
}
```

❶, ❷ 반복적인 작업은 메서드로 분리해서 사용하는 것이 좋습니다.

NearMeScreen 위젯 완성하기

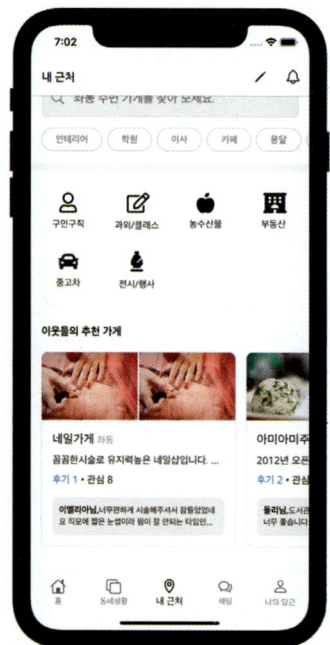

◆ NeareScreen 위젯

StoreItem 위젯을 활용해서 코드를 완성해 봅시다. near_me_screen.dart 파일을 열고 코드를 추가해 주세요.

lib / screens / near_me / near_me_screen.dart

```
//... 생략
// ❽
Padding(
  padding: const EdgeInsets.only(left: 16.0),
  child: Text('이웃들의 추천 가게', style: textTheme().displayMedium),
),
const SizedBox(height: 20),
// ❾
Container(
  height: 288,
  child: ListView.builder(
    scrollDirection: Axis.horizontal,
    itemCount: recommendStoreList.length,
    itemBuilder: (context, index) {
      return Padding(
        padding: EdgeInsets.only(left: 16),
        child: StoreItem(
          recommendStore: recommendStoreList[index],
        ),
      );
    },
  ),
),
// ❿
SizedBox(height: 40)
//...생략
```

❽ Text 위젯과 Padding 위젯을 사용합니다.
❾ 이번에는 수평 방향으로 스크롤 하는 위젯의 영역을 Container로 사용하고 우리가 만든 StoreItem 위젯을 활용합니다.
❿ 스크롤을 최하단으로 내렸을 경우 아래의 여유 공간을 확보하기 위해 사용합니다.

CHAPTER

11

사진 관리 앱 만들기 : 카메라 제어하기

이번 챕터에는 플러터로 카메라를 제어하여 실제 환경에서 사진을 촬영하고, 촬영한 사진을 어플리케이션에 불러오는 기능을 수행해보겠습니다.

※모든 소스 코드는 https://github.com/flutter-coder/flutter-book/tree/master/flutter_camera 에 공개되어 있습니다.

11 _ 1 사진 촬영 저장 어플 만들기

플러터에서 카메라를 제어하는 방법

플러터에서 카메라를 제어하려면 camera 패키지를 사용하면 됩니다. 이 패키지는 카메라의 기능을 접근하고 제어하는 API를 제공합니다.

플러터의 camera 패키지는 카메라를 직접 제어하지는 않습니다.

대신 이 패키지는 안드로이드나 iOS 같은 호스트 운영 체제의 카메라 API에 접근하는 인터페이스를 제공합니다.

이를 통해 플러터 개발자들은 카메라의 기능을 사용할 수 있습니다.

이러한 구조는 플러터의 전반적인 디자인 철학을 반영하고 있습니다.

플러터는 크로스 플랫폼 개발 도구로, 단일 코드베이스로 다양한 플랫폼에서 동작하는 앱을 만들 수 있게 해줍니다.

이를 위해 플러터는 플랫폼별 API를 추상화하여 공통의 인터페이스를 제공합니다.

이를 "플러터 엔진"이라고 부르며, 이 엔진을 통해 개발자들은 플랫폼의 복잡성을 걱정하지 않고 카메라, 위치 서비스, 네트워크, 파일 시스템 등의 기능을 사용할 수 있습니다.

이런 방식으로 플러터는 단일 코드베이스로 다양한 플랫폼에서 동작하는 앱을 만드는 것을 가능하게 합니다.

새로운 프로젝트 생성하기

프로젝트 이름을 flutter_camera_01으로 설정합니다.

안드로이드 권한 부여하기

먼저 사진을 찍고 파일을 저장하기 위해서는 파일 쓰기 권한을 사용자로부터 부여받아야합니다.

1 프로젝트 내의 AndroidMainfest.xml 파일을 엽니다.

해당 파일은 다음 경로에 위치해 있습니다.

◆ AndroidManifest.xml 파일 위치

2 해당 파일에 다음 코드를 추가합니다.

AndroidManifest.xml

```
AndroidManifest.xml
<manifest xmlns:android="http://schemas.android.com/apk/res/android">
    <uses-permission android:name="android.permission.WRITE_EXTERNAL_STORAGE" /> <!-- 쓰기권한부여 -->
    <application
        android:label="flutter_camera"
        android:name="${applicationName}"
// .. 생략
```

이 코드는 앱이 외부 저장소에 쓰기 권한을 필요로 함을 알리는 역할을 합니다. 이는 앱이 사용자의 동의 없이는 외부 저장소에 쓰기 작업을 수행하지 못하게 합니다.

안드로이드 6.0 (API 레벨 23) 이상에서는 사용자는 앱이 특정 권한을 요청할 때 이를 수락하거나 거부할 수 있습니다.

minSdkVersion 설정하기

1 build.gradle 파일을 찾습니다.

프로젝트 생성을 하시면 총 두개의 build.gradle이 존재합니다.

그 중에서 android/app/src/build.gradle에 있는 코드를 수정하여야 합니다.

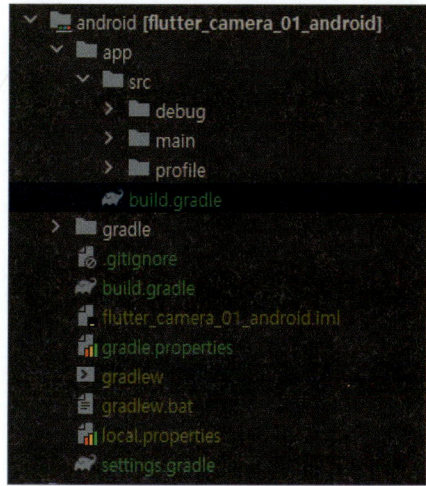

2 해당 파일을 수정합니다.

```
android/app/src/build.gradle
```

```
defaultConfig {
    applicationId "com.example.flutter_camera"
    minSdkVersion 21 // minsdk 수정 부분
    targetSdkVersion flutter.targetSdkVersion
    versionCode flutterVersionCode.toInteger()
    versionName flutterVersionName
}
```

이 설정은 앱이 실행될 수 있는 안드로이드 기기의 최소 API 레벨을 설정합니다.

필요한 패키지 추가하기

pubspec.yaml

```yaml
// .. 생략
dependencies:
  flutter:
    sdk: flutter


  # The following adds the Cupertino Icons font to your application.
  # Use with the CupertinoIcons class for iOS style icons.
  cupertino_icons: ^1.0.2
  image_picker: ^1.0.1
  gallery_saver: ^2.1.0
// .. 생략
```

❶ 이미지와 비디오를 선택하고 캡처하는 기능을 제공합니다.
❷ 사용자의 갤러리에 이미지나 동영상을 저장하는 기능을 제공합니다.

어플리케이션 구현하기

lib/main.dart

```dart
import 'package:flutter/material.dart';
import 'package:gallery_saver/gallery_saver.dart';
import 'package:image_picker/image_picker.dart';

void main() {
  runApp(const MyApp());
}

class MyApp extends StatefulWidget {
  const MyApp({super.key});

  @override
  State<MyApp> createState() => _MyAppState();
}

class _MyAppState extends State<MyApp> {

  @override
  Widget build(BuildContext context) {
    return MaterialApp(
```

```
      home: Scaffold(
        body: Column(
          children: [
            const Expanded(
              child: Center(
                child: Text(
                  "사진 저장하기",
                  style: TextStyle(fontSize: 50.0),
                ),
              ),
            ),
            Row(
              mainAxisAlignment: MainAxisAlignment.end,
              children: [
                IconButton(
                  onPressed: () {
                    _takePhoto();
                  },
                  icon: const Icon(Icons.camera_alt_outlined),
                  iconSize: 50.0,
                ),
              ],
            ),
          ],
        ),
      ),
    );
  }

  void _takePhoto() async {
    ImagePicker().pickImage(source: ImageSource.camera).then((value) { // 카메라를 호출하고 사진을
찍습니다.
      if (value != null && value.path != null) {
        print("저장경로 : ${value.path}");

        GallerySaver.saveImage(value.path).then((value) { // 사진을 갤러리에 저장합니다.
          print("사진이 저장되었습니다");
        });
      }
    });
  }
}
```

해당 코드는 사진을 찍고 사진을 외부 저장소에 저장하는 코드입니다.

에뮬레이터에서 실행하기

에뮬레이터에서 앱을 구동합니다.

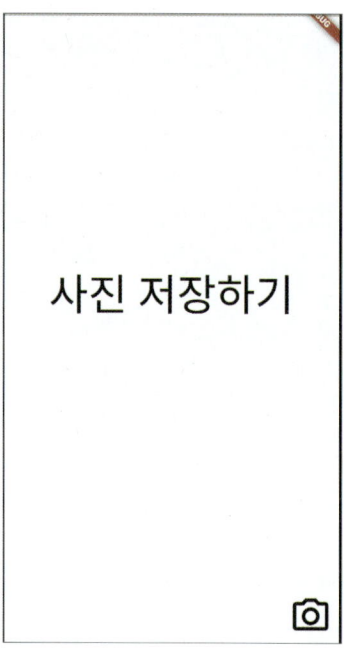

◆ 에뮬레이터에서 앱 구동

카메라 아이콘을 선택하면 가상의 카메라 촬영 화면을 보여줍니다.

◆ 에뮬레이터 촬영 화면

해당 화면은 개발 환경에 따라 달라질 수 있습니다.

파일 저장에 성공할 경우 콘솔창에 다음과 같이 저장된 경로를 출력합니다.

◆ 사진 저장 성공

11 _ 2 사진 촬영 저장 및 불러오기 어플 만들기

새로운 프로젝트 생성하기

프로젝트 이름을 flutter_camera_02으로 설정합니다.

안드로이드 권한 부여하기

이전에 외부 저장소에 파일을 저장하는 권한을 부여했습니다.

이번에는 외부 저장소의 파일을 읽는 권한을 부여하여야 합니다.

AndroidManifest.xml

```
AndroidManifest.xml
<manifest xmlns:android="http://schemas.android.com/apk/res/android">
    <uses-permission android:name="android.permission.WRITE_EXTERNAL_STORAGE" /> <!-- 쓰기권한부여 -->
    <uses-permission android:name="android.permission.READ_EXTERNAL_STORAGE" /> <!-- 읽기권한부여 -->
    <application
        android:label="flutter_camera_01"
        android:name="${applicationName}"
        android:icon="@mipmap/ic_launcher">
        <activity
// .. 생략
```

필요한 패키지 추가하기

pubspec.yaml

```yaml
// .. 생략
dependencies:
  flutter:
    sdk: flutter


  # The following adds the Cupertino Icons font to your application.
  # Use with the CupertinoIcons class for iOS style icons.
  cupertino_icons: ^1.0.2
  image_picker: ^1.0.1
  gallery_saver: ^2.1.0
```

어플리케이션 구현하기

lib/main.dart

```dart
import 'dart:io';

import 'package:flutter/material.dart';
import 'package:gallery_saver/gallery_saver.dart';
import 'package:image_picker/image_picker.dart';

void main() => runApp(MyApp());

class MyApp extends StatefulWidget {
  const MyApp({Key? key}) : super(key: key);

  @override
  _MyAppState createState() => _MyAppState();
}

class _MyAppState extends State<MyApp> {
  File? _selectedImage;

  @override
  Widget build(BuildContext context) {
    return MaterialApp(
      home: Scaffold(
        body: Column(
          children: [
            const Expanded(
              child: Center(
                child: Text(
                  "사진 저장하기",
```

```
              style: TextStyle(fontSize: 50.0),
            ),
          ),
        ),
        Container(
          child: _selectedImage != null ? Image.file(_selectedImage!) : Text("사진 없음"),
        ),
        Row(
          mainAxisAlignment: MainAxisAlignment.end,
          children: [
            IconButton(
              onPressed: _takePhoto,
              icon: const Icon(Icons.camera_alt_outlined),
              iconSize: 50.0,
            ),
            IconButton(
              onPressed: _pickImageFromGallery,
              icon: const Icon(Icons.image_outlined),
              iconSize: 50.0,
            ),
          ],
        ),
      ],
    ),
  ),
 );
}

void _pickImageFromGallery() async {
  final pickedImage = await ImagePicker().pickImage(source: ImageSource.gallery);
  if (pickedImage != null) {
    setState(() {
      _selectedImage = File(pickedImage.path);
    });
  }
}

void _takePhoto() async {
  final pickedImage = await ImagePicker().pickImage(source: ImageSource.camera);
  if (pickedImage != null) {
    setState(() {
      _selectedImage = File(pickedImage.path);
    });
    GallerySaver.saveImage(pickedImage.path).then((bool? success) {
      print(success == true ? "사진이 저장되었습니다" : "사진 저장 오류");
    });
  }
 }
}
```

에뮬레이터에서 실행하기

에뮬레이터에서 앱을 구동합니다.

◆ 권한 요청

해당 앱을 구동할 경우 권한 승인 요청 메시지가 발생합니다. 안드로이드 버전에 따라서 승인 요청 메시지가 발생하지 않을 수 있습니다. 승인하고 테스트를 진행합니다.

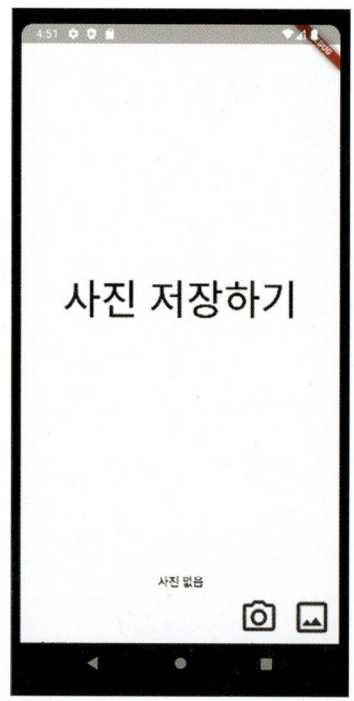

카메라 버튼을 클릭하여 사진을 찍습니다.

사진을 화면에 표시됩니다.

갤러리 버튼을 클릭하여 이미 찍은 사진을 선택하여 불러올 수도 있습니다.

CHAPTER
12

상태 관리 앱 만들기
: RiverPod

플러터 상태관리를 위한 RiverPod 라이브러리에 대해 배워보겠습니다.

※ 모든 소스 코드는 https://github.com/flutter-coder/flutter-book/tree/master/flutter_riverpod 에 공개되어 있습니다.

12 _ 1 RiverPod이란?

RiverPod은 개발자가 상태관리를 용이하게 할 수 있도록 도와주는 라이브러리입니다.

StatefulWidget vs RiverPod

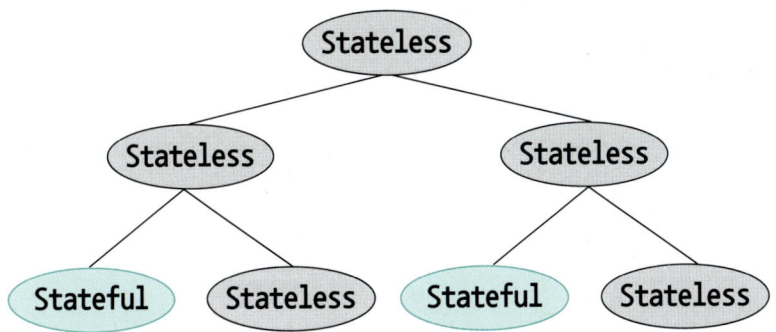

◆ 공통된 상태를 공유하는 StatefulWidget이 존재할 경우

기본적으로 Stateful 위젯에 상태가 변경되게 되면, 해당 Stateful 위젯의 하위 위젯들은 전체가 rebuild 됩니다. 즉 그림이 다시 그려지게 됩니다.

위 트리 구조에서, 왼쪽 Stateful 위젯과 오른쪽 stateful 위젯이 상태를 공유하고 싶다면, 아래 그림과 같이 가장 상위에 있는 첫 번째 트리를 Stateful 위젯으로 관리해야 합니다.

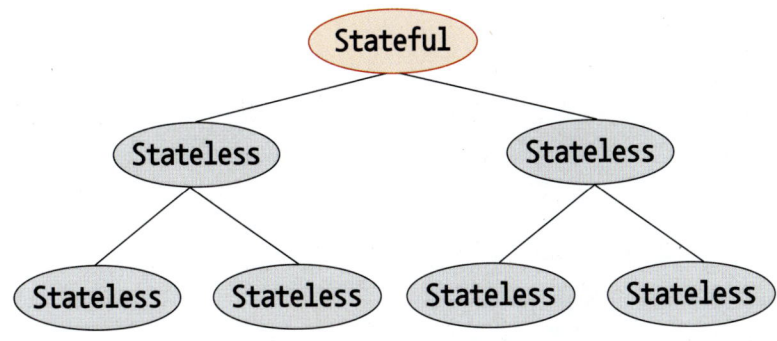

◆ 가장 상위 위젯이 상태관리

Stateful 위젯의 상태 값이 변경될 때마다 상태 값에 영향을 받지 않는 하위 Stateless 위젯까지 그림이 다시 그려지게 되는 단점이 생깁니다. 결국 전체 그림이 다시 그려지기 때문에 휴대폰의 리소스 낭비가 생기게 됩니다.

앞의 단점을 해결하기 위해 사용하는 라이브러리로는 Provider, Riverpod, Bloc/Cubit, Getx 등이 있습니다. 이 중 RiverPod을 사용하여 상태관리를 진행할 예정입니다.

RiverPod은 상태를 저장하는 공간을 따로 만들어서 관리합니다.

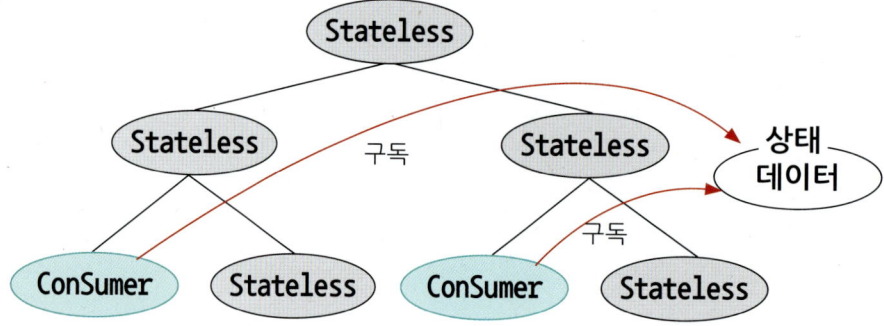

◆ 상태를 외부에서 관리

상태 관리를 외부에서 클래스에서 하게 되면 상태에 종속적이지 않은 위젯의 불필요한 rebuild를 방지할 수 있습니다. 즉 View를 관리하는 클래스와 Data를 관리하는 클래스를 분리시킬 수 있고 이는 UI와 Business 로직을 구분하여 파일을 관리할 수 있게 해줍니다.

12 _ 2 Provider

Provider는 최초 생성(객체 생성)시에 상태값을 가지게 됩니다. 해당 상태 값을 VIEW에 연결해두면, VIEW는 해당 상태 값을 통해 그림을 그립니다. 하지만, 이후 이벤트 발생시 상태값이 변경된다 하더라도 그림이 다시 그려지지는 않습니다.

즉 Provider의 상태를 View는 최초에 한번만 관찰합니다. 지속적으로 관찰하지 않습니다.

다음 그림과 같이 View(Widget)가 Provider에게 상태 값을 요청(read)하면, Provider가 View에게 상태 값을 전달합니다.

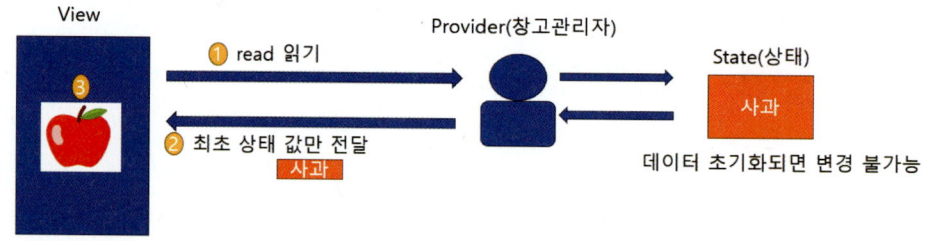

프로젝트 실행 화면

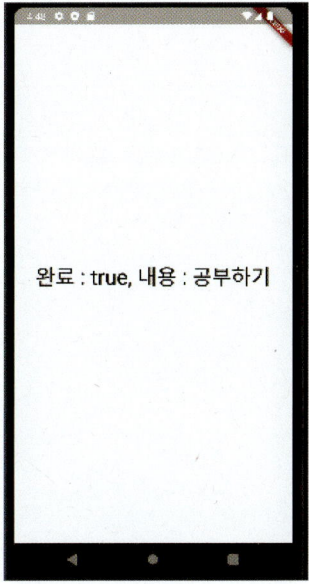

프로젝트 생성

1. flutter_riverpod_01 프로젝트를 생성합니다.
2. flutter_riverpod 라이브러리를 pub.dev 사이트에서 최신 버전을 가져옵니다.
3. pubspec.yaml 파일을 수정하여 라이브러리를 등록해줍니다.

```yaml
dependencies:
  flutter:
    sdk: flutter
  cupertino_icons: ^1.0.2
  flutter_riverpod: ^2.4.3
```

실습 코드 작성

lib/todo.dart 파일을 생성합니다.

```dart
import 'package:flutter_riverpod/flutter_riverpod.dart';

class Todo {
  // 1. Todo 객체
  final bool isCompleted;
  final String description;
  Todo(this.isCompleted, this.description);
}
// 2. Provider 생성 (provider는 Todo() 데이터를 관리합니다)
final todoProvider = Provider<Todo>((ref) {
  return Todo(true, "공부하기");
});
```

1. Todo라는 새로운 클래스를 생성하고 있습니다.
2. Provider 생성 코드입니다. Provider는 새로운 Todo 객체를 생성한 뒤 관리합니다.

lib/main.dart 파일을 수정합니다.

```dart
import 'package:flutter/material.dart';
import 'package:flutter_riverpod/flutter_riverpod.dart';
import 'package:flutter_riverpod_01/todo.dart';

void main() {
  // 1. Riverpod을 사용하기 위해 ProviderScope로 MyApp을 설정해줍니다.
  runApp(
    ProviderScope(
      child: const MyApp(),
    ),
  );
}

class MyApp extends StatelessWidget {
  const MyApp({super.key});

  @override
  Widget build(BuildContext context) {
    return MaterialApp(
      home: TodoPage(),
    );
  }
}
// 2. 위젯을 ConsumerWidget으로 만들면 Provider에 접근할 수 있습니다.
class TodoPage extends ConsumerWidget {
  const TodoPage({super.key});

  // 3. ConsumerWidget 클래스의 build 메서드는 WidgetRef를 참조할 수 있습니다.
  @override
  Widget build(BuildContext context, WidgetRef ref) {
    // 4. ref를 통해 Provider가 관리하는 상태(데이터)에 접근할 수 있습니다.
    // 5. ref.read()는 상태값을 한번만 수신할 때 사용합니다.
    // 6. ref.watch()는 상태값이 변경되는 것을 계속 수신할 때 사용합니다.
    // 7. Provider는 상태 변경이 될 수 없기 때문에 read()로 수신합니다.
    Todo todo = ref.read(todoProvider);
    return Scaffold(
      body: Center(
        child: Text(
          "완료 : ${todo.isCompleted}, 내용 : ${todo.description}",
          style: TextStyle(fontSize: 30),
        ),
      ),
    );
  }
}
```

실행을 하면, 외부 클래스에 저장된 상태 값을 접근하여 화면을 그린 것을 볼 수 있습니다.

12 _ 3 StateNotifierProvier

StateNotifierProvier는 상태가 변경될 때 변경을 감지하여 참조하는 위젯에게 알려줍니다. 위젯이 상태를 구독할 경우 상태값이 변경 될때마다 해당 위젯이 다시 그려집니다.

아래 그림을 보면 Provider는 상태가 변경될 수 없기 때문에 read로 한번 읽기만 할 수 있지만, StateNotifierProvider는 상태가 변경될 수 있기 때문에, 변경되는 상태를 지속적으로 수신하기 위해 watch로 구독할 수 있습니다.

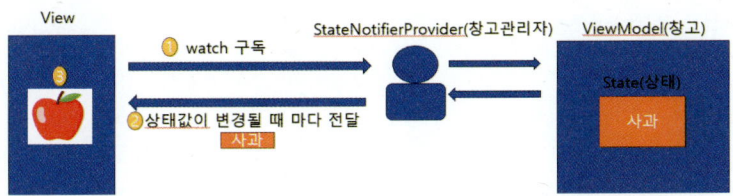

아래 그림과 같이 상태 데이터가 사과에서 딸기로 변경되면, View는 딸기 상태 값을 수신하여 뷰를 갱신시킵니다.

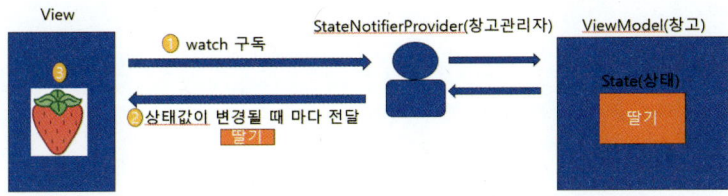

프로젝트 실행 화면

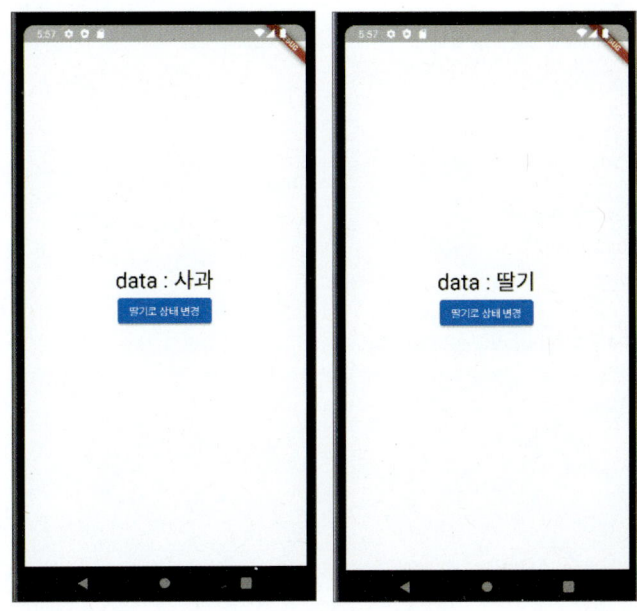

프로젝트 생성

1 flutter_riverpod_02 프로젝트를 생성합니다.
2 flutter_riverpod 라이브러리를 pub.dev 사이트에서 최신 버전을 가져옵니다.
3 pubspec.yaml 파일을 수정하여 라이브러리를 등록해줍니다.

실습 코드 작성

lib/fruit_store.dart 파일을 생성합니다.

```dart
import 'package:flutter_riverpod/flutter_riverpod.dart';

// 1. 창고 데이터
String data = "사과";

// 2. FruitStore는 창고이고, String은 창고 데이터 타입이다.
final fruitProvider = StateNotifierProvider<FruitStore, String>((ref) {
  // 3. 창고에 사과를 전달하고, 그 객체를 adminProvider 즉, 창고관리자가 관리한다.
  return FruitStore(data);
});

// 4. 창고
class FruitStore extends StateNotifier<String> {
  // 5. super.state는 전달 받은 사과를 data를 상태로 등록하는 코드이다.
  FruitStore(super.state);

  // 6. 창고가 관리하는 데이터를 변경하는 메서드이다.
  void changeData() {
    state = "딸기";
  }
}
```

lib/main.dart 파일을 수정합니다.

```dart
import 'package:flutter/material.dart';
import 'package:flutter_riverpod/flutter_riverpod.dart';
import 'package:flutter_riverpod_02/fruit_store.dart';

void main() {
  // 1. Riverpod을 사용하기 위해 ProviderScope로 MyApp을 설정해줍니다.
  runApp(
    ProviderScope(
      child: const MyApp(),
    ),
  );
}
```

```
class MyApp extends StatelessWidget {
  const MyApp({super.key});

  @override
  Widget build(BuildContext context) {
    return MaterialApp(
      home: FruitPage(),
    );
  }
}

// 2. 위젯을 ConsumerWidget으로 만들면 Provider에 접근할 수 있습니다.
class FruitPage extends ConsumerWidget {
  const FruitPage({super.key});

  // 3. ConsumerWidget 클래스의 build 메서드는 WidgetRef를 참조할 수 있습니다.
  @override
  Widget build(BuildContext context, WidgetRef ref) {
    // 4. ref를 통해 Provider가 관리하는 상태(데이터)에 접근할 수 있습니다.
    // 5. ref.watch()는 상태값이 변경되는 것을 계속 수신할 때 사용합니다.
    // 6. StateNotifierProvider는 상태 변경이 가능하기 때문에 watch()로 수신합니다.
    String data = ref.watch(fruitProvider);
    return Scaffold(
      body: Center(
        child: Column(
          mainAxisAlignment: MainAxisAlignment.center,
          children: [
            Text(
              "data : $data",
              style: TextStyle(fontSize: 30),
            ),
            ElevatedButton(
              onPressed: () {
                // 7. ref.read() 메서드로 상태값이 아닌 FruitStore(창고)에 접근할 수 있다.
                FruitStore fruitStore = ref.read(fruitProvider.notifier);
                fruitStore.changeData();
              },
              child: Text("딸기로 상태 변경"),
            ),
          ],
        ),
      ),
    );
  }
}
```

StateNotifierProvider는 주로 상태 값 변경에 따라 그림이 즉각적인 변화해야 할 때 사용됩니다.

	상태값 변경	상태값 변경 알림
Provider	○	×
StateNotkfierproviner	○	○

◆ Provider와 StateNotifierProvider의 차이

CHAPTER
13

모두의 블로그 앱 만들기 : RiverPod

이번 장에서는 기본적인 서버통신 및 상태관리를 배우기위해 RiverPod을 사용하여 상태를 관리하고 dio로 서버와 통신하는 애플리케이션을 만들어 보도록 하겠습니다.

13 _ 1 모두의 블로그 앱 구조 살펴보기

모든 소스 코드는 https://github.com/flutter-coder/flutter-book/tree/master/flutter_riverpod_blog 에 공개되어 있습니다.

RiverPod으로 실재 앱을 만들어보면 처음에는 다소 학습에 어려움을 느낄 수 있습니다. 여러번 반복해서 학습하는 것을 추천합니다. 그리고 책을 통해 소스코드를 보게 되면 난해한 부분이 많이 있을 수 밖에 없습니다. 꼭 공개된 github 소스코드를 참고하여 학습하는 것을 권장합니다.

이번 챕터의 RiverPod 상태관리와 http 통신, 그리고 MVVM 패턴과 전반적인 패키지 구조와 저자가 생각하는 가장 이상적인 아키텍처 구조를 코드로 녹여 두었습니다. 해당 소스코드를 참고하여 개발하게 되면, 개발을 생산 속도가 올라가는 것을 체험할 수 있을 것입니다. 그리고 구글 Firestore가 아닌, 직접 API 서버를 동작시키고 API 문서를 통해 학습을 진행해보도록 하겠습니다.

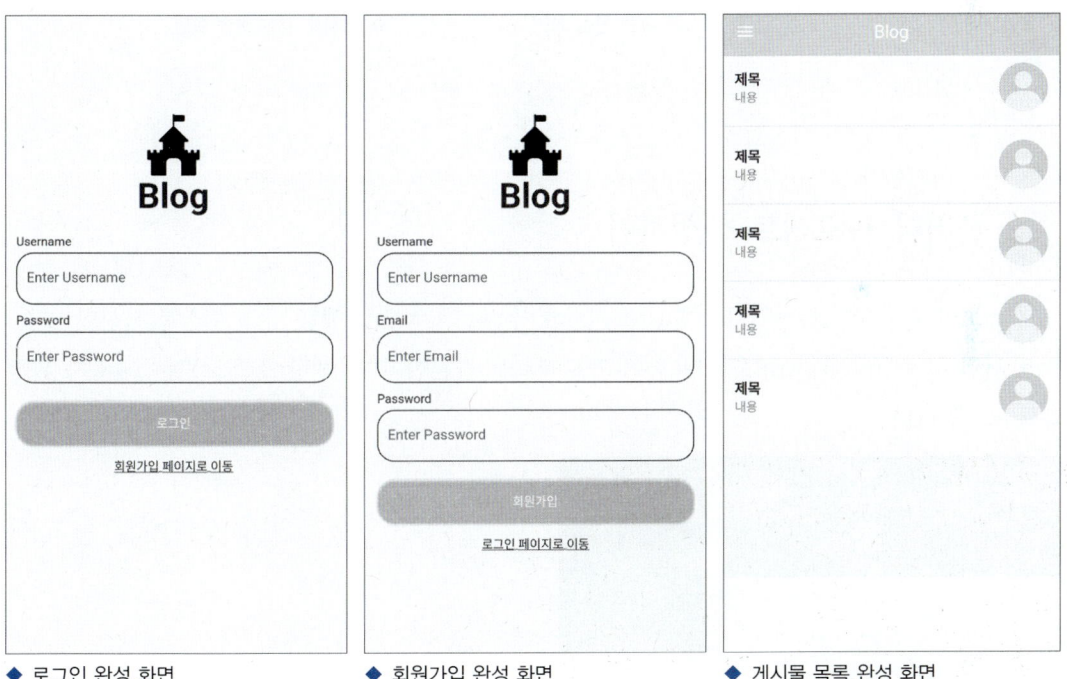

◆ 로그인 완성 화면   ◆ 회원가입 완성 화면   ◆ 게시물 목록 완성 화면

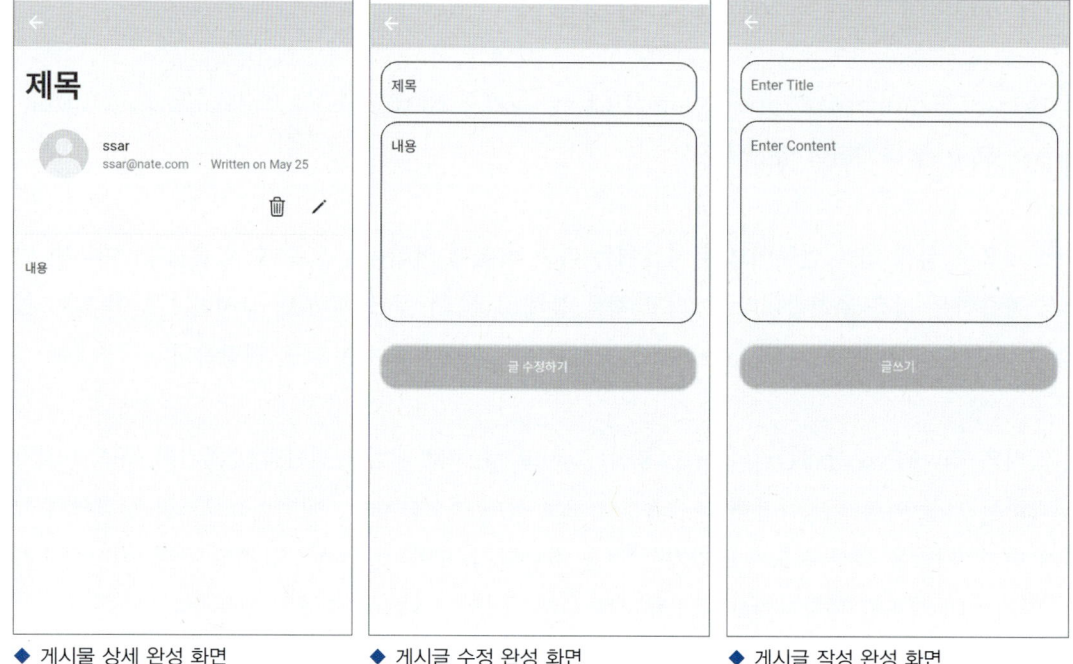

◆ 게시물 상세 완성 화면　　◆ 게시글 수정 완성 화면　　◆ 게시글 작성 완성 화면

13 _ 2 플러터 프로젝트 생성하기

https://github.com/flutter-coder/flutter-book-blog-view.git 해당 링크 주소를 복사합니다. Project from Version Control을 이용하여 프로젝트를 클론합니다. 해당 소스코드는 view가 완성된 소스 코드입니다.

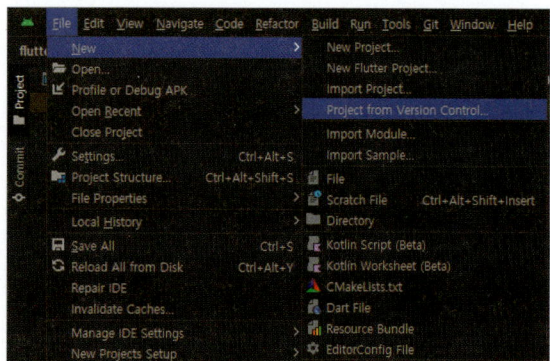

해당 프로젝트를 복제한 뒤, main.dart 파일로 이동하여 Get dependencies 버튼을 클릭하여 프로젝트를 초기화해줍니다. 그리고 에뮬레이터를 이용하여 프로젝트를 실행하면, 위와 같은 예시화면들을 볼 수 있습니다.

13 _ 3 서버 실행 및 테스트하기

이번에는 스프링부트로 구현된 서버 파일을 실행하여 서버가 정상적으로 작동하는지 테스트 해보도록 하겠습니다.

서버 실행하기

1 해당 링크로 이동하여 서버 파일을 다운로드 받습니다.

https://blog.naver.com/getinthere/223151375136

◆ 서버 파일 다운로드

2 JDK 환경 변수 설정합니다.

해당 파일을 실행하기 위해서는 JDK가 필수적으로 설치되어 있어야 합니다. 이미 안드로이드 스튜디오를 설치하였다면 JDK가 설치되어 있다는 의미입니다. 즉, 서버 프로그램을 가동하기 위해서는 환경 변수만 설정하면 됩니다. 기존에 이미 JDK 설치와 환경 변수 설정을 마치셨다면, 환경 변수 설정은 생략하고 서버를 실행하셔도 됩니다.

먼저 안드로이드 스튜디오 경로에 있는 JDK 폴더 경로를 복사합니다.
경로 설정을 따로 변경하지 않았다면 다음 경로에 위치합니다.

```
C:\Program Files\Android\Android Studio\jbr\bin
```

내컴퓨터 – 속성 – 고급시스템설정 – 환경 변수 – 시스템 변수 – Path 변수 편집을 선택합니다. 그다음 복사하였던 경로를 Path 환경 변수에 붙여넣습니다.

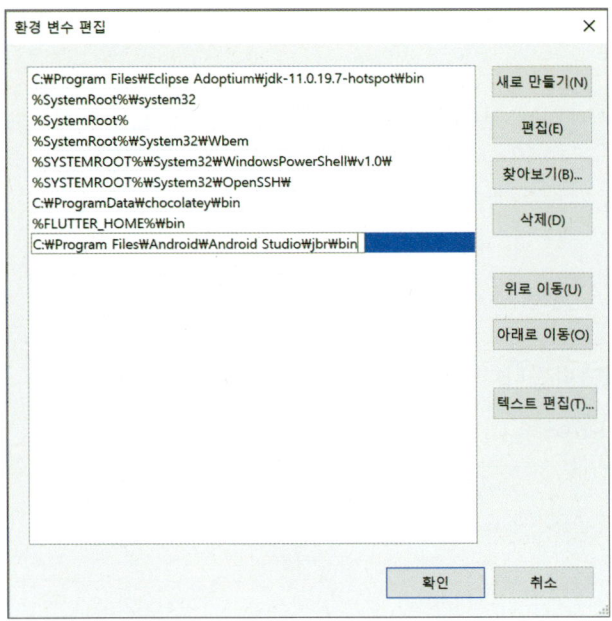

◆ 환경 변수 편집

3 서버 파일을 실행합니다.

환경 변수 세팅이 끝났다면 서버를 실행할 수 있습니다. 먼저 다운 받은 폴더로 이동하여 경로를 복사합니다. 다운 받은 jar 파일을 c:\src\flutterwork로 복사하였습니다.

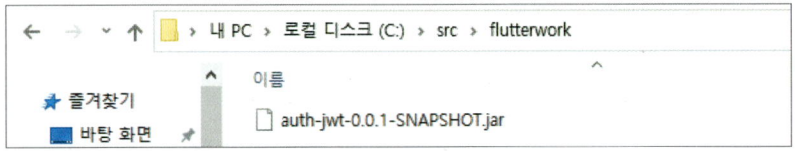

명령 프롬프트를 실행합니다.

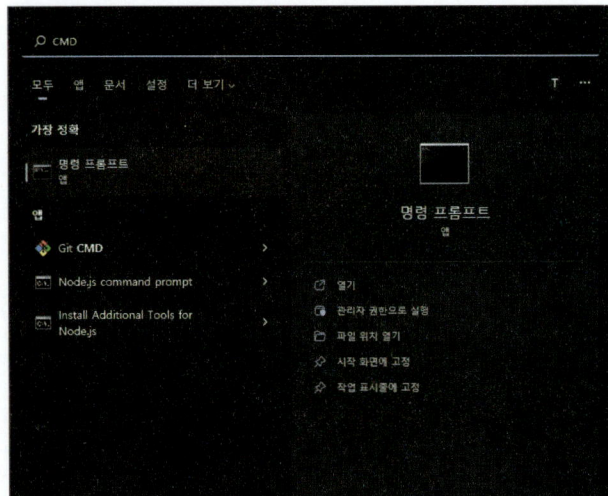

◆ 명령 프롬프트 관리자 권한으로 실행

명령 프롬프트 창에서 해당 경로로 이동하는 명령어를 입력합니다.
이때 경로는 복사한 경로를 붙여넣습니다.

```
cd C:\src\flutterwork
```

이후 다음 명령어를 입력하여 서버를 실행합니다.

```
java -jar auth-jwt-0.0.1-SNAPSHOT.jar
```

다음과 같은 메시지가 출력된다면 정상적으로 서버가 실행된 것입니다.

◆ 서버 실행 완료

실제로 서버가 실행되고, 해당 서버로부터 데이터를 받아올 수 있는지를 브라우저에서 테스트 해볼 수 있습니다.

서버 통신 테스트하기

이번에는 서버와 통신이 되는지 테스트 해봅니다.
브라우저 창을 열고 해당 링크로 이동합니다.

http://localhost:8080/init/user

브라우저에 다음과 같은 메시지가 출력된다면 정상적으로 서버가 작동하고 있는 것입니다.

```
1   // 20231010113903
2   // http://localhost:8080/init/user
3
4 ▾ {
5       "code": 1,
6       "msg": "목록보기완료",
7 ▾    "data": [
8 ▾        {
9              "id": 2,
10             "username": "cos",
11             "password": "1234",
12             "email": "cos@nate.com",
13             "created": "2023-38-10T11:38:51",
14             "updated": "2023-38-10T11:38:51"
15         },
16 ▾       {
17             "id": 1,
18             "username": "ssar",
19             "password": "1234",
20             "email": "ssar@nate.com",
21             "created": "2023-38-10T11:38:51",
22             "updated": "2023-38-10T11:38:51"
23         }
24     ]
25 }
```

위 그림을 보면 서버에 더미데이터가 2건 있는 것을 확인할 수 있습니다. 2명의 유저가 있고, username과 password가 세팅되어 있습니다.

13 _ 4 PostMan 설치 및 실행하기

1 구글에 Postman을 검색하여 Postman 공식 다운로드 페이지로 이동합니다.

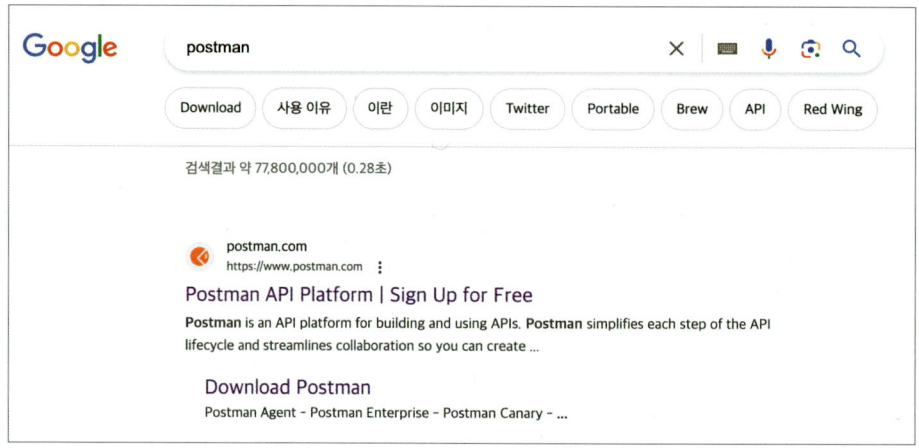

◆ Postman 구글 검색

❷ 자신의 환경에 맞는 운영체제를 선택합니다.

이 책에서는 Windows를 기준으로 Postman을 설치합니다.

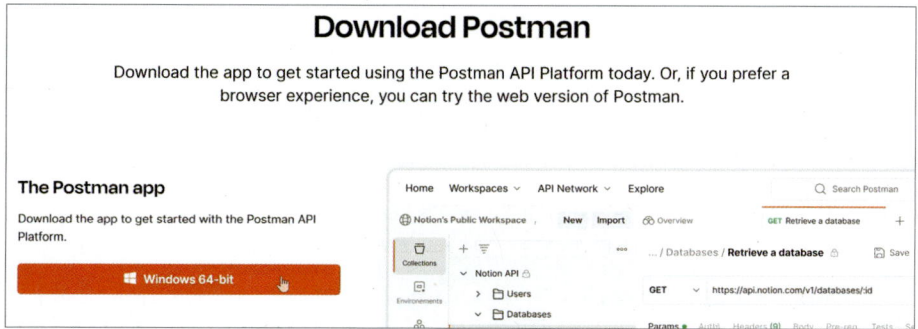

◆ Postman 설치 프로그램 다운로드

❸ 다운로드 받은 파일을 실행하여 설치를 진행합니다.

Postman 실행 후 회원가입 및 로그인을 진행하거나 스킵하여 Postman을 실행할 수 있습니다.

'WorkSpace'탭을 선택하여 'My Workspace'를 선택합니다.

◆ WorkSpaces 탭 선택

4 존재하지 않을 경우 새 워크스페이스를 생성합니다.

플러스 아이콘을 클릭하여 새 API 요청을 만들 수 있습니다.

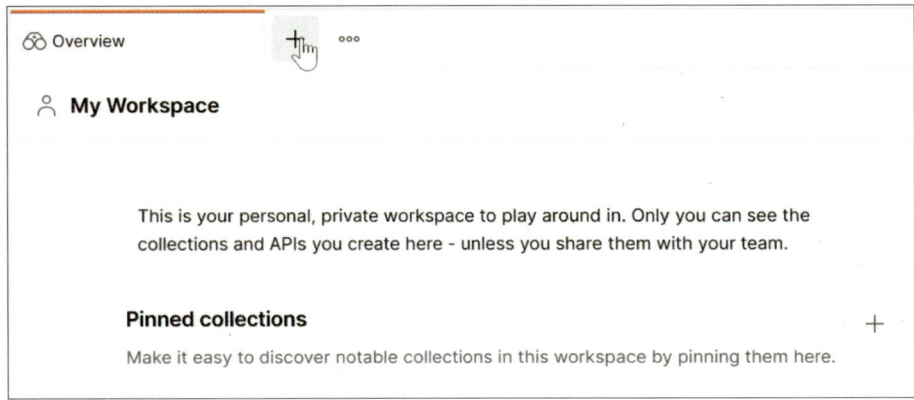

◆ 새 API 요청 탭 만들기

13 _ 5 API 문서 분석하기

먼저 통신을 시도해보기 위해서는 API 문서를 이해하는 과정이 필요합니다.
해당 서버 파일은 다음과 같은 기능을 가지고 있습니다.

공통코드

```
code : 1 통신 정상
code : -1 통신 실패
```

코드가 1이라면 예외가 발생하지 않고 성공적으로 통신하였다는 의미입니다.
만약 코드에 -1 값이라면 이는 통신 과정에서 문제가 발생하였다는 의미입니다.

회원가입

```
요청 주소 (POST)
- http://localhost:8080/join
요청 파라미터
- application/json
{
    "username":"getinthere",
    "password":"1234",
    "email":"getinthere@nate.com"
}
응답 바디
- application/json
{
    "code": 1,
    "msg": "회원가입완료",
    "data": {
        "id": 3,
        "username": "getinthere",
        "password": null,
        "email": "getinthere@nate.com",
        "created": "2021-07-10T07:45:15.764705",
        "updated": "2021-07-10T07:45:15.764705"
    }
}
```

1 먼저 요청 URL을 확인합니다. 해당 기능의 요청 URL은 다음과 같습니다.

http://localhost:8080/join

2 요청 메서드를 확인합니다.

모든 요청 주소에는 그에 할당된 요청 메서드가 존재합니다.

해당 요청은 Post로 요청할 수 있습니다.

◆ Postman 주소 입력

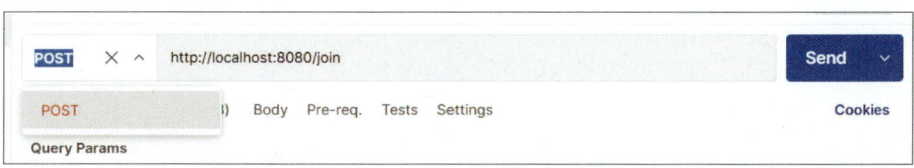

◆ 요청 메서드 선택

❸ 요청 바디값을 입력합니다.

회원가입을 기능을 시도하기 위해서는 해당 기능에 필요한 요청 값을 요청 바디에 넣어서 요청하여야 합니다. 요청 바디 값 예시는 다음과 같습니다.

```
- application/json
{
    "username":"getinthere",
    "password":"1234",
    "email":"getinthere@nate.com"
}
```

이를 Postman에서 시도해보기 위해서는 다음과 같이 할 수 있습니다.

요청하기 전에 해당 요청의 타입이 JSON 타입인지 확인합니다.

◆ 요청 바디 값 할당

❹ 해당 URL로 요청을 시도합니다.

Postman으로 Send를 실행하면 해당 기능을 요청할 수 있습니다.

요청이 성공적으로 이루어졌다면 다음과 같은 응답을 출력합니다.

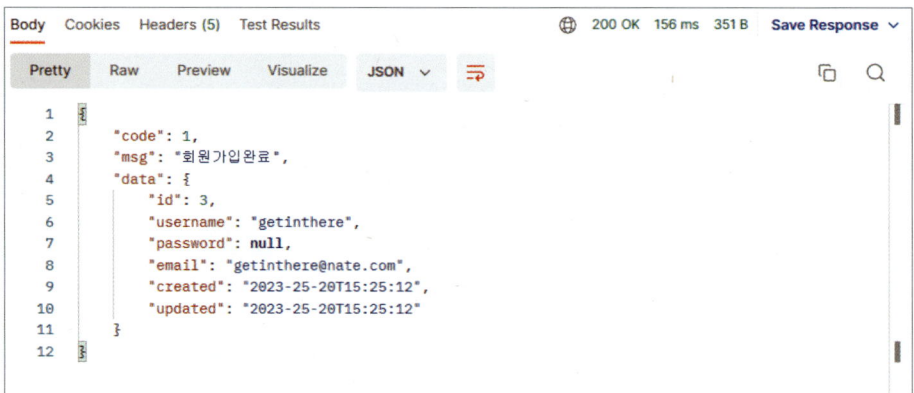

◆ 응답 확인

이제 모든 API를 한 번씩 시도해 봅니다.

실제 프로젝트를 진행할 때에는 모든 기능을 먼저 Postman으로 테스트해 보는 것이 좋습니다.

로그인

요청 주소 (POST)
- http://localhost:8080/login

요청 파라미터
- application/json
```
{
    "username":"getinthere",
    "password":"1234"
}
```

응답 헤더
Authorization : Bearer eyJ0eXAiOiJKV1QiLCJhbGciOiJIUzUxMiJ9.eyJzdWIiOiJjb3PthqDtg bAiLCJpZCI6MywiZXhwIjoxNjI1ODc0Mzk1fQ.u_pUd7mwmE0KWWV_o7QDPkGg7Nyo_avY OwYwI5ZdIWluMltXfECQyYq9nVPzXGFZz89mOYLmYMazeYgfZwgVMw

응답 바디
- application/json
```
{
    "code": 1,
    "msg": "success",
    "data": {
        "id": 3,
        "username": "getinthere",
        "password": "1234",
        "email": "getinthere@nate.com",
        "created": [
            2021,
            7,
            10,
            7,
            45,
            15,
            764705000
        ],
        "updated": [
            2021,
            7,
            10,
            7,
            45,
            15,
            764705000
        ]
    }
}
```

로그인 기능은 시도하고 난 뒤 응답 데이터의 헤더를 확인하여야 합니다.

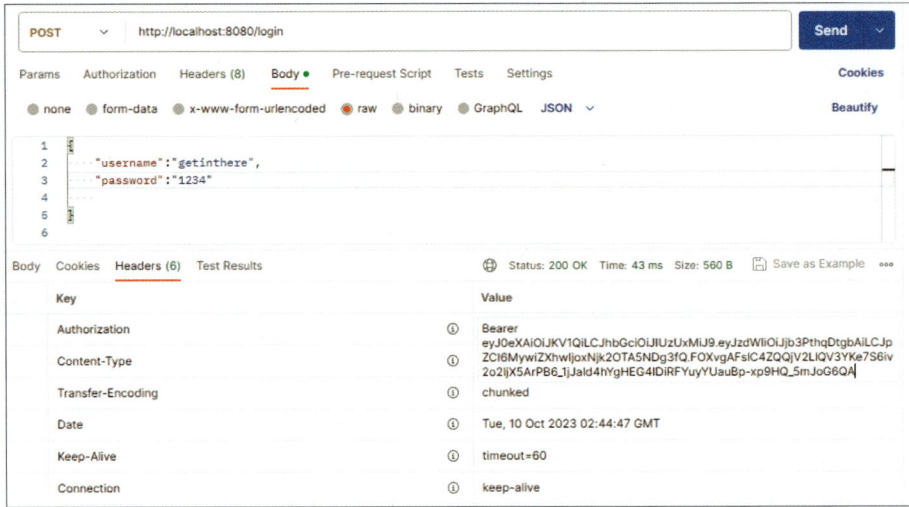

응답의 헤더 중 하나인 Authorization의 값(VALUE)을 복사합니다.

게시글 목록보기

```
요청 주소 (GET)
- http://localhost:8080/post

요청 헤더
Authorization : Bearer eyJ0eXAiOiJKV1QiLCJhbGciOiJIUzUxMiJ9.eyJzdWIiOiJjb3PthqDtg bAiLCJpZCI6MywiZX
hwIjoxNjI1ODc0Mzk1fQ.u_pUd7mwmE0KWWV_o7QDPkGg7Nyo_avYOwYwI5ZdIWluMltXfECQyYq9nVPzXGFZz89mOYLmYMazeY
gfZwgVMw

응답 바디
- application/json
{
    "code": 1,
    "msg": "목록보기완료",
    "data": [
        {
            "id": 5,
            "title": "제목5",
            "content": "내용5",
            "user": {
                "id": 2,
                "username": "cos",
                "password": "1234",
```

```json
            "email": "cos@nate.com",
            "created": "2021-07-10T08:05:49.039117",
            "updated": "2021-07-10T08:05:49.039117"
        },
        "created": "2021-07-10T08:05:49.069037",
        "updated": "2021-07-10T08:05:49.069037"
    },
    {
        "id": 4,
        "title": "제목4",
        "content": "내용4",
        "user": {
            "id": 2,
            "username": "cos",
            "password": "1234",
            "email": "cos@nate.com",
            "created": "2021-07-10T08:05:49.039117",
            "updated": "2021-07-10T08:05:49.039117"
        },
        "created": "2021-07-10T08:05:49.068049",
        "updated": "2021-07-10T08:05:49.068049"
    },
    {
        "id": 3,
        "title": "제목3",
        "content": "내용3",
        "user": {
            "id": 1,
            "username": "ssar",
            "password": "1234",
            "email": "ssar@nate.com",
            "created": "2021-07-10T08:05:49.0082",
            "updated": "2021-07-10T08:05:49.0082"
        },
        "created": "2021-07-10T08:05:49.062057",
        "updated": "2021-07-10T08:05:49.062057"
    },
    {
        "id": 2,
        "title": "제목2",
        "content": "내용2",
        "user": {
            "id": 1,
            "username": "ssar",
            "password": "1234",
            "email": "ssar@nate.com",
```

```
                    "created": "2021-07-10T08:05:49.0082",
                    "updated": "2021-07-10T08:05:49.0082"
                },
                "created": "2021-07-10T08:05:49.060063",
                "updated": "2021-07-10T08:05:49.060063"
            },
            {
                "id": 1,
                "title": "제목1",
                "content": "내용1",
                "user": {
                    "id": 1,
                    "username": "ssar",
                    "password": "1234",
                    "email": "ssar@nate.com",
                    "created": "2021-07-10T08:05:49.0082",
                    "updated": "2021-07-10T08:05:49.0082"
                },
                "created": "2021-07-10T08:05:49.057069",
                "updated": "2021-07-10T08:05:49.057069"
            }
        ]
    }
```

해당 기능을 요청하기 위해서는 요청 헤더에 JsonWebToken 값을 할당하여야 합니다. Auth 탭을 열고 Bearer Token을 선택한 뒤 복사한 토큰을 추가해줍니다.

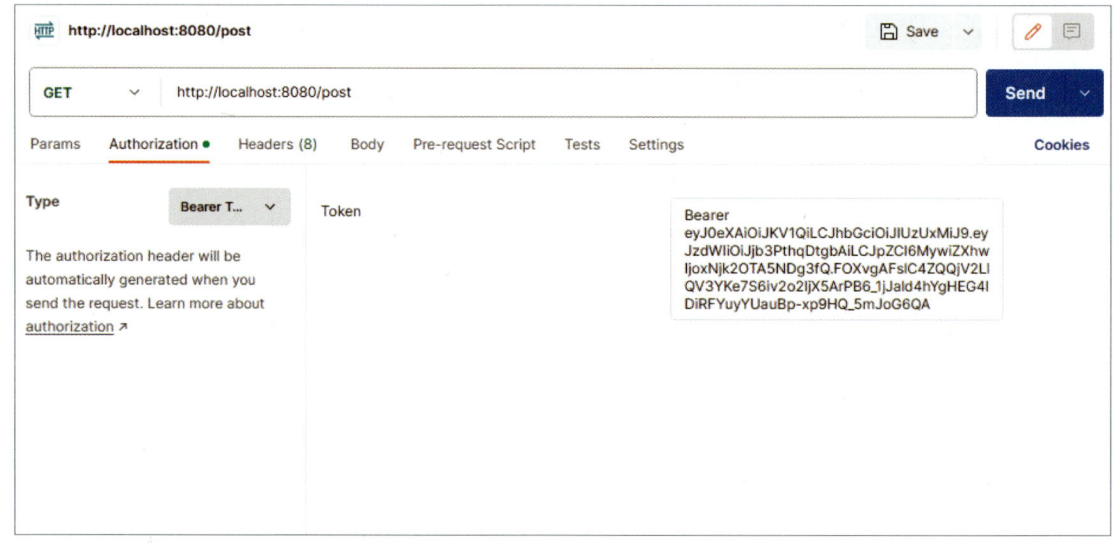

로그인 기능 시도 후 복사해 두었던 토큰 값을 해당 부분에 붙여 넣습니다.

해당 기능은 요청에 바디 값을 요구하지 않으므로 요청 바디 값을 할당하지 않습니다.

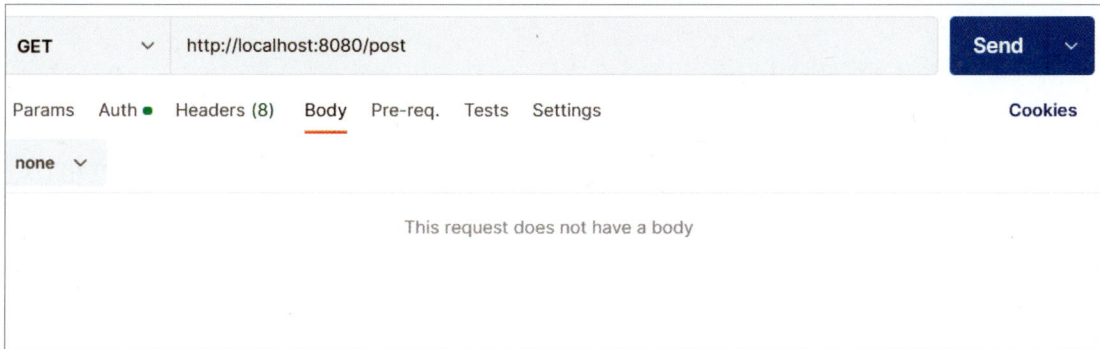

◆ 요청 바디를 할당하지 않는다.

통신을 시도하고 응답의 바디가 다음과 같이 나온다면 성공한 것입니다.

```
{
    "code": 1,
    "msg": "목록보기완료",
    "data": [
        {
            "id": 5,
            "title": "제목5",
            "content": "내용5",
            "user": {
                "id": 2,
                "username": "cos",
                "password": "1234",
                "email": "cos@nate.com",
                "created": "2023-16-20T15:16:20",
                "updated": "2023-16-20T15:16:20"
            },
            "created": "2023-16-20T15:16:20",
            "updated": "2023-16-20T15:16:20"
        },
        {
            "id": 4,
            "title": "제목4",
            "content": "내용4",
            "user": {
                "id": 2,
                "username": "cos",
```

◆ 응답 성공

게시글 한건보기

요청 주소 (GET)
- http://localhost:8080/post/1

요청 헤더
Authorization : Bearer eyJ0eXAiOiJKV1QiLCJhbGciOiJIUzUxMiJ9.eyJzdWIiOiJjb3PthqDtg bAiLCJpZCI6MywiZXhwIjoxNjI1ODc0Mzk1fQ.u_pUd7mwmE0KWWV_o7QDPkGg7Nyo_avYOwYwI5ZdIWluMltXfECQyYq9nVPzXGFZz89mOYLmYMazeYgfZwgVMw

응답 바디
- application/json
```
{
    "code": 1,
    "msg": "상세보기완료",
    "data": {
        "id": 1,
        "title": "제목1",
        "content": "내용1",
        "user": {
            "id": 1,
            "username": "ssar",
            "password": "1234",
            "email": "ssar@nate.com",
            "created": "2021-07-10T08:05:49.0082",
            "updated": "2021-07-10T08:05:49.0082"
        },
        "created": "2021-07-10T08:05:49.057069",
        "updated": "2021-07-10T08:05:49.057069"
    }
}
```

게시글 쓰기

요청 주소 (POST)
- http://localhost:8080/post

요청 바디
- application/json
```
{
    "title":"제목6",
    "content":"내용6"
}
```

요청 헤더
Authorization : Bearer eyJ0eXAiOiJKV1QiLCJhbGciOiJIUzUxMiJ9.eyJzdWIiOiJjb3PthqD tgbAiLCJpZCI6MywiZX
hwIjoxNjI1ODc0Mzk1fQ.u_pUd7mwmE0KWWV_o7QDPkGg7Nyo_avYOwYwI5ZdIWluMltXfECQyYq9nVPzXGFZz89mOYLmYMazeY
gfZwgVMw

응답 바디
- application/json
```
{
    "code": 1,
    "msg": "글쓰기완료",
    "data": {
        "id": 6,
        "title": "제목6",
        "content": "내용6",
        "user": {
            "id": 3,
            "username": "getinthere",
            "password": "1234",
            "email": "getinthere@nate.com",
            "created": "2021-07-10T08:06:24.483245",
            "updated": "2021-07-10T08:06:24.483245"
        },
        "created": "2021-07-10T08:11:05.5290593",
        "updated": "2021-07-10T08:11:05.5290593"
    }
}
```

게시글 수정하기

요청 주소 (PUT)
- http://localhost:8080/post/6

요청 바디
- application/json
```
{
    "title":"제목변경",
    "content":"내용변경"
}
```

요청 헤더
Authorization : Bearer eyJ0eXAiOiJKV1QiLCJhbGciOiJIUzUxMiJ9.eyJzdWIiOiJjb3PthqDtg bAiLCJpZCI6MywiZX
hwIjoxNjI1ODc0Mzk1fQ.u_pUd7mwmE0KWWV_o7QDPkGg7Nyo_avYOwYwI5ZdIWluMltXfECQyYq9nVPzXGFZz89mOYLmYMazeY
gfZwgVMw

응답 바디
- application/json
```
{
    "code": 1,
    "msg": "수정하기완료",
    "data": {
        "id": 6,
        "title": "제목변경",
        "content": "내용변경",
        "user": {
            "id": 3,
            "username": "getinthere",
            "password": "1234",
            "email": "getinthere@nate.com",
            "created": "2021-07-10T08:06:24.483245",
            "updated": "2021-07-10T08:06:24.483245"
        },
        "created": "2021-07-10T08:11:05.529059",
        "updated": "2021-07-10T08:11:52.9494383"
    }
}
```

게시글 삭제하기

요청 주소 (DELETE)
- http://localhost:8080/post/6

요청 헤더
Authorization : Bearer eyJ0eXAiOiJKV1QiLCJhbGciOiJIUzUxMiJ9.eyJzdWIiOiJjb3PthqDtgbAiLCJpZCI6MywiZXh wIjoxNjI1ODc0Mzk1fQ.u_pUd7mwmE0KWWV_o7QDPkGg7Nyo_avYOwYwI5ZdIWluMltXfECQyYq9nVPzXGFZz89mOYLmYMazeYg fZwgVMw

응답 바디
- application/json
```
{
    "code": 1,
    "msg": "삭제하기완료",
    "data": null
}
```

이제 모든 API를 테스트 해보았다면 어플리케이션 개발 준비가 된 것입니다.

자동 로그인을 위한 토큰 검증하기

자동 로그인을 하려면 JWT 토큰을 휴대폰 디바이스에 저장한 뒤, 휴대폰 앱을 종료하였다가, 다시 시작할 때, 디바이스에 있는 JWT 토큰이 있는지 확인하고, 토큰이 있다면 서버측으로 토큰 유효성을 확인하는 API가 필요합니다.

토큰을 전달하지 않고, 요청했을 경우의 Postman 결과화면입니다.

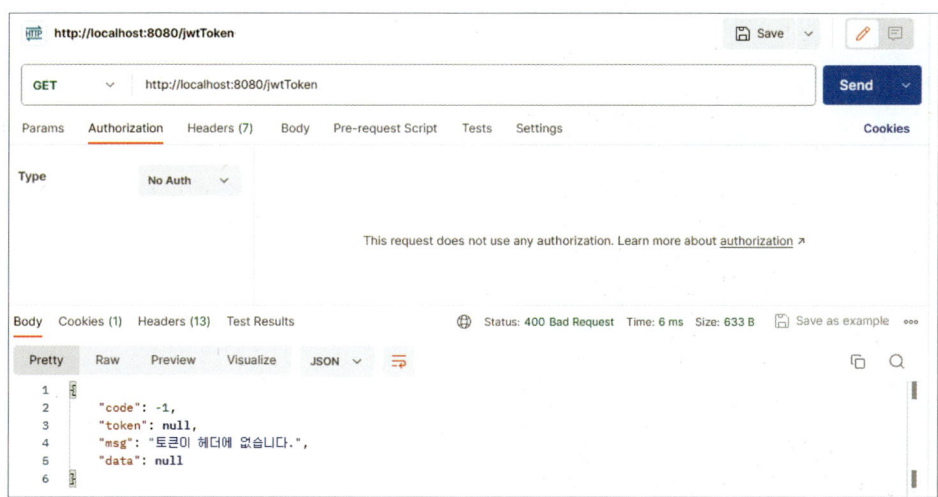

유효한 토큰을 전달했을 경우의 Postman 결과화면입니다.

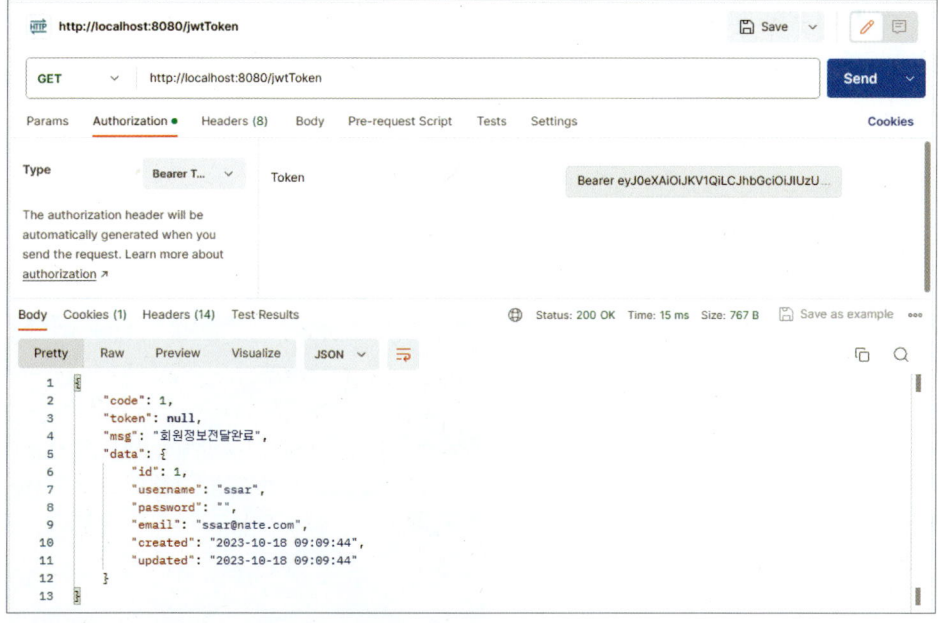

13 _ 6 서버와 어플리케이션 연동하기

프로젝트 뼈대 만들기

1 먼저 구조를 확인해봅니다.

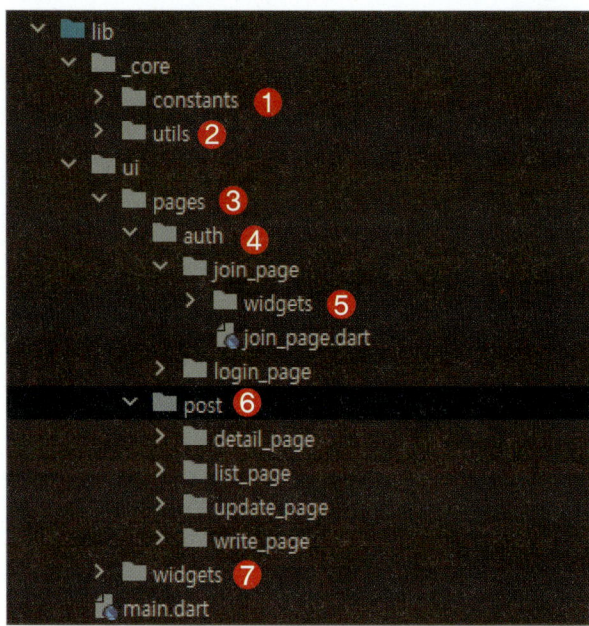

◆ 프로젝트 구조

❶ 해당 앱에 사용되는 테마, 사이즈 크기 등을 정의한 파일이 존재하는 패키지입니다.
❷ 유효성 확인 함수 등 앱에 유틸리티로 사용되는 파일이 존재하는 패키지입니다.
❸ 페이지를 구현한 파일을 모아둔 패키지입니다.
❹ 인증 처리와 관련된 페이지를 모아둔 패키지입니다.
❺ 해당 페이지에서 사용되는 위젯을 모아둔 패키지입니다.
❻ 게시글과 관련된 페이지를 모아둔 패키지입니다.
❼ 구현된 페이지에서 전역적으로 재사용된 위젯을 모아둔 패키지입니다.

2 data 패키지와 그 하위 패키지를 lib 폴더에 생성합니다.
data 패키지는 통신을 위한 패키지입니다. data/dtos, data/models, data/stores, data/repositories 패키지를 아래 그림과 같이 생성합니다.

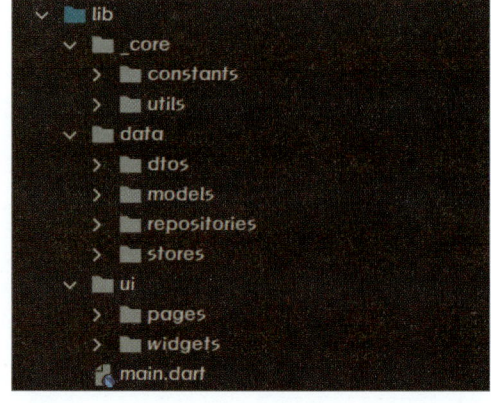

dtos에 생성되는 파일들은 data transfer object의 약자로 데이터 통신을 할 때 데이터를 담는 용도로 사용되는 오브젝트입니다.

models에 생성되는 파일들은 서버측 DB의 테이블을 모델링한 오브젝트입니다.

stores에 생성되는 파일들은 전역적으로 관리되는 상태값을 관리하는 오브젝트입니다. 보통 session 값을 관리하는데 많이 사용되면, 여러 화면에서 공통적으로 사용되는 상태를 관리할 때 주로 사용됩니다.

repositories에 생성되는 파일들은 서버와 통신하기 위한 오브젝트가 담겨있습니다.

dio 라이브러리 세팅하기

❶ dio 라이브러리를 사용하면 http 통신을 쉽게 사용할 수 있습니다.
❷ baseUrl 속성에는 자신의 IP주소를 입력합니다.
❸ contentType 속성에는 요청시에 보낼 데이터 타입을 정의합니다. 우리가 연결할 서버는 JSON으로 응답과 요청을 처리합니다.
❹ FlutterSecureStorage는 암호화된 형태로 데이터를 안전하게 저장하고 검색할 수 있는 플러터 플러그인입니다. 이 플러그인을 사용하여 인증 토큰과 같은 데이터를 안전하게 보호할 수 있습니다. 휴대폰 디바이스에 저장하는 이유는 자동 로그인을 구현하기 위해서입니다.

_core/constants/http.dart 파일을 생성합니다.

```dart
import 'package:dio/dio.dart';
import 'package:flutter_secure_storage/flutter_secure_storage.dart';

// 통신을 편하게 하기 위한 dio 라이브러리
final dio = Dio(
  BaseOptions(
    baseUrl: "http://192.168.0.54:8080", // 명령프롬프트를 열고 ipconfig로 본인 ip를 확인하기
    contentType: "application/json; charset=utf-8",
  ),
);
```

> **TIP** 명령프롬프트 실행하는 법
>
> 윈도우+R 버튼을 클릭한 뒤 cmd라고 입력하고 엔터
> 윈도우 검색 버튼 클릭한 뒤 cmd라고 입력하고 엔터
> 맥에서는 터미널을 열고 ifconfig로 검색합니다.
> 윈도우/맥에서 ipv4 주소를 찾아서 입력하면 됩니다. 보통 공유기가 제공해주는 사설 ip주소를 사용합니다. 192 or 10 or 172 로 ip가 시작합니다.

모델 만들기

> **TIP**
>
> Flutter에서 (그리고 일반적으로 소프트웨어 개발에서) "모델(Model)"은 주로 데이터를 나타내는 역할을 합니다. 이 모델은 데이터베이스의 테이블, API 응답, 어플리케이션의 내부 상태 등 다양한 형태의 데이터를 나타낼 수 있습니다. MVVM 패턴에서의 모델은 아래와 같은 특징 및 역할을 갖습니다:
>
> ❶ **데이터의 구조**: 모델은 주로 데이터의 구조를 정의합니다. 예를 들면, 사용자의 이름, 이메일, 날짜 등의 필드를 갖는 'User' 클래스와 같은 것을 말합니다.
> ❷ **비즈니스 로직**: 모델은 때때로 비즈니스 로직을 포함하기도 합니다. 예를 들면, 사용자가 유효한지 확인하거나, 연봉을 계산하는 등의 로직이 포함될 수 있습니다.
> ❸ **데이터 변환**: 위에서 본 것처럼 JSON 데이터를 앱의 객체로 변환하거나, 반대로 앱의 객체를 JSON으로 변환하는 로직도 모델에서 처리됩니다.
>
> Flutter에서 "모델"은 이러한 의미로 사용됩니다. 따라서, Flutter 앱 개발시 "모델"이라고 언급되면 데이터와 관련된 클래스나 객체를 떠올리면 됩니다.

Flutter에서 "모델"은 이러한 의미로 사용됩니다. 따라서, Flutter 앱 개발시 "모델"이라고 언급되면 데이터와 관련된 클래스나 객체를 떠올리면 됩니다.

data/models/user.dart 파일을 생성합니다.

```dart
import 'package:intl/intl.dart';
class User {
  final int id;
  final String username;
  final String email;
  final DateTime created;
  final DateTime updated;

  User({
    required this.id,
    required this.username,
    required this.email,
    required this.created,
    required this.updated,
  });

  // 1. Dart 객체를 통신을 위한 Map 형태로 변환합니다.
  Map<String, dynamic> toJson() => {
    "id": id,
    "username": username,
    "email": email,
    "created": created,
```

```
    "updated": updated
  };

  // 2. Map 형태로 받아서 Dart 객체로 변환합니다.
  User.fromJson(Map<String, dynamic> json)
      : id = json["id"],
        username = json["username"],
        email = json["email"],
        created = DateFormat("yyyy-mm-dd").parse(json["created"]), // 3
        updated = DateFormat("yyyy-mm-dd").parse(json["updated"]);
}
```

1. toJson()은 User 오브젝트를 Map으로 변경시키는 메서드입니다. 보통 통신으로 데이터를 전송하는 경우에는 json() 으로 변환해야하는데, flutter에서 dio 통신 라이브러리를 사용하게 되면, Map 형태로 데이터를 전달하면 dio가 자동으로 json으로 변환해주기 때문에 Map타입으로만 변환해서 전달해주면 됩니다.
2. fromJson()은 Map형태로 받은 데이터를 다트 객체로 변환하는 생성자입니다.
3. DateFormat 클래스는 intl 라이브러리가 지원하는 클래스입니다.
   서버로부터 전달받은 날짜값을 원하는 형태로 변환하여 DateTime 객체로 변환합니다.
   위 형식은 서버로부터 받은 "2021-07-10T07:56:50.18751" 형태의 문자열을 "2021-07-10" 로 바꾸어 저장합니다.

data/models/post.dart

```
data/models/post.dart
import 'package:flutter_blog/data/models/user.dart';
import 'package:intl/intl.dart';

class Post {
  final int id;
  final String title;
  final String content;
  final User user;
  final DateTime created;
  final DateTime updated;

  Post({
    required this.id,
    required this.title,
    required this.content,
    required this.user,
    required this.created,
    required this.updated,
  });

  // Dart 객체를 통신을 위한 Map 형태로 변환합니다.
  Map<String, dynamic> toJson() => {
    "id": id,
    "title": title,
```

```
    "content": content,
    "user": user,
    "created": created,
    "updated": updated
  };

  // Map 형태로 받아서 Dart 객체로 변환합니다.
  Post.fromJson(Map<String, dynamic> json)
      : id = json["id"],
        title = json["title"],
        content = json["content"],
        user = User.fromJson(json["user"]),
        created = DateFormat("yyyy-mm-dd").parse(json["created"]),
        updated = DateFormat("yyyy-mm-dd").parse(json["updated"]);

  String getUpdated(){
    return DateFormat.MMMd().format(updated);
  }
}
```

요청과 응답의 데이터를 담기 위한 DTO 만들기

dtos/user_request.dart 파일을 생성합니다

```
class JoinReqDTO {
  final String username;
  final String password;
  final String email;

  JoinReqDTO({
    required this.username,
    required this.password,
    required this.email
  });

  Map<String, dynamic> toJson() => {
    "username": username,
    "password": password,
    "email": email
  };
}

class LoginReqDTO {
  final String username;
  final String password;
```

```
  LoginReqDTO({
    required this.username,
    required this.password
  });

  Map<String, dynamic> toJson() => {
    "username": username,
    "password": password
  };
}
```

dtos/response_dto.dart 파일을 생성합니다.

```
class ResponseDTO {
  final int? code; // 서버에서 요청 성공 여부를 응답할 때 사용되는 변수
  final String? msg; // 서버에서 응답 시 보내는 메시지를 담아두는 변수
  String? token; // 헤더로 던진 토큰 값을 담아두는 변수
  dynamic data; // 서버에서 응답한 데이터를 담아두는 변수

  ResponseDTO({
    this.code,
    this.msg,
    this.data,
  });

  ResponseDTO.fromJson(Map<String, dynamic> json)
      : code = json["code"],
        msg = json["msg"],
        data = json["data"];
}
```

데이터 통신을 위한 Repository 만들기

Repository는 통신과 파싱의 역할을 담당하는 레이어입니다.
먼저 Repository의 클래스를 정의하겠습니다.

1 PostRepository 클래스를 정의합니다.

data/repositories/post_repository.dart

```dart
data/repositories/post_repository.dart
import 'package:dio/dio.dart';
import 'package:flutter_blog/_core/constants/http.dart';
import 'package:flutter_blog/data/dtos/post_request.dart';
import 'package:flutter_blog/data/dtos/response_dto.dart';
import 'package:logger/logger.dart';

import '../models/post.dart';

class PostRepository {
  static final PostRepository _instance =
      PostRepository._single(); // (1) _instance

  factory PostRepository() {
    // (2) PostRepository
    return _instance;
  }

  PostRepository._single(); // (3) PostRepository._single()

  // 목적 : 통신 + 파싱
  Future<ResponseDTO> fetchPostList(String jwt) async {
    Logger().d("fetchPostList");
    try {
      // 통신
      Response response = await dio.get("/post",
          options: Options(headers: {"Authorization": "$jwt"}));

      // 응답 받은 데이터 파싱
      ResponseDTO responseDTO = ResponseDTO.fromJson(response.data);
      // 전달받은 데이터의 값을 mapList라는 변수에 List<dynamic> 타입으로 저장합니다
      List<dynamic> mapList = responseDTO.data as List<dynamic>;
      // mapList의 각 아이템을 Post 객체로 변환하여 postList 변수에 할당합니다.
      List<Post> postList = mapList.map((e) => Post.fromJson(e)).toList();
      // 그리고 변환된 데이터를 다시 공통DTO에 덮어씌웁니다.
      responseDTO.data = postList;

      return responseDTO;
```

```dart
    } catch (e) {
      return ResponseDTO(code: -1, msg: "실패 : ${e}");
    }
  }

  Future<ResponseDTO> fetchPost(String jwt, int id) async {
    try {
      // 통신
      Response response = await dio.get("/post/$id",
          options: Options(headers: {"Authorization": "$jwt"}));

      // 응답 받은 데이터 파싱
      ResponseDTO responseDTO = ResponseDTO.fromJson(response.data);
      responseDTO.data = Post.fromJson(responseDTO.data);

      return responseDTO;
    } catch (e) {
      return ResponseDTO(code: -1, msg: "실패 : ${e}");
    }
  }

  Future<ResponseDTO> savePost(
      String jwt, PostSaveReqDTO postSaveReqDTO) async {
    try {
      // 통신
      Response response = await dio.post("/post",
          options: Options(headers: {"Authorization": "$jwt"}),
          data: postSaveReqDTO.toJson());
      // 응답 받은 데이터 파싱
      ResponseDTO responseDTO = ResponseDTO.fromJson(response.data);
      responseDTO.data = Post.fromJson(responseDTO.data);

      return responseDTO;
    } catch (e) {
      return ResponseDTO(code: -1, msg: "실패 : ${e}");
    }
  }

  Future<ResponseDTO> updatePost(
      String jwt, int id, PostUpdateReqDTO postUpdateReqDTO) async {
    try {
      // 통신
      Response response = await dio.put(
        "/post/$id",
        options: Options(headers: {"Authorization": "$jwt"}),
        data: postUpdateReqDTO.toJson(),
```

```
      );

      // 응답 받은 데이터 파싱
      ResponseDTO responseDTO = ResponseDTO.fromJson(response.data);
      responseDTO.data = Post.fromJson(responseDTO.data);

      return responseDTO;
    } catch (e) {
      return ResponseDTO(code: -1, msg: "실패 : ${e}");
    }
  }

  Future<ResponseDTO> fetchDelete(String jwt, int id) async {
    try {
      // 통신
      Response response = await dio.delete("/post/$id",
          options: Options(headers: {"Authorization": "$jwt"}));
      // 응답 받은 데이터 파싱
      ResponseDTO responseDTO = ResponseDTO.fromJson(response.data);

      return responseDTO;
    } catch (e) {
      return ResponseDTO(code: -1, msg: "실패 : ${e}");
    }
  }
}
```

싱글톤 패턴을 사용하여 PostRepository 클래스를 구현합니다.

싱글톤 패턴은 애플리케이션 전체에서 단 하나의 인스턴스만을 생성하여 공유하고자 할 때 사용됩니다.

1. _instance 변수: PostRepository 클래스의 유일한 인스턴스를 저장하기 위한 정적 멤버 변수입니다. 외부에서 접근이 불가능합니다.
2. PostRepository 클래스의 인스턴스를 생성하는 역할을 합니다. factory 키워드는 생성자를 팩토리 생성자로 지정하며, factory 생성자를 호출하면 _instance 변수에 저장된 싱글톤 인스턴스를 반환합니다.
3. PostRepository._single() 생성자: 싱글톤 인스턴스를 생성하기 위한 private 생성자입니다. 클래스 외부에서 직접 생성할 수 없으므로, _single 생성자를 통해 내부에서만 인스턴스를 생성할 수 있습니다.

❷ UserRepository 클래스를 정의합니다.

`data/repositories/user_repository.dart`

```dart
import 'package:dio/dio.dart';
import 'package:flutter_blog/_core/constants/http.dart';
import 'package:flutter_blog/data/dtos/response_dto.dart';
import 'package:flutter_blog/data/dtos/user_request.dart';
import 'package:flutter_blog/data/models/user.dart';

class UserRepository {
  static final UserRepository _instance = UserRepository._single();

  factory UserRepository() {
    return _instance;
  }

  UserRepository._single();

  Future<ResponseDTO> fetchLogin(LoginReqDTO requestDTO) async {
    try{
      // 1. 통신 시작
      Response response = await dio.post("/login", data: requestDTO.toJson());

      // 2. DTO 파싱
      ResponseDTO responseDTO = ResponseDTO.fromJson(response.data);
      responseDTO.data = User.fromJson(responseDTO.data);

      // 3. 토큰 받기
      final authorization = response.headers["authorization"];
      if(authorization != null){
        responseDTO.token = authorization.first;
      }
      return responseDTO;
    }catch(e){
      return ResponseDTO(code: -1, msg: "유저네임 혹은 비번이 틀렸습니다");
    }
  }

  Future<ResponseDTO> fetchJoin(JoinReqDTO requestDTO) async {
    try{
      Response response = await dio.post("/join", data: requestDTO.toJson());
      ResponseDTO responseDTO = ResponseDTO.fromJson(response.data);
      responseDTO.data = User.fromJson(responseDTO.data);
      return responseDTO;
    }catch(e){
      return ResponseDTO(code: -1, msg: "중복되는 유저명입니다.");
    }
  }
}
```

로그인 기능 구현하기

1 로그인 통신을 테스트합니다.

```dart
test/data/repositories/user_repository_test.dart 파일을 생성합니다.
import 'package:dio/dio.dart';
import 'package:flutter_blog/_core/constants/http.dart';
import 'package:flutter_blog/data/dtos/response_dto.dart';
import 'package:flutter_blog/data/dtos/user_request.dart';
import 'package:flutter_blog/data/models/user.dart';
import 'package:logger/logger.dart';

void main() async {
  await fetchLogin_test();
}

Future<void> fetchLogin_test() async {
  // given
  LoginReqDTO requestDTO = LoginReqDTO(username: "ssar", password: "1234");

  // when
  try{
    // 1. 통신 시작
    Response response = await dio.post("/login", data: requestDTO.toJson());

    // 2. DTO 파싱
    ResponseDTO responseDTO = ResponseDTO.fromJson(response.data);
    responseDTO.data = User.fromJson(responseDTO.data);

    // 3. 토큰 받기
    final authorization = response.headers["authorization"];
    if(authorization != null){
      responseDTO.token = authorization.first;
    }

    // then
    Logger().d(responseDTO.code);
    Logger().d(responseDTO.msg);
    Logger().d(responseDTO.token);
  }catch(e){
    Logger().d("통신 실패");
  }
}
```

Repository는 두 가지의 책임을 가지고 있습니다. 통신과 응답 데이터 변환입니다. 먼저 서버와 통신하여 원하는 데이터를 받아오고, 그 데이터를 가공하여 해당 어플리케이션이 원활히 사용할 수 있는 형태로 바꿉니다.

실행방법은 main() 함수 옆에 세모 버튼을 클릭해도 됩니다. 혹은 아래와 같이 명령어를 터미널에 입력하여 실행할 수 있습니다.

```
flutter test test/data/repositories/user_repository_test.dart
```

로그인 통신이 성공하면 콘솔창에 다음과 같은 메시지가 출력됩니다.

◆ 로그인 통신 성공

2 로그인한 유저 정보를 저장하고 관리할 객체를 생성합니다.

data/stores/session_store.dart 파일을 생성합니다.

```dart
import 'package:flutter/material.dart';
import 'package:flutter_blog/_core/constants/http.dart';
import 'package:flutter_blog/_core/constants/move.dart';
import 'package:flutter_blog/data/dtos/response_dto.dart';
import 'package:flutter_blog/data/dtos/user_request.dart';
import 'package:flutter_blog/data/models/user.dart';
import 'package:flutter_blog/data/repositories/user_repository.dart';
import 'package:flutter_blog/main.dart';
import 'package:flutter_riverpod/flutter_riverpod.dart';
import 'package:logger/logger.dart';

// 1. 창고 관리자
final sessionProvider = Provider<SessionStore>((ref) {
  return SessionStore();
});

// 2. 창고 데이터
class SessionUser {
  User? user;
  String? jwt;
  bool? isLogin;
```

Chapter 13 • 모두의 블로그 앱 만들기 : RiverPod   359

```dart
// 3. 창고
class SessionStore extends SessionUser {
  final mContext = navigatorKey.currentContext;

  // 로그인
  Future<void> login(LoginReqDTO loginReqDTO) async {
    Logger().d("login");

    // 1. Repository 메소드를 호출하여 응답 결과 및 데이터 받음.
    ResponseDTO responseDTO = await UserRepository().fetchLogin(loginReqDTO);

    // 응답 결과 값이 1일 경우
    if (responseDTO.code == 1) {
      // 2. 토큰을 휴대폰에 저장
      await secureStorage.write(key: "jwt", value: responseDTO.token);

      // 3. 로그인 상태 등록
      this.user = responseDTO.data;
      this.jwt = responseDTO.token!;
      this.isLogin = true;

      // 4. 페이지 이동
      Navigator.popAndPushNamed(mContext!, Move.postListPage);
    } else {
      // 실패 시 스낵바
      ScaffoldMessenger.of(mContext!)
          .showSnackBar(SnackBar(content: Text("로그인 실패 : ${responseDTO.msg}")));
    }
  }

  // 회원 가입
  Future<void> join(JoinReqDTO reqDTO) async {
    Logger().d("join");

    // 1. Repository 메소드를 호출하여 응답 결과 및 데이터 받음.
    ResponseDTO responseDTO = await UserRepository().fetchJoin(reqDTO);

    // 응답 결과 값이 1일 경우
    if (responseDTO.code == 1) {
      // 2. 페이지 이동
      Navigator.pushNamed(mContext!, Move.loginPage);
    } else {
      // 실패 시 스낵바
      ScaffoldMessenger.of(mContext!)
          .showSnackBar(SnackBar(content: Text("회원가입 실패")));
    }
  }

  // 로그아웃
  Future<void> logout() async {
```

```
    this.user = null;
    this.jwt = null;
    this.isLogin = false;
    await secureStorage.delete(key: "jwt");
    Logger().d("세션 종료 및 디바이스 JWT 삭제");
  }
}
```

session_store 파일은 로그인한 유저의 정보를 저장하고 관리하는 클래스입니다. 여러 화면에서 사용될 데이터이기 때문에 전역 프로바이더로 설정합니다.

Provider를 사용하여 Ref를 가진 모든 객체가 접근할 수 있도록 하였습니다. 로그인에 성공하면 서버로부터 받은 해당 유저의 정보와 인증 토큰을 SessionUser 클래스에 담습니다. 그리고 로그인이 되었는지를 참/거짓으로 구별합니다.

로그아웃에 성공하면 해당 객체가 기지고 있던 유저의 정보와 인증 토큰 데이터를 모두 삭제합니다. 또한 FlutterSecureStorage에 있던 인증 토큰 또한 삭제합니다.

❸ ProviderScope 설정을 위해 main.dart 코드를 수정합니다.
RiverPod을 사용하기 위해서는 main() 함수에 ProviderScope를 적용시켜야 합니다.

```
// GlobalKey를 사용하면 앱 전역에서 Navigator 인스턴스에 액세스할 수 있습니다.
GlobalKey<NavigatorState> navigatorKey = GlobalKey<NavigatorState>();

void main() {
  runApp(
    // ProviderScope 코드 추가
    const ProviderScope(
      child: MyApp(),
    ),
  );
}

class MyApp extends StatelessWidget {
  const MyApp({Key? key}) : super(key: key);

  @override
  Widget build(BuildContext context) {
    return MaterialApp(
      navigatorKey: navigatorKey,
```

```
      debugShowCheckedModeBanner: false,
      initialRoute: Move.loginPage,
      routes: getRouters(),
      theme: theme(),
    );
  }
}
```

Navigator는 앱 내에서 화면 간의 이동과 전환을 관리하는 클래스입니다.
GlobalKey〈NavigatorState〉()는 Navigator의 상태를 추적하여 앱에서 사용 가능한 전역적인 키를 생성합니다. 해당 키를 통해 View가 아닌 일반 dart 클래스 파일에서 Navigator 인스턴스에 접근하여 화면 이동을 할 수 있게 해줍니다.

4 LoginForm을 수정합니다.

ui/pages/auth/login_page/widgets/login_form.dart
```
// 생략

// 프로바이더에 접근하려면 ref 객체가 필요하다.
// StatelessWidget에서 ConsumerWidget으로 변경하면 된다.

// 1. ConsumerWidget 변경
class LoginForm extends ConsumerWidget {
// 생략

  // 2. WidgetRef 추가
  @override
  Widget build(BuildContext context, WidgetRef ref) {

        // 생략
        CustomElevatedButton(
          text: "로그인",
          funPageRoute: () {
            // 3. 유효성 검사 통과 후 로그인 진행 부분 추가
            if (_formKey.currentState!.validate()) {
              LoginReqDTO loginReqDTO =
                      LoginReqDTO(username: _username.text, password: _password.text);
              ref.read(sessionProvider).login(loginReqDTO);
            }
          },
        ),
  // 생략
```

로그인 버튼을 클릭하면 입력받은 값을 유효성을 체크하고 사용자 입력으로 부터 받은 값을 LoginReqDTO에 담습니다. 그리고 sessionProvider를 통하여 SessionUser 클래스에 접근하여 login() 메소드를 호출합니다.

1. login() 메서드가 호출되면 통신으로 로그인을 요청한 뒤, 응답을 받습니다.
2. 응답의 결과 코드가 1이라면, JWT 토큰을 secureStorage에 저장합니다.
3. 로그인 상태 등록을 합니다. 즉 세션 정보를 저장합니다. isLogin이 true가 됩니다.
4. 게시글 목록화면으로 이동합니다.

회원가입 기능 구현하기

1 회원가입 통신을 테스트합니다.

```dart
test/data/repositories/user_repository_test.dart 코드를 수정합니다.
void main() async {
  await fetchJoin_test();
}

// fetchLogin_test() 생략

Future<void> fetchJoin_test() async {
  // given
  JoinReqDTO requestDTO =
      JoinReqDTO(username: "meta", password: "1234", email: "meta@nate.com");

  // when
  try {
    Response response = await dio.post("/join", data: requestDTO.toJson());
    ResponseDTO responseDTO = ResponseDTO.fromJson(response.data);
    responseDTO.data = User.fromJson(responseDTO.data);

    // then
    Logger().d(responseDTO.code);
    Logger().d(responseDTO.msg);
  } catch (e) {
    Logger().d("통신 실패");
  }
}
```

회원가입 통신이 성공하면 콘솔창에 다음과 같은 메시지가 출력됩니다.

```
#0   fetchJoin_test (file:///Users/nomadhuns/Developer/FlutterProjects/flutter-blog-riverpod-view/test/data/repositories/user_repository_test.dart:21:14)
#1   <asynchronous suspension>

  1

#0   fetchJoin_test (file:///Users/nomadhuns/Developer/FlutterProjects/flutter-blog-riverpod-view/test/data/repositories/user_repository_test.dart:22:14)
#1   <asynchronous suspension>

  회원가입완료
```

◆ 회원가입 통신 성공

2 JoinForm을 수정합니다.

ui/pages/auth/join_page/widgets/join_form.dart

```dart
// 1. ConsumerWidget 변경
class JoinForm extends ConsumerWidget {

// 생략

// 2. WidgetRef 추가
@override
Widget build(BuildContext context, WidgetRef ref) {

// 생략

// 3. 유효성 검사 성공 후 회원가입 요청 추가 코드
CustomElevatedButton(
  text: "회원가입",
  funPageRoute: () {
    if (_formKey.currentState!.validate()) {
      JoinReqDTO reqDTO = JoinReqDTO(
          username: _username.text,
          password: _password.text,
          email: _email.text);
      ref.read(sessionProvider).join(reqDTO);
      Logger().d("회원가입 성공");
    }
  },
)

// 생략
```

게시물 목록 불러오기 통신 구현하기

1 게시물 목록 불러오기 통신을 테스트합니다.

```dart
test/data/repositories/post_repository_test.dart 파일을 생성합니다.
import 'package:dio/dio.dart';
import 'package:flutter_blog/_core/constants/http.dart';
import 'package:flutter_blog/data/dtos/response_dto.dart';
import 'package:flutter_blog/data/models/post.dart';
import 'package:logger/logger.dart';

void main() async {
  await fetchPostList_test();
}

Future<void> fetchPostList_test() async {
  // given
  // 1. JWT 토큰은 만료될 수 있기 때문에, PostMan으로 요청한 뒤 Authorization 응답 헤더값을 사용하세요.
  String jwt =
      'Bearer eyJ0eXAiOiJKV1QiLCJhbGciOiJIUzUxMiJ9.eyJzdWIiOiJjb3PthqDtgbAiLCJpZCI6MywiZXhwIjoxNjk2OTMyODA4fQ.YaGIDWlLGiFoB8uEVTb1S5rAT-n4fc0JM8MhM0d89VRk2UyPMwJq14Jcp5jjgY2IiNEj2PzgZaX8BMg7QsAOQw';

  // 2. jwt에 변수 값을 할당할 때에는 Postman 로그인 테스트에서 응답되는 토큰 값을 할당합니다.
  try {
    // 통신
    Response response = await dio.get("/post",
        options: Options(headers: {"Authorization": "$jwt"}));

    // 응답 받은 데이터 파싱
    ResponseDTO responseDTO = ResponseDTO.fromJson(response.data);
    List<dynamic> mapList = responseDTO.data as List<dynamic>;
    List<Post> postList = mapList.map((e) => Post.fromJson(e)).toList();
    responseDTO.data = postList;

    // then
    Logger().d(responseDTO.code);
    Logger().d(responseDTO.msg);
  } catch (e) {
    Logger().d("통신 실패");
  }
}
```

게시물 목록 불러오기 통신이 성공하면 콘솔창에 다음과 같은 메시지가 출력됩니다.

```
#0      fetchPostList_test (file:///Users/nomadhuns/Developer/FlutterProjects/flutter-blog-riverpod-view/test/data/repositories
/post_repository_test.dart:28:14)
#1      <asynchronous suspension>

 1

#0      fetchPostList_test (file:///Users/nomadhuns/Developer/FlutterProjects/flutter-blog-riverpod-view/test/data/repositories
/post_repository_test.dart:29:14)
#1      <asynchronous suspension>

목록보기완료
```

◆ 게시물 목록 불러오기 통신 성공

❷ 게시물 목록 페이지에 사용될 View Model 구현합니다.
post_list_page.dart가 존재하는 패키지에 파일을 생성합니다.

```dart
// ui/pages/post/list_page/post_list_view_model.dart
import 'package:flutter_blog/data/dtos/response_dto.dart';
import 'package:flutter_blog/data/models/post.dart';
import 'package:flutter_blog/data/repositories/post_repository.dart';
import 'package:flutter_blog/data/stores/session_store.dart';
import 'package:flutter_blog/main.dart';
import 'package:flutter_riverpod/flutter_riverpod.dart';
import 'package:logger/logger.dart';

// 1. 창고관리자 (창고 관리자를 통해 창고에 접근할 수 있습니다)
final postListProvider =
    StateNotifierProvider<PostListViewModel, PostListModel?>((ref) {
  return PostListViewModel(ref, null)..notifyInit();
});

// 2. 창고에 보관될 물건
class PostListModel {
  List<Post> posts;
  PostListModel({required this.posts});
}

// 3. 창고 (ViewModel을 통해서 창고 데이터를 다룰 수 있다)
class PostListViewModel extends StateNotifier<PostListModel?> {
  final mContext = navigatorKey.currentContext;
  final Ref ref;

  PostListViewModel(this.ref, super.state);

  Future<void> notifyInit() async {
```

```
    Logger().d("notifyInit");
    SessionUser sessionUser = ref.read(sessionProvider);
    ResponseDTO responseDTO =
        await PostRepository().fetchPostList(sessionUser.jwt!);
    state = PostListModel(posts: responseDTO.data);
  }
}
```

StateNotifierProvider는 상태 관리를 위한 프로바이더입니다. 일명 창고 관리자입니다. 창고 관리자를 통해 창고에 접근할 수 있습니다. 창고는 ViewModel(PostListViewModel)이라고 합니다. 즉 프로바이더(창고관리자)를 통해 다른 위젯 혹은 클래스들이 뷰모델(창고)에 접근하여 상태를 변경하고 가져올 수 있습니다.

RiverPod 상태 관리를 할 때 여러 View의 상태(데이터)를 관리하는 창고가 있고, 하나의 View의 상태를 전담해서 관리하는 창고가 있습니다. 여기서 하나의 View의 상태를 전담해서 관리하는 창고를 ViewModel이라고 합니다. 그리고 이 창고를 관리하는 창고 관리자를 Provider라고 합니다.

Provider는 창고에 있는 데이터를 읽기만 가능한 읽기전용 Provider와 읽고 변경할 수 있는 StateNotifierProvider로 나뉩니다.

View와 ViewModel을 나누는 이유는 UI와 비즈니스 로직의 분리입니다. 그리고 상태관리를 하게 되면, 어느 뷰에서나 필요할 때, 창고(ViewModel)을 구독하여 창고 데이터의 변경에 따라 View를 다시 그릴 수 있습니다.

프로바이더와 창고 관리자ViewModel은 하나의 View를 관리하는 비즈니스 로직이 포함되어 있습니다.

notifyInit()은 창고(ViewModel) 초기화 시 호출되는 메서드입니다. API 서버를 통해 게시물 목록을 가져오고 해당 결과를 창고에 업데이트합니다.

이때 창고 관리자를 수신하고 있는 모든 View는 rebuild되어 그림이 다시 그려지게 됩니다.
여기서 중요한 개념은 View는 창고(ViewModel)에 직접 접근할 수 없고, 반드시 창고관리자(Provider)를 통해 창고에 접근하여 값을 읽거나, 변경할 수 있습니다.

PostListViewModel(ref, null)..notifyInit(); 은 캐스캐이드 문법을 사용하여 객체를 생성하면서 메서드를 호출합니다.

notifyInit() 메서드가 호출되면 PostRepository().fetchPostList(sessionUser.jwt!)을 호출하여 게시물 목록을 가져옵니다. 이후 responseDTO.data를 통해 가져온 게시물 데이터를 PostListModel의 posts 필드에 저장합니다. 이렇게 상태를 업데이트하면 UI가 해당 상태 변경을 감지하고 화면을 업데이트할 수 있습니다.

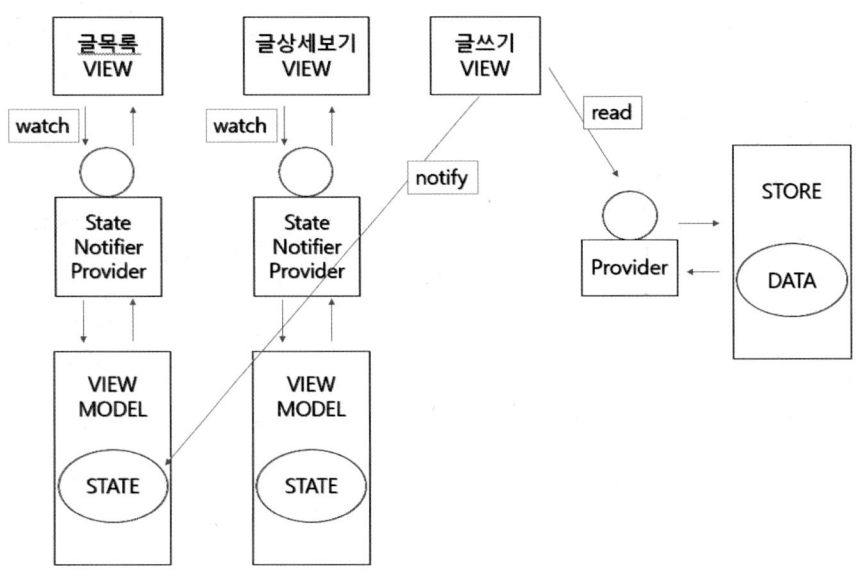

위 그림을 보면, 상태가 필요한 VIEW는 VIEWMODEL이 연결되어 있습니다. 그리고 Provider에게 watch를 합니다. 상태 변경을 지속적으로 수신하여, 변경된 내역을 바탕으로 그림을 다시 그리겠다는 의도입니다.

하지만, 글쓰기 화면은 VIEWMODEL이 없습니다. 글쓰기 화면에 경우에는 상태가 없는 화면이기 때문입니다. 글쓰기를 완료하면, 글목록 화면으로 돌아오게 되는데, 글목록 화면에 기존에 5건의 글이 있었다면, 글쓰기가 완료되면 6건의 글로 상태가 업데이트 되어야 합니다. 그래서 글쓰기를 완료하면 글목록 화면의 VIEWMODEL에 접근하여 state를 갱신합니다.

이것을 MVVM 패턴이라고 합니다. VIEW와 MODEL과 VIEWMODEL을 사용하는 패턴입니다. 그리고 우리는 MODEL을 창고데이터, VIEWMODEL을 창고(비지니스로직포함) 그리고 StateNotifierProvider를 창고 관리자라고 부르기로 정의했습니다. 이렇게 코드를 추상화해서 구분하기 시작하면 이해가 쉬워집니다.

우측에는 STORE라는 것이 있습니다. STORE는 Provider가 관리하는 창고입니다. STORE의 값이 변경되더라도, 화면이 다시 그려지지 않습니다. Provider가 관리하는 창고는 여러 뷰에서 전역적인 데이터를 보관하는 용도로 사용하면 좋습니다.

STORE는 Provider가 관리하는 곳이고, VIEWMODEL은 StateNotifierProvider가 관리하는 곳으로 기억하면 됩니다. 그리고 VIEWMODEL은 VIEW의 데이터를 관리하는 창고이고, 보통 1:1로 매칭되며, VIEWMODEL의 데이터가 변경되면, 수신(watch)하는 모든 뷰의 그림이 다시 그려지게 됩니다.

STORE는 전체 VIEW의 데이터를 관리하는 창고이고, 해당 창고의 데이터가 변경된다하더라도 그림은 다시그려지지 않습니다. 우리는 STORE를 로그인한 사용자의 정보를 저장하는 Session의 용도로 사용할 예정이고, 모든 페이지에서 http 통신으로 서버측으로 요청할 때 JWT 토큰을 가지고 오는 저장소로 사용할 예정입니다.

❸ PostListItem 클래스를 수정합니다.

ui/pages/post/list_page/widgets/post_list_item.dart 파일 내용을 수정합니다.

```dart
import 'package:flutter/material.dart';
import 'package:flutter_blog/data/models/post.dart';

class PostListItem extends StatelessWidget {
  // 1. 생성자로 post 데이터를 전달 받습니다.
  final Post post;
  const PostListItem(this.post, {Key? key}) : super(key: key);

  @override
  Widget build(BuildContext context) {
    return ListTile(
      // 2. 제목을 추가해줍니다.
      title: Text(post.title, style: TextStyle(fontWeight: FontWeight.bold)),
      // 3. 내용을 추가해줍니다.
      subtitle: Text(
        post.content,
        style: TextStyle(color: Colors.black45),
        overflow: TextOverflow.ellipsis,
        maxLines: 1,
      ),
      trailing: ClipRRect(
        borderRadius: BorderRadius.circular(50), // 네모난 이미지를 동그랗게 만들기 위한 값 설정
        child: Image.asset('assets/default_profile.png'), // 네모난 이미지
      ),
    );
  }
}
```

4 PostListBody에 데이터를 전달합니다.

ui/pages/post/list_page/widgets/post_list_body.dart 파일 내용을 수정합니다.
```
import 'package:flutter/material.dart';
import 'package:flutter_blog/data/models/post.dart';
import 'package:flutter_blog/ui/pages/post/detail_page/post_detail_page.dart';
import 'package:flutter_blog/ui/pages/post/list_page/post_list_view_model.dart';
import 'package:flutter_blog/ui/pages/post/list_page/wiegets/post_list_item.dart';
import 'package:flutter_riverpod/flutter_riverpod.dart';

// 1. 창고에 접근하려면 ConsumerWidget이 되면 됩니다.
class PostListBody extends ConsumerWidget {
  const PostListBody({Key? key}) : super(key: key);

  // 2. ConsumerWidget이 되면, 파라메터로 WidgetRef에 접근할 수 있습니다.
  @override
  Widget build(BuildContext context, WidgetRef ref) {
    // 3. ref를 통해 창고 관리자에게 접근하여 창고 데이터를 가져옵니다.
    PostListModel? model = ref.watch(postListProvider);
    List<Post> posts = model?.posts ?? [];
    return ListView.separated(
      // 4. 게시글 개수 만큼 List를 만듭니다.
      itemCount: posts.length,
      itemBuilder: (context, index) {
        return InkWell(
          onTap: () {
            Navigator.push(
                context, MaterialPageRoute(builder: (_) => PostDetailPage())); // 코드 수정해야함
          },
          // 5. 게시글 하나를 전달합니다.
          child: PostListItem(posts[index]),
        );
      },
      separatorBuilder: (context, index) {
        return const Divider();
      },
    );
  }
}
```

ref.watch()는 Riverpod 라이브러리에서 제공하는 함수로, 프로바이더(창고관리자)를 통해 뷰모델(창고)의 데이터(창고물건)의 상태 변화를 감지하고 해당 상태에 View를 다시 그릴 때 사용합니다. 즉 watch()를 통해 상태 변화를 지속적으로 수신할 수 있습니다.

postListProvider에 의존하는 위젯은 PostListViewModel의 상태가 변경될 때마다 다시 빌드됩니다.

5 PostListPage 클래스 수정

> **TIP**
> 상태가 필요한 위젯에는 ConsumerWidget과 build메서드의 매개변수로 WidgetRef ref이 항상 들어가게 됩니다. 이 부분은 이제부터 코드에서는 생략하고, 설명으로 대체하겠습니다.

`ui/pages/post/list_page/post_list_page.dart`
```
// ConsumerWidget과 WidgetRef ref 추가

// 생략
body: RefreshIndicator(
  key: refreshKey,
  onRefresh: () {
    ref.read(postListProvider.notifier).notifyInit();
  },
  child: PostListBody(),
),
// 생략
```

RefreshIndicator는 화면을 아래 방향으로 드래그하면 새로고침이 되는 위젯입니다.

게시물 상세 불러오기 기능 구현하기

1 게시물 상세 불러오기 통신을 테스트합니다.

`test/data/repositories/post_repository_test.dart`
```
void main() async {
  await fetchPost_test();
}

// 생략

Future<void> fetchPost_test() async {
  // given
  // JWT 토큰은 만료될 수 있기 때문에, PostMan으로 요청한 뒤 Authorization 응답 헤더값을 사용하세요.
  String jwt = 'Bearer eyJ0eXAiOiJKV1QiLCJhbGciOiJIUzUxMiJ9.eyJzdWIiOiJjb3PthqDtgbAiLCJpZCI6MSwiZXh
wIjoxNjg5ODY2MDY1fQ.tvmkZeCUToHiTOZQjKUBN6d-00L4GvmpplJirwCp_XB2jsaLIp9UTbJrwfWHPWqTqU0iRnvMxp30S4P
DhDUI_A';
  int id = 1;

  // when
```

```
  try {
    // 통신
    Response response = await dio.get("/post/$id",
        options: Options(headers: {"Authorization": "$jwt"}));

    // 응답 받은 데이터 파싱
    ResponseDTO responseDTO = ResponseDTO.fromJson(response.data);
    responseDTO.data = Post.fromJson(responseDTO.data);

    // 응답 받은 데이터 파싱
    Logger().d(responseDTO.code);
    Logger().d(responseDTO.msg);

  } catch (e) {
    Logger().d("통신 실패");
  }
}
```

게시물 상세 불러오기 통신이 성공하면 콘솔창에 다음과 같은 메시지가 출력됩니다.

```
#0  fetchPost_test (file:///Users/nomadhuns/Developer/FlutterProjects/flutter-blog-riverpod-view/test/data/repositories
/post_repository_test.dart:52:14)
#1  <asynchronous suspension>

 1

#0  fetchPost_test (file:///Users/nomadhuns/Developer/FlutterProjects/flutter-blog-riverpod-view/test/data/repositories
/post_repository_test.dart:53:14)
#1  <asynchronous suspension>

 상세보기완료
```

❷ 게시물 상세 페이지에 사용될 View Model을 생성합니다.

post_detail_page.dart가 존재하는 패키지에 파일을 생성합니다.

TIP

창고 관리자에게 변수를 전달하기 위해서는 family 키워드를 통해 전달할 수 있습니다. 그리고 전달되는 변수의 타입을 제네릭 〈 〉 가장 마지막에 int로 지정을 해줘야 합니다. 해당 뷰모델을 구독하는 뷰 화면에서 watch를 할 때, 변수를 전달할 수 있습니다.

프로바이더에 autoDispose를 사용하는 이유는 해당 VIEW가 Navigator에 의해 pop 되어서 스택에서 사라지게 될 때, 뷰는 메모리에서 소멸됩니다. 그런데 해당 뷰가 사라지면 뷰의 데이터를 관리하는 뷰모델도 함께 메모리에서 소멸시켜줘야 하기 때문에 autoDispose를 사용합니다.

ui/pages/post/detail_page/post_detail_view_model.dart

```dart
import 'package:flutter/material.dart';
import 'package:flutter_blog/data/dtos/post_request.dart';
import 'package:flutter_blog/data/dtos/response_dto.dart';
import 'package:flutter_blog/data/models/post.dart';
import 'package:flutter_blog/data/repositories/post_repository.dart';
import 'package:flutter_blog/data/stores/session_store.dart';
import 'package:flutter_blog/main.dart';
import 'package:flutter_blog/ui/pages/post/list_page/post_list_view_model.dart';
import 'package:flutter_riverpod/flutter_riverpod.dart';
import 'package:logger/logger.dart';

// 창고 관리자
final postDetailProvider = StateNotifierProvider.family
    .autoDispose<PostDetailViewModel, PostDetailModel?, int>((ref, postId) {
  return PostDetailViewModel(ref, null)..notifyInit(postId);
});

// 창고 데이터
class PostDetailModel {
  Post post;
  PostDetailModel({required this.post});
}

// 창고
class PostDetailViewModel extends StateNotifier<PostDetailModel?> {
  final mContext = navigatorKey.currentContext;
  final Ref ref;

  PostDetailViewModel(this.ref, super.state);

  Future<void> notifyInit(int id) async {
    Logger().d("notifyInit");

    SessionUser sessionUser = ref.read(sessionProvider);
    ResponseDTO responseDTO =
        await PostRepository().fetchPost(sessionUser.jwt!, id);

    state = PostDetailModel(post: responseDTO.data);
  }
}
```

❸ PostListBody를 수정합니다.

코드의 원활한 흐름을 위해, 순서대로 코드를 작성할 예정입니다. 이렇게 작성이 되면, 코드에 오류가 발생할 수 있습니다. 코드가 완성되면 오류는 사라지게 됩니다.

Repository의 메소드가 ID값으로 해당 게시물의 데이터를 요청하기 때문에 목록 페이지에서 ID값을 전달해줄 필요가 있습니다.

ui/pages/post/list_page/widgets/post_list_body.dart 파일을 수정합니다.

```
// 생략
MaterialPageRoute(builder: (_) => PostDetailPage(posts[index].id)), // 코드 추가 (파라메터)
// 생략
```

❹ PostDetailPage를 수정합니다.

목록 페이지로 부터 전달받은 ID를 하위 위젯까지 전달해주어야 합니다.

ui/pages/post/list_page/post_detail_page.dart 파일을 수정합니다.

```
import 'package:flutter/material.dart';
import 'package:flutter_blog/ui/pages/post/detail_page/widgets/post_detail_body.dart';

class PostDetailPage extends StatelessWidget {
  // 1. postId 전달 받는 코드 추가
  final int postId;
  const PostDetailPage(this.postId, {Key? key}) : super(key: key);

  @override
  Widget build(BuildContext context) {
    return Scaffold(
      appBar: AppBar(),
      // 2. postId 전달
      body: PostDetailBody(postId), // 현재 코드 오류 상태
    );
  }
}
```

5 PostDetailBody를 수정합니다.

ui/pages/post/detail_page/widgets/post_detail_body.dart

```dart
import 'package:flutter/material.dart';
import 'package:flutter_blog/_core/constants/size.dart';
import 'package:flutter_blog/data/models/post.dart';
import 'package:flutter_blog/data/stores/session_store.dart';
import 'package:flutter_blog/ui/pages/post/detail_page/post_detail_view_model.dart';
import 'package:flutter_blog/ui/pages/post/detail_page/widgets/post_detail_buttons.dart';
import 'package:flutter_blog/ui/pages/post/detail_page/widgets/post_detail_content.dart';
import 'package:flutter_blog/ui/pages/post/detail_page/widgets/post_detail_profile.dart';
import 'package:flutter_blog/ui/pages/post/detail_page/widgets/post_detail_title.dart';
import 'package:flutter_riverpod/flutter_riverpod.dart';

// 1. ConsumerWidget 변경
class PostDetailBody extends ConsumerWidget {
  final int postId;
  const PostDetailBody(this.postId, {Key? key}) : super(key: key);

  // 2. WidgetRef 추가 (프로바이더를 통해 ViewModel에 접근하기 위해)
  @override
  Widget build(BuildContext context, WidgetRef ref) {
    // 3. 프로바이더를 통해 ViewModel(창고)의 상태값(창고데이터)에 접근
    PostDetailModel? model = ref.watch(postDetailProvider(postId));
    SessionUser sessionUser = ref.read(sessionProvider);

    // 4. 게시글이 존재하지 않으면, 프로그래스바 로딩하기
    if (model == null) {
      return const Center(child: CircularProgressIndicator());
    } else {
      // 5. 게시글이 존재하면 해당 게시글을 자식 컴퍼넌트에게 전달하기
      Post post = model.post;
      return Padding(
        padding: const EdgeInsets.all(16.0),
        child: ListView(
          children: [
            PostDetailTitle(post.title),
            const SizedBox(height: largeGap),
            PostDetailProfile(post),
            if (sessionUser.user!.id == post.user.id) PostDetailButtons(post), // 현재 오류 상태
            const Divider(),
            const SizedBox(height: largeGap),
            Expanded(child: PostDetailContent(post.content)),
          ],
        ),
      );
    }
  }
}
```

6 PostDetailButton를 수정합니다.

이후에 수정 삭제 기능에 해당 post의 정보를 전달하기 위해 버튼에 post 객체를 전달합니다.

ui/pages/post/detail_page/widgets/post_detail_buttons.dart
```dart
import 'package:flutter/cupertino.dart';
import 'package:flutter/material.dart';
import 'package:flutter_blog/data/models/post.dart';
import 'package:flutter_blog/ui/pages/post/update_page/post_update_page.dart';

class PostDetailButtons extends StatelessWidget {
  // 1. post 데이터를 전달 받습니다.
  final Post post;
  const PostDetailButtons(this.post, {Key? key}) : super(key: key);

  // 생략
}
```

게시물 작성 기능 구현하기

1 게시물 쓰기 통신을 테스트합니다. 테스트에 실패하게 되면, JWT 토큰을 만료되었을 수 있으니 Postman으로 JWT 토큰을 다시 갱신해주세요.

test/data/repositories/post_repository_test.dart
```dart
void main() async {
  await savePost_test();
}

// 생략

Future<void> savePost_test() async {
  // JWT 토큰은 만료될 수 있기 때문에, PostMan으로 요청한 뒤 Authorization 응답 헤더값을 사용하세요.
  String jwt = 'Bearer eyJ0eXAiOiJKV1QiLCJhbGciOiJIUzUxMiJ9.eyJzdWIiOiJjb3PthqDtgbAiLCJpZCI6MSwiZXh wIjoxNjg5ODY2MDY1fQ.tvmkZeCUToHiTOZQjKUBN6d-00L4GvmpplJirwCp_XB2jsaLIp9UTbJrwfWHPWqTqU0iRnvMxp30S4P DhDUI_A';
  PostSaveReqDTO postSaveReqDTO = PostSaveReqDTO(title: "제목", content: "내용");

  try {
    // 통신
    Response response = await dio.post(
        "/post",
        options: Options(headers: {"Authorization": "$jwt"}),
        data: postSaveReqDTO.toJson()
    );
    // 응답 받은 데이터 파싱
    ResponseDTO responseDTO = ResponseDTO.fromJson(response.data);
```

```
      responseDTO.data = Post.fromJson(responseDTO.data);

      Logger().d(responseDTO.code);
      Logger().d(responseDTO.msg);
    } catch (e) {
      Logger().d("통신 실패");
    }
  }
```

게시물 쓰기 통신이 성공하면 콘솔창에 다음과 같은 메시지가 출력됩니다.

```
#0    savePost_test (file:///Users/nomadhuns/Developer/FlutterProjects/flutter-blog-riverpod-view/test/data/repositories
/post_repository_test.dart:76:14)
#1    <asynchronous suspension>

 1


#0    savePost_test (file:///Users/nomadhuns/Developer/FlutterProjects/flutter-blog-riverpod-view/test/data/repositories
/post_repository_test.dart:77:14)
#1    <asynchronous suspension>

 글쓰기완료
```

◆ 게시물 쓰기 통신 성공

② PostListViewModel에 notifyAdd() 메서드를 생성합니다.

ui/pages/post/list_page/post_list_view_model.dart

```
// 생략
Future<void> notifyAdd(PostSaveReqDTO reqDTO) async {
  Logger().d("notifyAdd");

  SessionUser sessionUser = ref.read(sessionProvider);
  ResponseDTO responseDTO = await PostRepository().savePost(sessionUser.jwt!, reqDTO);

  if (responseDTO.code != 1) {
      ScaffoldMessenger.of(mContext!).showSnackBar(SnackBar(content: Text("게시물 작성 실패 : ${responseDTO.msg}")));
    } else {
    Post newPost = responseDTO.data;

    List<Post> posts = state!.posts;
    List<Post> newPosts = [newPost, ...posts];

    state = PostListModel(posts: newPosts);
    Navigator.pop(mContext!, Move.postListPage);
    }
  }
}
// 생략
```

Repository로부터 데이터를 받아와서 기존의 상태값을 변경합니다.

❸ PostWriteForm을 수정합니다.

```
ui/pages/post/write_page/widgets/post_write_form.dart
// 1. ConsumerWidget과 WidgetRef를 추가해줍니다.

// 생략
CustomElevatedButton(
  text: "글쓰기",
  funPageRoute: () async {
    if (_formKey.currentState!.validate()) {
      // 2. 글쓰기 요청 코드 추가
      PostSaveReqDTO reqDTO =
          PostSaveReqDTO(title: _title.text, content: _content.text);
      await ref.read(postListProvider.notifier).notifyAdd(reqDTO);
    }
  },
),
// 생략
```

게시물 삭제 기능 구현하기

❶ 게시물 삭제 통신을 테스트합니다.

해당 예제를 테스트할 때는 서버를 재시작하여, 데이터를 초기화 해주는 것이 좋습니다.

첫 번째로, jar 파일이 실행된 명령프롬프트(cmd)창을 종료하여 서버를 종료합니다.

두 번째로, jar 파일을 재실행합니다.

세 번째로, postman으로 다시 로그인하여 JWT토큰을 받아옵니다. 로그인시에 ssar로 로그인을 하면, ssar은 게시글 1,2,3번을 작성하였고, cos는 4,5번을 작성하였기 때문에 ssar로 로그인하여 JWT토큰을 받게 되면, 게시글 1번을 삭제할 수 있습니다.

마지막으로, 테스트를 하게 되면, 삭제하기완료 로그를 볼 수 있습니다. 삭제하기가 완료되면, RefreshIndicator 위젯을 이용하여 새로고침을 하게 면, 제목1의 게시글이 삭제된 것을 확인할 수 있습니다.

test/data/repositories/post_repository_test.dart

```dart
void main() async {
  await deletePost_test();
}

// 생략

Future<void> deletePost_test() async {
  // JWT 토큰은 만료될 수 있기 때문에, PostMan으로 요청한 뒤 Authorization 응답 헤더값을 사용하세요.
  String jwt = 'Bearer eyJ0eXAiOiJKV1QiLCJhbGciOiJIUzUxMiJ9.eyJzdWIiOiJjb3PthqDtgbAiLCJpZCI6MSwiZXh wIjoxNjg5ODgxMDU2fQ.Vd0SepViCFoVaEv_Zv73AI1M2Z87t0TZSO--FYYUJqqffWS4rgti_2ebcnJtmhCdJQLdaRBLhoqvbuV Dqu8iZA';
  int id = 1;

  try {
    // 통신
    Response response = await dio.delete("/post/$id",
        options: Options(headers: {"Authorization": "$jwt"}));
    // 응답 받은 데이터 파싱
    ResponseDTO responseDTO = ResponseDTO.fromJson(response.data);

    Logger().d(responseDTO.code);
    Logger().d(responseDTO.msg);
  } catch (e) {
    Logger().d("통신 실패");
  }
}
```

게시물 삭제 통신이 성공하면 콘솔창에 다음과 같은 메시지가 출력됩니다.

```
#0      deletePost_test (file:///Users/nomadhuns/Developer/FlutterProjects/flutter-blog-riverpod-view/test/data/repositories/post_repository_test.dart:119:14)
#1      <asynchronous suspension>

 1

#0      deletePost_test (file:///Users/nomadhuns/Developer/FlutterProjects/flutter-blog-riverpod-view/test/data/repositories/post_repository_test.dart:120:14)
#1      <asynchronous suspension>

 삭제하기완료
```

◆ 게시물 삭제 통신 성공

2 PostListViewModel에 notifyRemove() 메소드를 생성합니다.

ui/pages/post/list_page/post_list_view_model.dart

```
// 생략
Future<void> notifyRemove(int id) async {
  SessionUser sessionUser = ref.read(sessionProvider);
  ResponseDTO responseDTO = await PostRepository().fetchDelete(sessionUser.jwt!, id);

  if (responseDTO.code != 1) {
      ScaffoldMessenger.of(mContext!).showSnackBar(SnackBar(content: Text("게시물 삭제 실패 : ${responseDTO.msg}")));
  } else {
    List<Post> posts = state!.posts;
    List<Post> newPosts = posts.where((e) => e.id != id).toList();

    state = PostListModel(posts: newPosts);
    Navigator.pop(mContext!);
  }
}
// 생략
```

3 PostDetailButton을 수정합니다.

ui/pages/post/detail_page/widgets/post_detail_buttons.dart

```
// 생략
class PostDetailButtons extends ConsumerWidget {
  // 1. post 데이터를 전달 받습니다. (이전에 수정함)
  final Post post;
  const PostDetailButtons(this.post, {Key? key}) : super(key: key);

  @override
  Widget build(BuildContext context, WidgetRef ref) {
    return Row(
      mainAxisAlignment: MainAxisAlignment.end,
      children: [
        IconButton(
          onPressed: () {
            // 2. 코드 추가 예정 (코드 추가 됨)
            ref.read(postListProvider.notifier).notifyRemove(post.id);
          },
          icon: const Icon(CupertinoIcons.delete),
        ),
        IconButton(
          onPressed: () {
            Navigator.push(
```

```
                context,
                MaterialPageRoute(
                    builder: (_) => PostUpdatePage())); // 3. 코드 추가 예정
          },
          icon: const Icon(CupertinoIcons.pen),
        ),
      ],
    );
  }
}
```

게시물 수정 기능 구현하기

1 게시물 수정 통신을 테스트합니다.

수정하기완료 로그를 확인하면, 에뮬레이터에서 새로고침하여 데이터가 변경된 것을 확인해보세요.

test/data/repository/post_repository_test.dart
```
void main() async {
  await updatePost_test();
}

// 생략

Future<void> updatePost_test() async {
  // JWT 토큰은 만료될 수 있기 때문에, PostMan으로 요청한 뒤 Authorization 응답 헤더값을 사용하세요.
  String jwt = 'Bearer eyJ0eXAiOiJKV1QiLCJhbGciOiJIUzUxMiJ9.eyJzdWIiOiJjb3PthqDtgbAiLCJpZCI6M
SwiZXhwIjoxNjg5ODgwNzEzfQ.wRMLsbl1lBjFjNmUPDo5MWtAZ4ukzVDQy1B5A-qhwk54vSycgy3EhzvXgb4WtZImxV_
YcwddLDS5iFPBZuk2iA';
  // 삭제하기 테스트시에 1번을 삭제했기 때문에 2번 내용을 수정해줍니다.
  int id = 2;
  PostUpdateReqDTO requestDTO = PostUpdateReqDTO(title: "수정제목", content: "수정내용");

  try {
    // 통신
    Response response = await dio.put(
      "/post/$id",
      options: Options(headers: {"Authorization": "$jwt"}),
      data: requestDTO.toJson(),
    );

    // 응답 받은 데이터 파싱
    ResponseDTO responseDTO = ResponseDTO.fromJson(response.data);
    responseDTO.data = Post.fromJson(responseDTO.data);
```

```
      Logger().d(responseDTO.code);
      Logger().d(responseDTO.msg);
    } catch (e) {
      Logger().d("통신 실패");
    }
  }
```

게시물 수정 통신이 성공하면 콘솔창에 다음과 같은 메시지가 출력됩니다.

```
#0    updatePost_test (file:///Users/nomadhuns/Developer/FlutterProjects/flutter-blog-riverpod-view/test/data/repositories
/post_repository_test.dart:101:14)
#1    <asynchronous suspension>

🔸 1

#0    updatePost_test (file:///Users/nomadhuns/Developer/FlutterProjects/flutter-blog-riverpod-view/test/data/repositories
/post_repository_test.dart:102:14)
#1    <asynchronous suspension>

🔸 수정하기완료
```

◆ 게시물 수정 통신 성공

2 PostListViewModel에 notifyUpdate() 메소드를 생성합니다.

게시글을 수정하게 되면, 게시글 목록화면에도 상태가 갱신되어야 합니다. 목록보기 ViewModel에 코드를 수정합니다.

ui/pages/post/list_page/post_list_view_model.dart
```
// 생략
Future<void> notifyUpdate(Post post) async {
  List<Post> posts = state!.posts;
  List<Post> newPosts = posts.map((e) => e.id == post.id ? post : e).toList();

  state = PostListModel(posts: newPosts);
}
// 생략
```

3 PostDetailViewModel에 notifyUpdate() 메소드를 생성합니다.

게시글을 수정하게 되면, 게시글 상세보기 화면에도 상태가 갱신되어야 합니다. 상세보기 ViewModel에 코드를 수정합니다.

ui/pages/post/detail_page/post_detail_view_model.dart

```
// 생략
Future<void> notifyUpdate(int postId, PostUpdateReqDTO reqDTO) async {
  Logger().d("notifyUpdate");

  SessionUser sessionUser = ref.read(sessionProvider);
  ResponseDTO responseDTO = await PostRepository().updatePost(sessionUser.jwt!, postId, reqDTO);
  if (responseDTO.code != 1) {
      ScaffoldMessenger.of(mContext!).showSnackBar(SnackBar(content: Text("게시물 수정 실패 : ${responseDTO.msg}")));
  } else {
    await ref.read(postListProvider.notifier).notifyUpdate(responseDTO.data);

    state = PostDetailModel(post: responseDTO.data);
    Navigator.pop(mContext!);
  }
}
// 생략
```

4 PostDetailButtons를 수정합니다.

글 수정 페이지로 이동할 때 상세 페이지로 부터 기존 게시물의 데이터를 받아와야 합니다.

ui/pages/post/detail_page/widgets/post_detail_buttons.dart 파일을 수정합니다.

```
// 생략
IconButton(
  onPressed: () {
    Navigator.push(context,
        MaterialPageRoute(builder: (_) => PostUpdatePage(post))); // 코드 추가 post 전달
  },
  icon: const Icon(CupertinoIcons.pen),
),
// 생략
```

5 PostUpdatePage를 수정합니다.

ui/pages/post/update_page/post_update_page.dart 파일을 수정합니다.

```dart
import 'package:flutter/material.dart';
import 'package:flutter_blog/data/models/post.dart';
import 'package:flutter_blog/ui/pages/post/update_page/widgets/post_update_body.dart';

class PostUpdatePage extends StatelessWidget {
  // 1. 게시글 수정 페이지로 이동할 때, 기존 게시글 내용을 가지고 와야합니다.
  final Post post;
  const PostUpdatePage(this.post, {Key? key}) : super(key: key);

  @override
  Widget build(BuildContext context) {
    return Scaffold(
      appBar: AppBar(),
      // 2. post 변수를 전달합니다.
      body: PostUpdateBody(post), // 현재 코드 오류 상태
    );
  }
}
```

6 PostUpdateBody를 수정합니다.

```dart
ui/pages/post/update_page/widgets/post_update_body.dart
import 'package:flutter/material.dart';
import 'package:flutter_blog/_core/constants/size.dart';
import 'package:flutter_blog/_core/utils/validator_util.dart';
import 'package:flutter_blog/data/dtos/post_request.dart';
import 'package:flutter_blog/data/models/post.dart';
import 'package:flutter_blog/ui/pages/post/detail_page/post_detail_view_model.dart';
import 'package:flutter_blog/ui/widgets/custom_elavated_button.dart';
import 'package:flutter_blog/ui/widgets/custom_text_area.dart';
import 'package:flutter_blog/ui/widgets/custom_text_form_field.dart';
import 'package:flutter_riverpod/flutter_riverpod.dart';

// 1. ConsumerWidget 변경
class PostUpdateForm extends ConsumerWidget {
  final _formKey = GlobalKey<FormState>();
  final _title = TextEditingController();
  final _content = TextEditingController();

  // 2. post 전달 받기
  final Post post;
  PostUpdateForm(this.post, {Key? key}) : super(key: key);
```

```dart
// 3. WidgetRef 추가
@override
Widget build(BuildContext context, WidgetRef ref) {
  return Form(
    key: _formKey,
    child: ListView(
      children: [
        CustomTextFormField(
          controller: _title,
          // 4. title 값 연결
          initValue: post.title,
          hint: "Title",
          funValidator: validateTitle(),
        ),
        const SizedBox(height: smallGap),
        CustomTextArea(
          controller: _content,
          // 5. content 값 연결
          initValue: post.content,
          hint: "Content",
          funValidator: validateContent(),
        ),
        const SizedBox(height: largeGap),
        CustomElevatedButton(
          text: "글 수정하기",
          funPageRoute: () async {
            if (_formKey.currentState!.validate()) {
              // 6. 글 수정 통신 코드 추가
              PostUpdateReqDTO reqDTO = PostUpdateReqDTO(
                  title: _title.text, content: _content.text);
              await ref
                  .read(postDetailProvider(post.id).notifier)
                  .notifyUpdate(post.id, reqDTO);

              // 7. Navigator.pop 삭제
            }
          },
        ),
      ],
    ),
  );
}
```

13 _ 7 정리

플러터에 조금 자신감이 생기셨나요? 플러터는 UI 프레임워크입니다. 상태관리, 통신, 휴대폰의 센서에 접근을 잘하는 것보다 더 중요한 것은 그림을 잘 그리는 것입니다.

애니메이션을 잘 구현하고, 어떤 그림이든 자신 있게 그릴 수 있다면, 플러터를 잘 활용하고 있는 것입니다.

메모리 누수, 앱의 성능 이런 것들은 뒤에 문제입니다. 앞으로 플러터를 더 많이 공부하셔야 할텐데, https://www.behance.net 사이트에서 UI를 참고하여 그림을 많이 그려보는 것을 추천드립니다.

> **TIP**
>
> 자동 로그인 구현을 해보시는 것을 추천합니다. 스플래시 스크린(로딩페이지)을 하나 만들고, 해당 페이지를 초기 페이지로 설정합니다. 해당 페이지로 이동하면, SessionProvider로 접근하여 autoLogin() 메서드를 호출합니다. 그리고 1번으로 secureStorage에 jwt 토큰이 있는지 확인하고, 2번으로 jwt 토큰을 header에 담고 /jwtToken으로 get 요청합니다. 토큰이 검증되면 code값이 1로 리턴됩니다. 3번으로 토큰이 유효하면 SessionUser 값을 로그인했을 때와 같이 동기화하고 4번으로 Navigator 객체를 이용하여 게시글 목록 페이지로 이동합니다.

함께 보면 도움되는 추천 도서

클라우드 서비스 개발자를 위한
AWS로 구현하는 CI/CD 배포 입문
최주호, 정재원, 정동진 공저 | 20,000원

한 권으로 끝내는
HTML5 & CSS3 웹디자인 입문+활용
윤성훈, 정지영, 정동진 공저 | 25,500원

그누위즈의
PHP & MySQL 웹 프로그래밍 입문 [2판]
윤성훈, 정동진, 최주호 공저 | 23,000원

JSP & Servlet
웹 프로그래밍 입문+활용 [3판]
정동진, 최주호, 윤성훈 공저 | 25,500원

함께 보면 도움되는 추천 도서

**IoT 사물인터넷을 위한
라즈베리파이 4 정석**
최주호, 김재범, 정동진 공저 | 22,000원

**챗GPT를 활용한
40가지 파이썬 프로그램 만들기**
장문철 저 | 17,700원

**SSS급 일잘러를 위한
파이썬과 40개의 작품들**
장문철 저 | 22,200원

**만들면서 배우는
파이썬과 40개의 작품들**
장문철 저 | 18,800원